NÃO COM UM ESTRONDO, MAS COM UM GEMIDO

Copyright © First Published in the United States by Ivan R. Dee, Inc. Lanham, Maryland USA. Translated and published by permission. All rights reserved.
Copyright da edição brasileira © 2016 É Realizações
Título original: Not With a Bang But a Whimper: The Politics and Culture of Decline

Editor | Edson Manoel de Oliveira Filho

Produção editorial e projeto gráfico | É Realizações Editora

Capa e diagramação | Mauricio Nisi Gonçalves

Preparação de texto | Marta Almeida de Sá

Revisão | Paulo Felipe Mendrone

Reservados todos os direitos desta obra. Proibida toda e qualquer reprodução desta edição por qualquer meio ou forma, seja ela eletrônica ou mecânica, fotocópia, gravação ou qualquer outro meio de reprodução, sem permissão expressa do editor.

Cip-Brasil. Catalogação na Publicação
Sindicato Nacional dos Editores de Livros, RJ

D157n

    Dalrymple, Theodore, 1949-
        Não com um estrondo, mas com um gemido : a política e a cultura do declínio / Theodore Dalrymple ; tradução Hugo Langone. - 1. ed. - São Paulo : É Realizações, 2016.
        256 p. ; 23 cm.   (Abertura cultural)

    Tradução de: Not with a bang but a whimper: the politics and culture of decline
    Inclui índice
    ISBN 978-85-8033-275-9

    1. Ideologia. 2. Cultura. 3. Ciência política. I. Título. II. Série.

16-36235   CDD: 140
                                                                             CDU: 140

14/09/2016   19/09/2016

É Realizações Editora, Livraria e Distribuidora Ltda.
Rua França Pinto, 498 – São Paulo – SP – 04016-002 – Caixa Postal 45321 – 04010-970
Telefax (55 11) 5572-5363 – atendimento@erealizacoes.com.br – www.erealizacoes.com.br

Este livro foi impresso pela Intergraf Indústria Gráfica, em setembro de 2016.
Os tipos usados são da família Sabon Light Std e Frutiger Light. O papel do miolo é Lux Cream 70 g, e o da capa cartão Ningbo Gloss 300 g.

Theodore Dalrymple

NÃO COM UM ESTRONDO, MAS COM UM GEMIDO

A POLÍTICA E A CULTURA DO DECLÍNIO

Tradução de Hugo Langone

O título desta obra foi tomado de empréstimo de um verso traduzido por Lawrence Flores Pereira do poema "The Hollow Men", de T. S. Eliot.

À memória de meus pais

Sumário

Prefácio 9

ARTISTAS E IDEÓLOGOS

O dom da linguagem 15
O que torna grande o doutor Johnson? 27
Verdade *versus* teoria 43
Um bebedor do infinito 49
Ibsen e seus descontentamentos 63
Os fantasmas que assombram Dresden 79
O que os neoateus não percebem 91
O casamento da razão e do pesadelo 103

POLÍTICA E CULTURA

Os caminhos da servidão 117
Como não agir 131
Uma obra-prima profética e violenta 143
É ruim assim 157
Crime verdadeiro, justiça falsa 167
Ilusões da honestidade 179
Os terroristas entre nós 191
Homens-bomba 203
O multiculturalismo começa a perder o brilho 215
No manicômio 225
História de uma assassina 237

Índice 247

Prefácio

Época alguma é dourada para os que nela vivem, e não é frequente, na história humana, que os homens sejam mais gratos pelo progresso do ontem do que preocupados com as imperfeições do hoje.

Não obstante, a nossa época parece destacar-se pela peculiaridade de seu desconforto. Jamais na história do homem as pessoas tiveram vida tão longa e isenta de dor; jamais houve tanta gente, e em tão alta proporção, podendo escolher como viver, que objetivos buscar e de que maneira se divertir. Por outro lado, nunca tanta gente se sentiu tão angustiada e deprimida, precisando recorrer a pílulas para apaziguar seu sofrimento. A humanidade deu duro para fabricar para si uma cornucópia, mas acabou por descobrir que essa cornucópia não trazia a liberdade almejada; tudo o que ela trouxe foi uma espécie diferente de angústia.

De todas as sociedades modernas, nenhuma simboliza mais essa estranha separação entre a prosperidade e os benefícios que dela se esperam do que a Grã-Bretanha. O país viu sua economia crescer durante anos a fio, e, por mais ilusória ou arriscada que essa prosperidade tenha sido, os níveis de consumo aumentaram enormemente; ainda assim, não é preciso conhecê-la bem para perceber que a Grã-Bretanha sofre de um grande mal, um mal que faz com que ao menos metade de sua população prefira viver alhures. Enquanto as pessoas, no intuito de ganhar dinheiro, acorrem da Europa Oriental, da África, do sul da Ásia, do Oriente Médio e, em menor quantidade, da América do Sul, grande parte da população que ali já vive procura mudar-se para a América do Norte, para a Australásia e para o Mediterrâneo.

Os níveis elevados de consumo não se traduziram no aprimoramento da qualidade de vida subjetiva. O país está tomado de crimes, e as autoridades parecem impotentes, mostrando-se indispostas ou incapazes de fazer algo quanto a isso. Todo dia chegam até nós relatos do grotesco insucesso do sistema de justiça criminal. Reuniões corriqueiras de cidadãos assumem um timbre cada vez mais agressivo. O oficialismo interfere na vida diária de modo cada vez mais impertinente, ao mesmo tempo que a administração pública parece ser uma máquina gigante que só tem sucesso quando se trata de cobrar impostos das pessoas sem devolvê-los na forma de serviços melhores ou de infraestrutura. O cidadão direito, resoluto e independente tornou-se neurótico, dependente, assustado e encarquilhado. O Estado é experimentado como uma força destruidora que não pode ser detida e que não mais se encontra sob o controle de alguém. Políticos de todas as estirpes são tratados como mentirosos e carreiristas *ex officio*, e o cinismo referente a toda motivação oficial impera. Nenhuma explicação oficial recebe crédito, enquanto a honestidade, a franqueza e a confiança se tornaram sintomas de ingenuidade e falta de sofisticação. Todos esses traços são imagens espelhadas daquelas virtudes que, há não tanto tempo, constituíam as virtudes do país.

Talvez não haja estatística que capture melhor esse mal do que aquela que vi registrada há pouco tempo no jornal *The Guardian*, que afirmou que 79% das crianças britânicas têm televisão no quarto (os 21% que não têm provavelmente se sentem ressentidos e desprovidos). Por um lado, parece indicar enorme prosperidade o fato de uma proporção tão grande da população ser capaz de dar a seus filhos um aparelho que outrora deixaria os reis boquiabertos; por outro, levanta a suspeita de que as crianças estão passando tanto tempo diante das telas, que algo humano – o contato face a face do cotidiano – vem sendo solapado ou perdido. Ao que parece, os pais se sentem forçados a dar a cada filho uma televisão (e um computador) a fim de evitar disputas sobre quem assistirá a quê; com isso acabam por privar os filhos de brincadeiras normais e por impregná-los de uma sofisticação fictícia, isto é, de informação, e não de conhecimento.

Em praticamente todos os graus de patologia social a Grã-Bretanha lidera o Ocidente, embora há apenas meio século ela fosse mais bem organizada e livre do que grande parte das outras sociedades. Não há equívoco que seus governos pudessem ter cometido, nem erro que seus intelectuais pudessem ter proposto, que o governo e os intelectuais de outros países também não pudessem ter feito ou proposto.

Os Estados Unidos não estão imunes ao colapso de confiança que subjaz a esse profundo mal britânico. Há, ali, tantos intelectuais quanto na Grã-Bretanha que cedem ao autoquestionamento cultural porque desejam parecer receptivos aos olhos de seus colegas, e não por amor à verdade ou à sabedoria. Além disso, os Estados Unidos estão ingressando num período duro, no qual seu relativo poder econômico e político pode estar em declínio. Uma coisa é ceder ao autoquestionamento exibicionista quando sua posição é forte; outra, muito diferente, é fazê-lo quando não é. O que aconteceu na Grã-Bretanha é um alerta, e um alerta é uma espécie de baliza.

ARTISTAS E
IDEÓLOGOS

O dom da linguagem

Tendo eu abandonado precocemente o exercício da medicina num hospital pobre e num presídio vizinho, meus antigos colegas às vezes me perguntam, não sem um traço de angústia, se acredito ter feito a escolha certa ou se tenho saudades de minha velha vida. Eles são bons amigos e ótimos homens, mas é da natureza humana não desejar felicidade plena a alguém que optou por um caminho que diverge, ainda que muito pouco, do seu.

Felizmente, sinto falta de alguns aspectos do meu trabalho: não fazê-lo seria sinal de que desgostei do que fiz por muitos anos e de que joguei no lixo um longo período de minha vida. Sinto saudades, por exemplo, de como as respostas dadas por meus pacientes a perguntas simples às vezes me faziam descobrir, subitamente, suas visões de mundo. Ainda faço um pouco de trabalho médico, preparando relatórios psiquiátricos sobre pessoas acusadas de ter cometido crimes, e há pouco tempo um caso recordou-me de como algumas palavras podem revelar posturas relativas à vida e iluminar os subúrbios da mente.

Uma jovem foi acusada de assaltar, sob influência de álcool e maconha, uma senhora muito idosa, cerca de cinco vezes mais velha. Ao descrever sua infância, ela mencionou que sua mãe já tivera problemas com a polícia.

– Por que razão? – perguntei.

— Estava recebendo da Previdência e trabalhando ao mesmo tempo.
— E o que aconteceu?
— Teve de parar de trabalhar.

O ar de autoevidência da jovem revelava um mundo inteiro de pressupostos. Para ela, bem como para os que estavam ao redor, trabalhar era um recurso derradeiro; depender economicamente das esmolas do Estado é que era a condição natural do homem.

Eu me deleitava com o que meus pacientes diziam. Um deles sempre guarnecia suas declarações de provérbios invariavelmente deturpados. "Às vezes, doutor", disse-me um dia, "sinto-me como o menino com o dedo no dique, gritando 'Lobo!'".[1] E eu me divertia com o jargão expressivo da prisão. Também os oficiais do presídio tinham uma linguagem própria. Eles chamavam o prisioneiro loquaz de "verbal" quando acreditavam ser ele um louco e de "tagarela" quando acreditavam se tratar de alguém ruim que se portava mal deliberadamente.

Diálogos curtos podiam me entreter de tal maneira que, de vez em quando, dever se tornava prazer. Certa feita, fui chamado de madrugada ao presídio para examinar um homem que tentara enforcar-se. Ele estava numa sala acompanhado de um oficial. Eram cerca de três da manhã, a pior hora para ser acordado.

— O que o senhor não precisa fazer pela Umanidade, senhor! — disse-me o oficial.

O prisioneiro, parecendo confuso, voltou-se para ele.

— Por quem?

— Pela U-manidade — afirmou o oficial, virando-se para o prisioneiro. — Seu nome é Umano, não é?

Era como se eu me encontrasse numa passagem cômica e gloriosa da lavra de Dickens.

---

[1] O enunciado se refere a duas histórias populares. A primeira é a do menino holandês que, ao ver que um filete de água escorria por um buraquinho na parede de um dique, coloca aí seu dedo a fim de impedir que o dique se rompa e inunde a cidade vizinha. A segunda é a narrada por Esopo, nas *Fábulas*, sob o título "O Menino que Gritava Lobo". (N. T.)

Na maior parte do tempo, porém, o que me impressionava não era a felicidade nem a inventividade verbal de meus pacientes e daqueles que os circundavam, mas sua incapacidade de expressar-se com destreza – e isso depois de terem se submetido a onze anos de educação compulsória (ou, para sermos mais precisos, depois de terem frequentado a escola).

Com um vocabulário assaz limitado, não é possível fazer, ou expressar, distinções importantes, nem examinar nenhuma questão com algum cuidado conceitual. Meus pacientes muitas vezes só conseguiam descrever o que sentiam de forma muito rude, valendo-se de expostulações, exclamações e demonstrações físicas de emoção. Com frequência, em virtude de minha experiência com outros pacientes, eu recorria a adivinhações e conseguia exprimir com palavras o que queriam dizer, e a elas eles se agarravam com avidez. Tudo estava na ponta da língua, mas quase nunca – ou nunca – era expresso em voz alta. Ao menos quando não recebiam grandes estímulos, eles lutavam até para descrever de maneira consecutiva e lógica o que lhes havia ocorrido. Narrativas complexas e a maioria das abstrações estavam fora de seu alcance.

Ao lidarem com autoridades, viam-se em grande desvantagem; o resultado era desastroso, visto que muitos dependiam de diversas burocracias públicas para terem atendidas várias de suas necessidades, que incluíam de moradia e saúde até renda e educação dos filhos. Eu, volta e meia, me pegava ajudando-os com esses trâmites, que muitas vezes eram tão intimidadores quanto insuficientes; após minha intervenção, aquilo que o oficialismo declarara impossível havia meses ou anos se tornava subitamente possível dentro de uma semana. É claro que isso não se devia apenas ao meu domínio da linguagem; antes, esse domínio assinalava minha capacidade de criar sérios problemas para os burocratas caso eles não fizessem o que eu pedia. Não creio ser coincidência o fato de os oficiais de todas essas burocracias instalarem cada vez mais barreiras de segurança contra os ataques físicos que dependentes coléricos, mas inarticulados, dirigem a eles.

Aos meus olhos, tudo isso contradiz diretamente a ortodoxia linguística que predomina em nossa era. De acordo com ela, todas as crianças, exceção feita às que sofreram graves danos cerebrais e às que apresentam falhas genéticas muito raras, aprendem sua língua nativa com perfeita facilidade, de modo adequado às suas necessidades. Elas o fazem porque a faculdade da linguagem é parte da natureza humana: está inscrita no ser físico do homem, por assim dizer, e praticamente independe do ambiente. Os teóricos da linguagem hoje admitem que, se uma criança cresce isolada de outros seres humanos até mais ou menos os seis anos, ela jamais aprenderá sua língua adequadamente. No entanto, dizem eles, esse simples fato dá a entender que a capacidade da linguagem está "embutida" no cérebro humano; ela só é ativada em determinado estágio do desenvolvimento de cada indivíduo, o que por sua vez demonstra que a linguagem é uma característica biológica inerente à humanidade, e não um artefato meramente cultural. Além disso, a própria linguagem é sempre regida por regras, as quais são universalmente iguais quando despojadas de alguns acidentes e algumas contingências que parecem importantes à primeira vista, mas na realidade não são.

Segue-se que nenhuma língua ou dialeto é superior a outra e que as formas de comunicação verbal não podem ser hierarquizadas de acordo com sua complexidade, expressividade ou outra virtude qualquer. Por conseguinte, as tentativas de importar a suposta "correção" gramatical aos falantes nativos de um dialeto "incorreto" nada mais são do que um exercício irreconhecido e opressor de controle social; trata-se do meio pelo qual as elites despojam povos e classes sociais inteiras de sua autoestima e os mantêm em permanente subordinação. Se convencidos de que não conseguem falar a própria língua adequadamente, como não se sentirão indignos, humilhados e desprivilegiados? Desse modo, a recusa em ensinar a gramática formal é tão coerente com a compreensão correta da natureza da linguagem quanto é politicamente generosa, uma vez que confere igual prestígio a todas as formas de fala e, portanto, a todos os falantes.

O *locus classicus* desse modo de pensar, ao menos para leigos como eu, é o livro de Steven Pinker intitulado O *Instinto da Linguagem*. Sucesso de vendas quando de seu lançamento em 1994, a edição em brochura, sozinha, já se encontra hoje em sua 25ª edição britânica. Sua ampla circulação sugere que o livro exerce grande influência sobre as opiniões do público instruído. Pinker é professor de psicologia da Universidade Harvard, e o enorme prestígio da instituição também o protege aos olhos de muitos. Se não estivesse certo acerca de um tema bastante importante, ao qual dedicara muito estudo e sua brilhante inteligência, por acaso seria professor adjunto de Harvard?

Pinker deixa muito clara sua posição logo de cara. Seu livro, diz ele, "não o advertirá do uso correto da linguagem" porque, no fim das contas, "[l]inguagem é uma habilidade complexa e especializada, [...] qualitativamente igual em todos os indivíduos [...]. Ela está tão longe de ser uma invenção cultural quanto a postura ereta"; os homens são naturalmente capazes de se expressar tanto quanto são naturalmente capazes de permanecer de pé sobre as duas pernas. "Tão logo começamos a ver a linguagem [...] como uma adaptação biológica destinada a comunicar informações", continua Pinker, "deixa de ser tentador encará-la como um modelador insidioso do pensamento." Todos os indivíduos têm igual capacidade linguística de formular pensamentos complexos e refinados. Cada um de nós detém, por assim dizer, os mesmos instrumentos para pensar. "No que diz respeito à forma linguística", declara Pinker citando o antropólogo Edward Sapir, "Platão caminha ao lado do porqueiro macedônio e Confúcio caminha ao lado do selvagem que caça cabeças em Assam." Em outras palavras, "o gênio linguístico se faz presente sempre que uma criança aprende sua língua nativa".

A ideia antiquada e elitista de que há uma forma linguística "correta" e uma forma linguística "incorreta" sem dúvida explica o fato de que "o tempo todo [l]inguistas se deparam com o mito de que os integrantes da classe trabalhadora [...] usam linguagem mais simples e grosseira. Essa é uma ilusão perniciosa [...]. Diferenças insignificantes entre o dialeto predominante e o dialeto de outros grupos [...] vêm exaltadas como credenciais da 'gramática correta'". Essas são, na verdade, "as diabruras das professoras à moda antiga", e por isso devemos desprezá-las. Com efeito, o inglês padrão é uma daquelas línguas que "são um dialeto dotado de exército e marinha". As professoras à moda antiga que Pinker rejeita com tamanha indiferença não passam do braço linguístico de um poder colonial – a classe média – que oprime aquele que, de outro modo, seria um populacho muito mais livre e feliz. "Visto serem tão psicologicamente inaturais que somente aqueles que têm acesso à educação certa podem obedecer-lhes, as normas prescritivas agem como senhas que distinguem a elite da ralé."

As crianças aprenderão de maneira adequada a língua nativa independentemente do que façamos, e a tentativa de ensinar-lhes o idioma carrega consigo uma série de perigos psicológicos. "Corrigir" a forma como uma criança fala, por exemplo, pode vir a criar nela aquilo que costumávamos chamar de complexo de inferioridade. Além disso, ao praticarem esse tipo de correção, as escolas arriscam afastar a criança de seus pais e de seu ambiente social, uma vez que ela falará de uma forma e viverá de outra, criando hostilidade, e provavelmente rejeição, ao seu redor. Felizmente, porém, dado que toda criança é um gênio linguístico, não há necessidade de nada disso. Cada criança estará em posse do aparato linguístico de que necessita apenas por estar crescendo.

Quase não é preciso assinalar que, se o exemplo demonstra muito mais uma crença do que o preceito, Pinker não crê em nada do que escreve. Ainda que volta e meia semeie, engenhosamente, expressões populares que possam provar que o autor pertence ao povo, seu próprio livro, como era de esperar, foi escrito em linguagem que agradaria as professoras à moda antiga. Não acredito que a obra teria alcançado sua 25ª edição caso o autor optasse por escrevê-la no dialeto da Louisiana rural, por exemplo, ou então no dialeto dos bairros pobres de Newcastle. Ainda que assim tivesse escolhido, talvez lhe fosse difícil escrever desse modo. Eu gostaria de vê-lo tentar traduzir, para a linguagem dos bairros pobres de Glasgow ou Detroit, esta frase que tomei arbitrariamente de seu livro: "O que esse raciocínio negligencia é o fato de que, embora a seleção natural envolva passos incrementais que aprimoram o funcionamento, os aprimoramentos não precisam ser um módulo existente".

Com efeito, Pinker não hesita em conferir maiores ou menores virtudes expressivas a certas línguas e dialetos. Ao atacar a ideia de que tenham existido línguas primitivas, ele cita a linguista Joan Bresnan, que descreve o inglês como "uma língua germânica ocidental falada na Inglaterra e em suas antigas colônias" (não é difícil adivinhar que conotações emocionais estão implícitas nesse modo de descrevê-lo). Bresnan publicou um artigo comparando o uso do dativo no inglês com o uso do dativo no kivunjo, língua falada nas encostas do monte Kilimanjaro. Seu emprego é muito mais complexo nesta última do que na primeira, trazendo muito mais distinções. Pinker comenta: "Entre os inteligentes recursos que encontrei na gramática dos grupos ditos primitivos, o complexo sistema pronominal dos cheroquis parece-me particularmente útil. Ele faz a distinção entre 'você e eu', 'outra pessoa e eu', 'várias outras pessoas e eu' e 'você, uma ou mais pessoas e eu', os quais o inglês rudemente condensa no versátil pronome 'nós'." Em outras palavras, rudeza e sutileza são conceitos aplicáveis quando comparamos as línguas. Nesse caso, não pode haver motivo real que nos impeça de utilizá-los também no âmbito de cada idioma: por que o uso que determinado homem faz não poderia ser melhor, mais expressivo ou mais sutil do que o uso de outrem?

De modo semelhante, Pinker ataca a ideia de que o inglês do gueto, o inglês vernáculo dos negros, é inferior ao inglês padrão. Ele é pautado por regras como (quase) toda língua. Além disso, "se os psicólogos prestassem atenção em diálogos espontâneos, redescobririam o trivial fato de que a cultura negra americana é altamente verbal; a subcultura dos jovens da rua, em particular, é famosa nos anais da antropologia em virtude do valor que atribui à virtuosidade linguística". No entanto, ao concordar com a ideia da virtuosidade linguística, ele também está concordando, queira ou não, com a ideia da falta de virtuosidade linguística. Não se faz necessária muita reflexão, portanto, para concluirmos que Shakespeare apresentava uma virtuosidade linguística maior do que, digamos, o jogador de futebol comum dos dias de hoje. Curiosamente, Pinker termina seu encômio sobre o inglês vernáculo dos negros com o cenho franzido das professoras à moda antiga: "A maior porcentagem das frases agramaticais [é] encontrada nas atas das versadas conferências acadêmicas."

Pinker enfatiza sem cessar que as crianças não aprendem a língua por imitação, e sim porque estão biologicamente predestinadas a fazê-lo. "Coloquemos um ponto final", escreve ele com o que imaginamos ser um artifício retórico, "na lenda de que os pais ensinam a língua a seus filhos." É bastante surpreendente, portanto, ler na dedicatória do livro: "Para Harry e Roslyn Pinker, que me deram a linguagem".

Decerto ele não quis dizer com isso que seus pais lhe deram a linguagem do mesmo modo que lhe deram hemoglobina, isto é, do mesmo modo como foram condição *sine qua non* para sua existência biológica enquanto Steven Pinker. Nesse caso, por que escolher, de todos os dons que lhe foram dados, justamente a linguagem? Ao que parece, Pinker quer evidenciar que ambos lhe ofereceram a possibilidade de aprender o inglês padrão, ainda que não o falassem.

É extremamente implausível sugerir que a imitação dos pais (ou de outros contatos sociais) nada tem que ver com a aquisição da linguagem. Hesito em mencionar algo tão óbvio, mas pais chineses tendem a ter filhos que falam chinês e pais portugueses, filhos que falam português. Parece-me difícil acreditar que se trata de mera coincidência e que a imitação não desempenha papel algum. Além disso, que as crianças tendem a falar não somente a língua de seus pais, mas também seu dialeto, é um truísmo sociológico.

As crianças podem fugir disso caso escolham ou precisem, sem dúvida: minha mãe, que tinha a língua alemã como nativa, desembarcou na Inglaterra aos dezoito anos e aprendeu a falar o inglês padrão sem nenhum sotaque alemão (feito que os linguistas consideram raro) e sem jamais cometer um deslize gramatical. Ela não imitou seus pais, mas talvez tenha imitado outra pessoa. Recentemente, após sua morte, encontrei os cadernos que usava em 1939 e em que praticava com afinco o inglês: seus erros rareavam pouco a pouco, até não haver mais erro algum. Não acho que ela teria se impressionado positivamente diante do desdenhoso latitudinarismo gramatical de Pinker – o mesmo latitudinarismo que, nas escolas e universidades britânicas, agora se estende não somente à gramática, mas também à ortografia, como recentemente descobriu um amigo meu.

O professor de uma escola estatal deu à sua filha, como lição de casa, uma lista de palavras a serem soletradas, e meu amigo percebeu que três dos dez vocábulos estavam errados. Ele então foi reclamar com a diretora, que olhou para a lista e perguntou: "Mas qual é o problema? Dá para saber o que as palavras querem dizer." O objetivo do teste não era averiguar se a ortografia estava correta, e sim se as palavras eram compreensíveis. E basta por ora das diabruras das professoras de hoje.

O contraste entre a realidade experimentada e vivida — nesse caso, a necessidade de Pinker de falar e escrever o inglês padrão, cuja capacidade de expressar ideias complexas é superior — e a negação dessa realidade, feita talvez no intuito de afirmar algo original e desconcertante, é característico do ambiente intelectual em que a supressão de distinções morais e sociais se torna prova da melhor das intenções.

Quando levado a sério por educadores como a diretora da escola em que a filha do meu amigo estudava, o latitudinarismo gramatical de Pinker acaba por encorajar que os nascidos em estratos inferiores da sociedade permaneçam lá, encerrados no universo mental de seu ambiente privado. Não há nenhum problema nisso se você também acredita que na vida todas as posições são igualmente boas e desejáveis e que nada há a ser dito em prol de uma reflexão articulada sobre a existência humana. Em outras palavras, o latitudinarismo gramatical é o aliado ideológico natural do relativismo moral e cultural.

Acontece que eu observei em minha própria família a importância que tem o domínio da fala oficial e gramatical ensinada pelas professoras à moda antiga. Meu pai, nascido dois anos depois de seu irmão mais velho, teve a oportunidade — negada ao outro pela pobreza — de dar continuidade à sua formação. Como consequência, ele aprendeu a falar e escrever o inglês padrão, e em toda a minha vida eu jamais o escutei falando uma única palavra que revelasse suas origens. Ele poderia dissertar filosoficamente sem nenhuma dificuldade; eu às vezes até desejava que meu pai fosse menos fluente.

Meu tio, por sua vez, continuou preso à linguagem dos bairros pobres. Era um homem extremamente inteligente e muito bom: uma daquelas pessoas raras, muito menos comuns do que o tipo contrário, de quem a bondade irradiava quase como se fosse uma qualidade física. Ninguém que o conhecesse deixava de perceber a bondade de seu coração, a generosidade de seu espírito.

No entanto aquele homem era profundamente inarticulado. Seus pensamentos eram complexos demais para as palavras e para a sintaxe que estavam ao seu alcance. Durante e depois de minha infância, eu o vi lutando, como um homem que brigava com uma jiboia, para expressar pensamentos nada infantis – pensamentos cuja complexidade meu pai exprimia sem nenhum esforço. A frustração era evidente em seu rosto, apesar de que ele jamais culpou ninguém por ela. Quando li, no livro de Pinker, a transcrição de uma entrevista concedida ao neuropsicólogo Howard Gardner por um homem que passara a apresentar afasia motora após um derrame – ou seja, um homem que se tornara incapaz de articular pensamentos por meio da linguagem –, lembrei-me com grande tristeza de meu tio. Gardner questionou o homem acerca da profissão que exercia antes do incidente.

– Eu era sin... não... lei... hum, bem... vamos de novo.
Essas palavras foram pronunciadas aos poucos, com grande dificuldade.
– Deixe-me ajudá-lo – interrompi. – O senhor era sinalei...
– Sinaleiro... isso.
[Ele] completou minha frase triunfantemente.
– O senhor era membro da guarda costeira?
– Não... er... sim, sim... navio... Massachu... chusetts... Guarda costeira... anos.

Parecia-me um destino cruel para alguém como meu tio não ter sido instruído no inglês padrão que meu pai falava tão naturalmente. Como nos diz Montaigne, não há tortura maior que a de um homem incapaz de expressar o que está em sua alma.

Tendo iniciado seus trabalhos na década de 1950, Basil Bernstein, pesquisador da Universidade de Londres, demonstrou a diferença entre a fala das crianças da classe média e a fala das crianças da classe operária levando em consideração tudo aquilo que o QI mede. A fala da classe operária, presa fortemente ao aqui e agora, carecia daqueles mesmos aspectos do inglês padrão que se nos fazem necessários para expressar ideias abstratas ou gerais e para colocar nossas experiências pessoais em perspectiva temporal ou em qualquer outra. Desse modo, a não ser que as professoras que Pinker desprezava as tomassem pela mão e lhes ensinassem deliberadamente outro código discursivo, aquelas crianças estavam fadadas a permanecer onde se encontravam, na parte mais baixa de uma sociedade que já empobrecera muito por não beneficiar-se ao máximo de suas capacidades e que seria duramente castigada por não fazê-lo. O homem inteligente que é incapaz de fazer uso produtivo de sua inteligência provavelmente a utilizará de modo destrutivo e autodestrutivo.

Se alguém não acredita que a falta de articulação pode ser um problema, recomendo a leitura de um relatório escrito pela Joseph Rowntree Trust sobre as meninas britânicas que engravidam na adolescência (e às vezes na pré-adolescência) como resposta a seus problemas existenciais. O relatório não está nem um pouco preocupado com as deficiências linguísticas, mas elas se tornam evidentes na transcrição de cada uma das respostas. Todas aquelas meninas haviam passado por experiências muito dolorosas e, portanto, tinham muito a externar do fundo de um coração em pedaços. Dou aqui um só exemplo, porém bastante representativo. Uma jovem de dezessete anos explica por que ter um bebê é maravilhoso:

> Acho que é... é, talvez seja porque... hum, é muito bom quando... tipo, quando você tem um filho que fica te seguindo, sabe, que fica dizendo que te ama, e acho que... é egoísta, mas um dos motivos de eu ser mãe é porque eu queria alguém que amasse ele bastante, sabe, porque não é só seu filho que é o centro do mundo, e isso é muito bom também... ao menos é o que eu acho, é legal à beça. É muito bom porque, tipo, a criança depende de você, sabe, e... hum, você... tipo... você tem que fazer tudo por ela, e é bom quando alguém depende de você.

Como bem aprendi com meus pacientes, não temos por que achar que a capacidade de expressão dessa jovem aumentará espontaneamente com o tempo. Toda abstração complexa que lhe passar pela cabeça permanecerá rudimentar; será quase um aborrecimento, como uma mosca que zumbe numa garrafa da qual não consegue sair. Sua experiência é opaca até para si mesma; trata-se de uma desordem da qual será difícil ou impossível aprender algo, dado que, por motivos linguísticos, a jovem é incapaz de dar-lhe qualquer tipo de perspectiva ou de ordem coerente.

Não sou do tipo mesquinho e empiricamente equivocado que desiste dessas pessoas por serem inerentemente incapazes de fazer algo melhor ou por já terem conquistado tantas coisas que não se faz necessário exigir algo delas, uma vez que, por sua própria natureza, se assemelham mais a Shakespeare do que a um animal que não fala. Tampouco desejo, é claro, que a todo instante falemos como Johnson e Gibbon. Isso não seria apenas intoleravelmente enfadonho, mas também suprimiria grande parte de nossa riqueza linguística. No entanto, todos deveriam ter a oportunidade de transcender as limitações de seu ambiente linguístico caso este seja restrito – o que significa que todos deveriam conhecer, durante a infância, algumas professoras à moda antiga. Todos, exceto os deficientes, aprendem a correr sem ter nenhum tipo de instrução, mas criança alguma corre cem metros em nove segundos, nem em quinze, sem ser instruída. É tolice achar que nenhuma instrução se faz necessária para que a linguagem, esta que é a mais complexa de todas as faculdades humanas, se desenvolva ao máximo.

2006

O que torna grande o doutor Johnson?

Um amigo meu, russo de nascimento mas inglês por adoção, alguém que fala inglês com mais elegância e eloquência do que a maioria dos falantes nativos, uma vez me perguntou em que consistia exatamente a grandeza do doutor Johnson. Tudo o que ele queria eram informações, e sua pergunta fora feita em espírito investigativo; deixou-me, porém, desconcertado, uma vez que a grandeza do doutor Johnson era algo que eu dava como natural. Se meu amigo me pedisse que nomeasse alguém cuja grandeza fosse o traço mais marcante, acho que teria respondido "doutor Johnson" sem pestanejar.

"No entanto", continuou ele, "o doutor Johnson era escritor, e a grandeza dos escritores se encontra na escrita. Quem o lê nos dias de hoje ou sente necessidade de fazê-lo?" Meu amigo acrescentou que jamais o tinha lido, mas ainda assim se considerava versado na literatura inglesa.

A falta de leitores que caracteriza Johnson não é fenômeno inédito, mas só encontra equivalente naquela que acometeu Walter Scott, cujos romances históricos, outrora célebres, só me parecem lidos raramente, e ainda assim com tristeza e um sentimento de obrigação – embora se diga que *Ivanhoé* é o livro favorito do primeiro-ministro Tony Blair. Em seu ensaio sobre a *Vida de Johnson*, de Boswell, Carlyle afirma que a obra supera em valor tudo aquilo que Johnson escrevera: "Com efeito", afirma Carlyle, "[as obras de Johnson] já estão se tornando obsoletas nesta geração; aos olhos das gerações futuras, talvez só tenham valor na condição de prolegômenos e de escólios expositivos à *Johnsoníada* de Boswell." Isso foi escrito em 1832, menos de meio século após a morte de Johnson; e, como profecia, não passou longe da verdade. Boswell tem muito mais leitores que Johnson, e isso provavelmente se dá desde a época em que Carlyle formulou seu juízo.

É possível que um homem seja verdadeiramente grande quando o que lhe dá direito à fama é ter sido tema de uma biografia importante, talvez a maior já escrita? A respeito do biógrafo, Macaulay escreveu (um ano antes de Carlyle): "Assim como Homero é o primeiro dos poetas heroicos, Shakespeare é o primeiro dos dramaturgos e Demóstenes o primeiro dos oradores, Boswell é o primeiro dos biógrafos. Não há quem esteja à sua frente. Ele de tal maneira se distanciou de seus concorrentes que não vale a pena situá-los". E isso apesar das palavras que dão início à biografia: "Escrever a vida de quem superou toda a humanidade ao escrever a vida alheia [...] é tarefa árdua, pela qual me podem tomar por presunçoso".

Ao menos em teoria, é possível biografar alguém que não seja de crucial importância. O próprio Johnson redigiu uma pequena obra-prima biográfica sobre o réprobo Richard Savage, poeta que hoje estaria esquecido caso Johnson não a tivesse publicado. No entanto, por maior que seja o livro de Boswell, ele não poderia ter sido escrito sobre um homem aleatório: como diz o ditado, Johnson encontrou seu Boswell, mas seria mais adequado declarar que Boswell encontrou seu Johnson. Ao termo da *Vida*, a maioria de nós já foi persuadida de que o encômio final do autor a seu tema se justificava por completo: "Este foi SAMUEL JOHNSON, homem cujos talentos, feitos e virtudes eram tão extraordinários que, quanto mais seu caráter for examinado, mais ele será apreciado com admiração e reverência pelos de nosso tempo e pela posteridade".

Meu amigo, que havia lido Boswell e conhecia muito bem os gracejos de Johnson, continuou a negar que havia fundamentos para a unânime convicção, por ele encontrada entre os falantes nativos do inglês, de que Johnson merece um lugar de honra no panteão literário. Podemos amá-lo por suas peculiaridades, estimá-lo por seu caráter, admirá-lo por sua erudição, desejá-lo presente para ouvirmos suas respostas; nada disso, porém, explica muito bem nossa reverência. Seu *Dicionário* sem dúvida foi um feito estupendo, um monumento colossal à dedicação individual e à erudição, mas o mesmo pode ser dito sobre o índice bíblico de Alexander Cruden, trabalho que traz referências cruzadas para toda e qualquer palavra da Bíblia do Rei Jaime. Ainda que o feito de Cruden tenha a magnitude física e mental do *Dicionário* de Johnson, estamos longe de reverenciá-lo. Cruden, que na realidade era um homem muito interessante, foi quase esquecido.

Procurei manifestar a meu amigo como eu mesmo reagia a Johnson. Quando contemplo a máscara mortuária do poeta, creio ver, naqueles traços avantajados e escabrosos, um pouco de seu tremendo caráter e intelecto; vejo sua nobreza rude e a profundidade de seu ser, uma face que, em relação ao rosto do homem comum, ostenta igual proporção das montanhas do Himalaia em relação às ovelhas de Cotswolds. Reconheço, no entanto, a objeção de que só vejo ali o que já estou predisposto a ver. O mesmo se dá quando olho para os retratos de Johnson pintados por Joshua Reynolds, aquelas imagens extraordinárias, produzidas por um pintor que amava e reverenciava de tal forma seu tema e seu amigo que acabou por retratá-lo como era – nem um pouco gracioso, nem um pouco belo, nem um pouco elegante –, convencido como estava de que sua aparência falaria por si só, revelando um homem dotado de uma força de caráter inconfundível, um homem que lutava incessantemente com os problemas mais profundos da existência humana, uma grande alma. Podemos não concordar o tempo todo com as respostas do doutor Johnson; no entanto, quando olhamos para os retratos pintados por Reynolds, poucas dúvidas restam quanto à sinceridade, profundidade e inteligência dos esforços do poeta. Não obstante, eu me via forçado a admitir (sob o escrutínio de meu amigo) que grandes retratos não asseguram a grandeza de seus modelos.

O resumo que Macaulay fez da narrativa biográfica de Boswell nos ajuda a entender por que nos sentimos tocados por Johnson e por que tendemos a convertê-lo em parâmetro daquele que consideramos o tipo mais admirável e sublime de homem. "Graças a Boswell", diz Macaulay, "o Johnson maduro, o Johnson que vivia na plenitude da fama e no gozo de seu conveniente sucesso, é por nós mais conhecido que qualquer outro homem da história." E continua:

Seu casaco, sua cabeleira, sua compleição, seu rosto, sua escrófula, sua coreia de Sydenham, seu andar aos bordos, seu olhar pestanejante, os sinais externos a indicar com clareza que aprovara o jantar, seu apetite insaciável por molho de peixe e por torta de vitela com ameixas, sua insaturável sede de chá, o truque de tocar os postes quando passeava, a misteriosa prática de ocultar sobras de casca de laranja, seus repousos matinais, os debates à meia-noite, suas contorções, seus murmúrios e seus resmungos, sua respiração, sua eloquência vigorosa, precisa e ágil, sua sagacidade sarcástica, sua veemência e insolência, os ataques tempestuosos de cólera, as figuras excêntricas que com ele coabitavam – o velho Sr. Levett e a cega Sra. Williams [os quais moraram com Johnson durante anos, à sua custa] –, o gato Hodge e Frank, o negro: tudo aquilo que lhe diz respeito nos parece tão familiar quanto os objetos que temos ao nosso redor desde a infância.

O que Johnson afirmou sobre a Londres de sua época – a saber, que continha tudo o que a vida humana poderia proporcionar – parece se aplicar à sua vida. Johnson é um homem bom mas falho, a todo momento tentando, mas nem sempre conseguindo, ser uma pessoa melhor: é orgulhoso e humilde; é fraco e forte; é preconceituoso e generoso; é afável e rabugento; é tolo e sábio; tem a si próprio em alta conta e é modesto; é ocioso e trabalhador; é teimoso e se deixa consumir pela dúvida; é espiritual e carnal; esperançoso e desesperado; cético e crédulo; melancólico e alegre; é deferente e sabe que não há quem lhe seja superior; tem desajeitado o corpo, mas elegante a mente e a dicção; é fracassado e triunfante. Nós nunca esperamos encontrar alguém que de tal maneira englobe, em seu ser, toda a vulnerabilidade e toda a resiliência humanas.

Humildade e orgulho disputam espaço no coração e na mente de Johnson. Ele não se opõe nem um pouco à hierarquia social. Muito pelo contrário: em consonância com seu arraigado conservadorismo, não se cansa de tratá-la como precondição necessária da civilização. Tampouco lhe desagrada a transmissão de riqueza, prestígio ou influência por herança. Ainda assim, quando se vê desprezado por um nobre, Johnson responde ao insulto da forma mais masculina, firme, eloquente e destemida possível. Em carta ao lorde Chesterfield, que após tê-lo encorajado a organizar o *Dicionário* passou a ignorá-lo por completo nos anos em que seu trabalho era quase sobre-humano, reaparecendo então, quando concluída a obra, no intuito de posar como seu grande benfeitor, Johnson escreveu, em prosa cuja nobreza ressoa pelos séculos: "Seria benfeitor, milorde, o homem que olha indiferente para quem tenta salvar-se no mar, só oferecendo-lhe ajuda quando alcança a terra firme? [...] Espero não cometer rudeza assaz pungente ao não confessar obrigações onde benefício nenhum foi recebido, ou ainda ao não querer que o público me tenha como homem que deve a um benfeitor aquilo que a Providência lhe permitiu fazer sozinho".

Sua integridade (virtude tão incomum naquela época quanto hoje) refulge numa carta enviada a uma senhora que lhe pedira que recomendasse seu filho ao arcebispo da Cantuária a fim de possibilitar o ingresso do jovem na universidade (Oxford ou Cambridge):

MADAME,

Espero que acredite que minha demora em lhe responder se deve apenas ao desejo de não destruir nenhuma esperança que a senhora tenha nutrido. A esperança é por si só uma espécie de felicidade, talvez a maior que este mundo nos pode proporcionar. Entretanto, a exemplo de todos os outros prazeres de que desfrutamos imoderadamente, seu excesso deve ser expiado pela dor. [...] Ao fazer seu pedido, a senhora deveria ter atentado para o que solicitava. A senhora me pede que procure um grande homem, a quem nunca dirigi a palavra, para beneficiar um jovem que nunca vi na vida, com base em pressupostos que não tenho como confirmar verdadeiros.

Creio ser impossível ler essa carta sem perceber que seu autor é um homem dotado de grande intelecto, de eloquência, de perspicácia, de um conhecimento da vida que nasce de uma reflexão profunda sobre a experiência, tal como de uma seriedade moral que talvez seja o traço que mais nos impõe respeito.

Alguns poderiam achar Johnson sentencioso (e de fato achavam). Seus preceitos nos ressoam na mente do mesmo modo como o trovão ressoa pelos vales e colinas. Teriam, porém, mais sentido que o trovão? São preceitos que muitas vezes parecem óbvios, mas isso ocorre não porque sejam clichês, truísmos ou coisas que todos sabem e sempre souberam; tampouco se assemelham a sermões de um clérigo casual que enaltece a virtude e condena o pecado porque é sua obrigação fazê-lo. Os preceitos de Johnson são óbvios porque retirados do que ensina a experiência humana comum; uma vez expressos, torna-se impossível negá-los.

A todo instante ele reflete sobre o sentido moral e sobre as consequências da vida humana. Na biografia de Richard Savage, poeta dissoluto e antigo amigo, Johnson, que escrevera a obra na fase inicial de sua carreira e a publicara anonimamente, exibe compaixão pelo seu tema ao mesmo tempo que reconhece, com clareza, suas falhas; sua vida é tratada como objeto de reflexão moral e psicológica. Quem não reconheceria um padrão humano comum na descrição do maior fracasso de Savage?

> Sem atribuir nenhuma de suas misérias a si próprio, continuou a agir à luz dos mesmos princípios e seguindo os mesmos caminhos; não cresceu em sabedoria quando de seus sofrimentos, tampouco impediu que a um revés se seguisse outro. Durante toda a vida, deu os mesmos passos ao redor do mesmo círculo; sempre aplaudia sua conduta pretérita, ou então a esquecia a fim de deleitar-se com os fantasmas de felicidade que dançavam à sua frente. De bom grado afastava os olhos da luz da razão quando ela poderia desvelar-lhe a ilusão e iluminar aquilo que jamais desejava ver: seu verdadeiro estado.

A necessidade do autoexame honesto para evitarmos o sofrimento evitável dificilmente poderia ser expressa com mais eloquência; ademais, é um dos defeitos mais graves da cultura moderna e do Estado de bem-estar social o fato de ambos desencorajarem esse autoexame ao estimularem a atribuição de todas as misérias aos outros. Desse modo, acabam por exercer uma influência nefasta sobre o caráter humano.

Johnson era um homem do Iluminismo. Nutria grande interesse pelas ciências experimentais, por exemplo, e conferia grande valor à razão. Todavia, ele também tinha plena ciência dos limites do Iluminismo. Era capaz de reter dilemas irreconciliáveis em sua cabeça sem ceder ao niilismo ou ao irracionalismo. Era também profundamente antirromântico: sua *Vida de Savage* termina com uma denúncia implícita da ideia romântica de que a posse de talentos isenta o homem das exigências da vida moral ou da existência social:

> Este relato [a biografia] não será de todo inútil se [...] aqueles que, confiando em capacidades ou feitos superiores, desprezavam as máximas comuns da vida se recordarem de que nada compensará a falta de prudência e de que persistir na negligência e na irregularidade tornará o conhecimento inútil; a esperteza, ridícula; e o gênio, desprezível.

Ninguém poderia acusar Johnson de ser um conformista inconsequente; é de duvidar que um dia tenha existido indivíduo mais singular. No entanto, estava sempre pronto para impor a seus apetites aquela restrição que, na opinião de Edmund Burke, seu conhecido, qualificava o homem para a liberdade.

Em sua crítica ao desprezo pelas máximas comuns da vida, Johnson revela seu conservadorismo profundo mas flexível – um conservadorismo que não é do tipo teimoso, contrário a toda mudança possível (Johnson elogia a todo momento os avanços no conhecimento e na indústria), e sim aquele segundo o qual, para ser capaz de levar uma vida moral em razoável harmonia e felicidade, a maioria dos homens, em vez de sempre raciocinar a partir de postulados, deve recorrer na maior parte do tempo à sabedoria acumulada dos costumes, das regras e do preconceito. Johnson critica Dean Swift, na breve biografia que lhe dedica, por sua excentricidade deliberada e consciente. "A singularidade", diz ele, "por subentender o desprezo pela prática generalizada, é uma espécie de desafio que suscita com justiça a hostilidade do escárnio; caso não se aprimore, portanto, aquele que ostenta traços peculiares é pior que os outros." Note-se que Johnson não nega a possibilidade do aprimoramento nem acredita que o melhor caminho é sempre um caminho já trilhado. No entanto, ele nega que desviar-se do caminho comum por razões de vaidade seja uma virtude: trata-se, antes, de um vício. Talvez os problemas sociais de hoje fossem mais escassos caso esse ponto de vista se difundisse.

Uma comparação da História de Rasselas, de Johnson, com o Cândido, de Voltaire – considerados por aclamação os dois maiores contos filosóficos já escritos –, revela com clareza a grandeza de Johnson. Publicadas no mesmo ano, 1759, ambas as obras atacavam o otimismo superficial referente à existência humana. Por uma estranha coincidência, os dois autores haviam redigido longos poemas dedicados à questão do otimismo antes de escreverem tais obras a fim de explorá-la. "A Vaidade dos Desejos Humanos", de Johnson, sugere que a felicidade duradoura não pertence a este mundo, quer a busquemos no poder, quer na riqueza ou no conhecimento. Amargura e decepção são os destinos reservados inclusive ao erudito:

> As penas, ei-las, as que ao douto dão:
> Faina e inveja, míngua e o sótão, prisão.
> Países, só néscios vê, pouco justos,
> Que a morto ilustre dão só tarde busto.

Segundo Johnson, não há forma de vida isenta de preocupações; cada qual tem sofrimentos que ao menos equivalem a suas alegrias.

Após o terremoto de Lisboa em 1755, responsável pela morte de 30 mil pessoas e por deixar a cidade inteira em ruínas, Voltaire escreveu um poema que questionava o conceito leibniziano que as célebres palavras de Pope expressaram de modo bastante sucinto: "Tudo o que é está certo". Uma vez que a Providência Divina é benigna, tudo vai pelo melhor neste que, a despeito das aparências em contrário, é o melhor dos mundos possíveis, e nada poderia ser diferente do que é. Voltaire refutou com severidade essa visão no "Poema sobre o Desastre de Lisboa, ou Exame do Axioma 'Tudo está Bem'".

> Direis do amontoar que as vítimas oprime:
> "Deus vingou-se e a morte os faz pagar seu crime?".
> As crianças que crime ou falta terão, qual?,

esmagadas sangrando em seio maternal?
Lisboa, que se foi, pois mais vícios a afogam
que a Londres ou Paris, que nas delícias vogam?[1]

Não obstante seja mais conhecido do que a *História de Rasselas*, o *Cândido* de Voltaire é obra muito mais superficial; sua ironia é crua e rasa quando comparada à ironia do livro de Johnson. A semelhança aparente entre ambas as histórias apenas sublinha suas diferenças profundas. A primeira, do *Cândido*, ataca uma doutrina filosófica; a outra, de *Rasselas*, se debruça sobre uma condição humana que ainda encontramos entre nós. O retrato dos dois autores revela como são diferentes em caráter: temos a impressão de que Voltaire é um cínico incorrigível que deseja chocar o mundo olhando-o com desprezo, ao passo que Johnson parece ser homem determinado a penetrar o âmago da existência humana. O homem mais sério é também, de longe, o homem mais engraçado.

Cândido, jovem ingênuo e afável, vive com alegria num castelo da Vestfália, lar do barão Thunder-ten-tronckh. Sobre ele é lançado o feitiço filosófico do tutor da família, o doutor Pangloss, que acredita que "tudo vai pelo melhor neste que é o melhor dos mundos possíveis". O livro narra os subsequentes passeios de Cândido ao redor do mundo, durante os quais tanto ele quanto seus conhecidos sofrem terríveis injustiças e hostilidades. Cândido testemunha desgraças arbitrárias, incluindo o terremoto de Lisboa. No final, ele e o doutor Pangloss se reúnem às margens do Bósforo, onde encontram uma espécie de tranquilidade e felicidade. Pangloss ainda conserva seu otimismo: como "todos os acontecimentos estão encadeados no melhor dos mundos possíveis", para ele aquela felicidade corrente é a feliz consequência de tudo o que haviam sofrido e testemunhado até então. Visto que Pangloss, entre muitos outros horrores, é enforcado e quase queimado em vida pela Inquisição, o caráter absurdo de sua doutrina se torna claro.

Rasselas é um príncipe da Abissínia que, a exemplo de todos os príncipes abissínios, vive em seu "alegre vale" até o momento de assumir o trono.

---
[1] Tradução de Vasco Graça Moura, em *Poema Sobre o Desastre de Lisboa*. Lisboa, Alêtheia Editores, 2012, p. 35, 37. (N. T.)

(Curiosamente, enquanto Voltaire, racionalista e universalista, demonstra considerável desprezo pela cultura germânica, Johnson, patriota cujas raízes são mais locais, não despreza a cultura abissínia ou egípcia, sugerindo que não são incompatíveis seu enraizamento e sua afeição imaginativa pelos outros.) No alegre vale, Rasselas tem tudo o que quer; vive no luxo, em meio a diversões copiosas e contínuas. Não obstante, apesar da perfeição do lugar e da serenidade de sua existência, ele se sente descontente.

Rasselas e sua irmã Nekayah, tal como Imlac, seu tutor filosófico, deixam o alegre vale e rodam o mundo em busca do modo certo de viver. Imlac age como uma espécie de coro irônico das ideias do príncipe e da princesa. Em sua viagem, conhecem os poderosos e os impotentes, o eremita, o membro da alta sociedade, o sábio e o ignorante, o sofisticado e o camponês: todos os modos de vida, até os de aparência mais atraente, têm seus defeitos, e nenhum responde a todos os desejos humanos ou é isento de angústias e pesares. No final, o casal real percebe que, "dos desejos que haviam formado, [...] não seria possível alcançar nenhum".

As diferenças de profundidade entre os dois livros se tornam claras tão logo nos voltamos para as diferenças entre a ironia de cada autor. Voltaire é denso e óbvio; Johnson, a despeito de sua pompa estilística, leve e sutil. Cândido é expulso do lar alegre em que mora; Rasselas deseja escapar do seu: esta é já uma grande diferença de profundidade, uma vez que os reveses daquele advêm de fora, ao passo que Rasselas experimenta o descontentamento e a inquietude existenciais do homem, originados em seu interior. Visto que ninguém poderia conceber lugar melhor que o alegre vale, Johnson nos coloca desde o início diante da incapacidade do homem de contentar-se com aquilo que tem – o que, segundo ele mesmo sugere, é tanto sua glória quanto sua desgraça.

Eis Voltaire acerca do barão Thunder-ten-tronckh: "O senhor barão era um dos cavalheiros mais poderosos da Vestfália, uma vez que seu castelo tinha porta e certo número de janelas". Sim, a Alemanha de então era atrasada, mas o autor pesou a mão na sátira. Além disso, também os alvos de Voltaire carecem de sutileza. Reproduzo a descrição do período que se seguiu à batalha entre búlgaros e ábaros em sua guerra por coisa alguma (*Cândido* foi escrito durante a Guerra dos Sete Anos):

> Por fim, enquanto os dois reis faziam que entoassem o *Te Deum*, cada qual em seu lado, Cândido aproveitou a oportunidade para ponderar sobre causas e efeitos. Ele passou por pilhas de mortos e agonizantes, alcançando primeiro um vilarejo vizinho: fora reduzido a pó. Tratava-se de um vilarejo ábaro que os búlgaros haviam incendiado de acordo com o direito público. Ali, homens gravemente feridos viam suas esposas morrerem com a garganta cortada, trazendo junto ao ventre os filhos ensanguentados; jovens estripadas, após saciarem as necessidades naturais de vários heróis, davam seu último suspiro; outras, parcialmente queimadas, suplicavam pela morte. Miolos se espalhavam pelo chão, ao lado de braços e pernas decepados.

E aqui segue a descrição da reação portuguesa ao terremoto de 1755, testemunhado por Cândido e Pangloss tão logo os dois ingressaram em Lisboa:

> Após o terremoto que destruíra três quartos de Lisboa, os eruditos do país não encontraram meio mais eficaz de impedir sua ruína completa do que oferecer um bom auto de fé; concluiu a Universidade de Coimbra que o espetáculo de várias pessoas queimadas lentamente era medida infalível para impedir os sismos.

Isso é bastante engraçado, e obviamente os horrores da guerra e os excessos de superstição são objetos oportunos – quiçá até fáceis – de crítica. No entanto há algo de irremediavelmente adolescente na sátira de Voltaire, uma sátira também carece de um sentimento real e palpável pela humanidade. O barão Grimm o percebeu tão logo a obra foi lançada: um crítico judicioso que escreva daqui a dois milênios, afirmou, provavelmente dirá que o autor tinha 25 anos quando a redigiu. Na realidade, Voltaire tinha 65 anos, quinze a mais que Johnson.

Quando nos voltamos para Johnson, encontramos uma mente completamente distinta. Repetidas vezes nos maravilhamos ante sua sabedoria e maturidade. Rasselas se deixa encantar, temporariamente, pelo feitiço de um retórico em Cairo que enaltece o controle das paixões e emoções. No capítulo intitulado "O Príncipe Encontra um Homem Sábio e Feliz", ele o escuta proferindo um sermão:

> Seu aspecto era venerável; seus gestos, graciosos; sua pronúncia, clara; e sua dicção, elegante. Demonstrou [...] que a natureza humana se degrada e rebaixa quando prevalecem as faculdades inferiores sobre as superiores; revelou que, quando a fantasia, mãe da paixão, usurpa o domínio da mente, nada mais se segue senão o governo ilícito, a perturbação e a confusão.

Rasselas "escutou-o com a reverência que se deve às instruções de um ser superior" e visitou-o no dia seguinte para obter dele mais sabedoria. No entanto, encontrou "o filósofo num cômodo semiescuro, tendo os olhos nebulosos e o rosto pálido".

A única filha do filósofo morrera à noite, de febre. "Ao que me dói não há remédio; nada substitui o que perdi." O príncipe, então, o interpela utilizando as belas palavras que ouvira acerca da primazia da razão sobre os sentimentos, ao que o homem responde que Rasselas fala como quem jamais perdera alguém. "Que conforto", pergunta o filósofo, "podem a verdade e a razão oferecer-me? De que servem agora, senão para dizer-me que minha filha não me será devolvida?"

Rasselas, "cuja humanidade não lhe permitiria afrontar o sofrimento com censuras, saiu convencido da vacuidade do discurso retórico e da ineficácia dos períodos elaborados e das frases ponderadas".

Esta é a verdadeira educação do coração e da mente – bem como a confirmação da advertência de Imlac, que dissera a Rasselas que "não se precipitasse [...] em creditar ou admirar os mestres da moralidade: eles falam como anjos, mas vivem como homens". O príncipe é um homem imaturo, jovem e inexperiente, mas tem um coração bom o bastante para compreender de imediato que às vezes o companheirismo deve sobrepujar a lógica e o debate. A profundidade de Johnson, ademais, está em conhecer que as claras limitações da razão – tal como "os períodos elaborados e as frases refinadas" da retórica – não a tornam insignificante, mas apenas limitada. Nossa capacidade de raciocinar é magnífica, sem dúvida; todavia, há na experiência humana mistérios que transcendem até mesmo as capacidades explicativas da razão.

Num episódio posterior, Rasselas e sua irmã examinam as vantagens e desvantagens do casamento precoce e do casamento tardio, chegando à conclusão de que é impossível conciliar as vantagens de ambos e evitar suas desvantagens. Não podemos reconciliar tudo o que desejamos, e, portanto, o descontentamento é a sina do Homem. Nas palavras de Nekayah, irmã de Rasselas: "Homem algum pode encher sua xícara na nascente e na foz do Nilo simultaneamente." O homem que compreende isso não deixará de experimentar desejos incompatíveis – o desejo de tranquilidade e excitação, por exemplo –, mas também não ficará tão amargo por lhe ser impossível obter tudo o que deseja. Entender o caráter imperfeito da vida é necessário para que alcancemos tanto a felicidade quanto a virtude.

Ao longo de todos os seus escritos, Johnson faz afirmações que nos parecem óbvias, mas com a força de uma revelação. O que afirma sobre Richard Savage na verdade se aplica muito mais a si mesmo: "[A]quilo que homem algum jamais pensaria não mais parece passível, agora, de ser ignorado". Seus escritos agradam a "todo aquele que atenta para os movimentos da própria mente" – atenção que para ele é um dever fundamental. Poucos deram atenção mais rigorosa à introspecção do que o doutor Johnson, que a tratou não como forma de autocomplacência, e sim como algo necessário ao aprimoramento moral e ao entendimento da natureza humana. "Todos conheceríamos nosso estado", afirma alhures, "se fôssemos induzidos a examiná-lo." É objetivo do doutor Johnson fazer-nos voltar a nós mesmos, e talvez isso explique por que lê-lo é uma experiência desconcertante.

Johnson tece comentários óbvios, mas essa obviedade só se torna clara depois de feitas as suas observações. No número 159 de *The Rambler*, por exemplo, ele declara que a timidez muitas vezes não passa de prepotência disfarçada. O tímido "acredita que o que dirá ou fará jamais cairá no esquecimento, que renome ou infâmia lhe são conferidos a cada sílaba". No entanto, afirma Johnson, "[a]quele que toma em consideração quão pouco valoriza a condição alheia descobrirá quão pouco a atenção dos outros é por ele atraída".

Cada capítulo de *Rasselas* contém pensamentos tão penetrantes que só poderiam ser formulados por alguém cujo caráter foi retratado por Boswell. Numa estranha inversão dos víveres nacionais, Johnson é um *brandy* se comparado à cerveja rala de Voltaire. Tomemos a visita de Rasselas e Imlac às Pirâmides. Quando Imlac propõe a viagem, seu companheiro se lhe opõe, afirmando que são os homens, e não suas obras passadas, o que lhe interessa. Imlac responde: "Para julgarmos corretamente o presente, devemos contrastá-lo com o passado; todo juízo, afinal, é comparativo, e do futuro nada podemos conhecer". Tendo concluído que "para ver os homens é preciso ver suas obras", Imlac continua: "Se agimos apenas para nós mesmos, negligenciar o estudo da história não é prudente; se nos foi confiado o cuidado dos outros, fazê-lo não é justo".

Quando ambos finalmente alcançam as Pirâmides, as reflexões de Imlac são profundas:

> Nunca foi fornecida, para as pirâmides, nenhuma explicação que condissesse com o custo e o empenho da obra. A estreiteza das câmaras revela que não se encontrava ali refúgio contra inimigos, e tesouros poderiam ter sido resguardados com menores gastos e igual segurança. Elas parecem ter sido erguidas em conformidade com aquela avidez da imaginação que assalta incessantemente a vida e que deve ser apaziguada, a todo momento, por alguma atividade. Os que já possuem tudo aquilo de que podem desfrutar devem ampliar seus desejos. Aquele que construiu para o uso deve começar, até que o uso seja dado, a construir por vaidade.

E por fim:

> Tenho para mim que essa imponente estrutura é um monumento à insuficiência dos deleites humanos.

O último capítulo do livro tem como título "Conclusão, na Qual Nada É Concluído". Ao contrário do que talvez ocorresse caso fosse redigida por um pós-moderno, não se trata aí de uma ironia fácil, e sim de uma declaração das dificuldades contra as quais Johnson lutara – como todos nós deveríamos lutar, se pararmos para refletir – durante toda a vida.

Quando temos em mente que Voltaire não era pessoa sem valor, mas que ainda assim parecia superficial se comparado a Johnson, e quando temos em mente, também, que Johnson escreveu a *História de Rasselas* em uma semana, no intuito de arcar com o tratamento médico e com o funeral de sua mãe, começamos a compreender a dimensão intelectual e moral desse homem. Que espírito grandioso, de tal maneira preparado que foi capaz de escrever um livro como aquele numa única semana, a fim de pagar contas comparativamente insignificantes! É claro que a velocidade com que foi produzida sua obra também explica por que Johnson sempre teve certeza – sentindo-se também profundamente culpado – de não ter logrado êxito caso houvesse sido mais diligente, bem como de não "ter jamais buscado nem fabricado nenhum projeto de vida pelo qual pudesse fazer o bem e agradar a Deus" (afirmação feita em seu aniversário de 62 anos). Ele nunca ficou satisfeito consigo mesmo, mas não culpou o mundo por seu desgosto; cinquenta anos depois de negar-se a ajudar o pai empobrecido, O GRANDE SAMUEL JOHNSON, na expressão cunhada por Boswell, tomou chuva por uma hora no mercado de Uttoxeter em expiação de seu delito, tendo sua cabeça a descoberto.

Johnson é um escritor incomum, visto ser muito maior do que a soma de suas partes. Apesar da excelência da *História de Rasselas*, ele não figura entre os maiores autores ficcionais da literatura inglesa: poucos são os versos de sua poesia lembrados hoje, e seus ensaios, embora honestos de um modo muito mais autoanalítico do que tudo o que Freud veio a escrever – assim como muito mais úteis do ponto de vista moral –, não encantam uma época em que o psico-blá-blá-blá é preferível à verdadeira reflexão e a autojustificativa está em voga.

Todavia, seu *Dicionário* – 43 mil definições e 110 mil citações retiradas da literatura, obra de proporções quase inimagináveis quando consideramos o trabalho de desenvolver, sem a ajuda de ninguém, a definição de uma única palavra – nos ajuda a entender sua perene grandeza. A definição que Johnson dá à palavra "consciência" é: "conhecimento ou faculdade pela qual julgamos nossa bondade ou iniquidade". Acima de tudo, Johnson via o exercício do julgamento como o dever humano mais elevado; por mais convidativo que seja aos homens evitar o juízo, dado ser impossível julgar tudo da maneira correta, é inegavelmente necessário fazê-lo. Ele era de fato aquilo que Boswell declarara: um homem cujo "caráter" extraordinário suscita "admiração e reverência" e ilumina todo verso que saiu de sua pena. "Sua mente se assemelhava ao grande anfiteatro, ao Coliseu de Roma", escreveu Boswell. "No centro se encontrava seu juízo, que como um imponente gladiador combatia todas aquelas apreensões que, a exemplo dos animais selvagens da arena, residiam por toda parte, em celas, prontas para ser libertadas sobre ele." E também sobre nós, é claro.

Acredito já ser capaz de fornecer, àquele meu amigo que um dia fora russo, a resposta que me pedira.

2006

Verdade *versus* teoria

Existem dois William Shakespeare. O primeiro é o homem que nasceu em Stratford, que jamais parecia escrever seu nome da mesma maneira, que nutria profundo interesse por transações financeiras menores e pelo acúmulo de propriedades, que deixou para a esposa a segunda melhor cama; o outro é aquele que deu ao mundo o maior legado literário já visto. Um corpo considerável de pesquisadores, sobretudo de entusiastas amadores e eruditos, procura determinar que o primeiro William Shakespeare não era o mesmo que o segundo.

Não desejo ingressar nessa controvérsia, o que em parte se deve a pura covardia. Os baconianos, oxfordianos e marlovianos convictos, aqueles que acreditam que Francis Bacon, Edward de Vere e Christopher Marlowe foram os verdadeiros autores das peças e dos poemas atribuídos a Shakespeare, em geral chegaram a essas conclusões após pesquisas meticulosas e detalhadas, quiçá até obsessivas, valendo-se de todos os tipos de técnica: desde a análise textual e histórica até a criptografia e a numerologia. Eles não aceitam de bom grado a casual depreciação de seus esforços por parte de quem pressupõe, sem nenhum esforço ulterior, que cada Shakespeare foi o mesmo homem.

Nessa controvérsia, porém, suscitou meu interesse um argumento que é comum a todos os que se opõem aos stratfordianos (nome que os baconianos, os oxfordianos e os marlovianos dão, zombeteiramente, àqueles que acreditam que os dois Shakespeares eram apenas um): o autor das peças compreendeu de tal maneira cada um dos aspectos da natureza humana, conhecendo com tamanha intimidade os vários campos da ação do homem e todos os estratos da sociedade em que vivia – incluindo o mais alto –, que não poderia se tratar de um mero ginasiano de Stratford. O verdadeiro autor deve ter recebido uma educação muito mais formal do que essa.

Ao longo dos anos, muitos livros se debruçaram sobre o conhecimento que Shakespeare tinha da habilidade do soldado, da navegação, do direito, etc., e eu pude reunir uma pequena biblioteca de livros britânicos e americanos escritos, durante o último século e meio, por médicos que comentam o conhecimento de Shakespeare no campo da medicina.

Na maioria das vezes, esses volumes são compilações de todas as referências médicas encontradas em Shakespeare, as quais são classificadas por peça, por doença ou pela especialidade médica relevante. Entre eles se encontra a famosa – talvez "notória" fosse palavra mais adequada – análise de Ernest Jones do complexo de Édipo de Hamlet, tal como um volume mais recente sobre Shakespeare e a neurobiologia. O tom geral sugere um respeitoso assombro ante a exatidão de muitas das observações médicas do escritor.

Até onde sei, nenhum autor médico chegou a sugerir que por essa razão Shakespeare deva ter recebido instrução médica, embora muitos insinuem que algum conhecimento de medicina lhe poderia ter sido passado por seu genro, médico de formação universitária chamado John Hall. Hall tinha diploma de Cambridge, e é provável que tenha estudado também no continente. Todavia, ele só veio a instalar-se em Stratford em 1600, e casou-se com Susanna, filha de Shakespeare, em 1608. Nessa época, é claro, Shakespeare já escrevera a maioria de suas peças e redigira a maior parte de suas observações e alusões médicas, por isso Hall não pode ter sido a principal fonte de seu conhecimento na área.

Não obstante, é instrutivo comparar as observações médicas de Shakespeare com as de Hall. No caso de Shakespeare, eu poderia recorrer a uma série de casos, mas um só bastará. Eis a morte de Falstaff tal qual descrita pela senhorita Quickly, em *Henrique V*:

Teve um fim muito bonito e se partiu como uma criança na pia batismal, entre as doze e uma hora, precisamente, na volta da maré. Quando o vi amarrotando o lençol, brincando com flores e rindo para a ponta dos dedos, compreendi que só havia um caminho. Estava com o nariz afilado como uma pena e delirava com campos verdes. "Então, Sir John", lhe disse, "que é isso, homem? É preciso ter coragem!" Ao que ele se pôs a gritar: "Deus! Deus! Deus!" três ou quatro vezes. Para consolá-lo, disse que não pensasse em Deus, por ser de opinião que não valia a pena perturbar-se com pensamentos dessa natureza. Nesse momento ele pediu que lhe pusesse mais roupa sobre os pés; enfiei a mão por baixo do lençol e os apalpei, percebendo que estavam frios que nem pedra. Então apalpei-lhe os joelhos, e mais acima, e mais acima, e tudo estava tão frio que nem pedra.[1]

Um dos méritos dessa passagem – e é característico de Shakespeare que os méritos de sua escrita sejam multiformes, combinando, em igual medida, verdade, humanidade, tolerância, sabedoria, entendimento, amor, ironia e poesia – está em sua descrição bela e precisa do delírio. Reproduzo aqui alguns dos critérios para o diagnóstico do delírio segundo a Classificação Internacional de Doenças da Organização Mundial da Saúde:

(i) diminuição da consciência [com] reduzida capacidade de dirigir, focar, conservar e deslocar a atenção;

(ii) perturbação global da cognição [com] distorções perceptivas, ilusões e alucinações, na maioria das vezes visuais; debilitação do pensamento e do entendimento abstratos, [...] em geral com certo grau de incoerência;

(iii) distúrbios psicomotores [com] hipoatividade ou hiperatividade e com passagens imprevisíveis de uma à outra;

(iv) distúrbios emocionais, como depressão, angústia ou medo, irritabilidade, euforia, apatia ou [...] perplexidade.

---
[1] Tradução de Carlos Alberto Nunes, em *Teatro Completo: Dramas Históricos*. Rio de Janeiro, Agir, 2008, p. 229. (N.T.)

A senhorita Quickly, portanto, era boa observadora. Além disso, o "nariz afilado como uma pena" descreve de maneira extremamente precisa e correta o homem que é acometido pelas angústias da morte.

Voltemo-nos agora para o doutor Hall, cujas observações médicas, compiladas após a sua morte com base em suas notas, foram publicadas no livro *Selected Observations on English Bodies of Eminent Persons in Desperate Diseases*, que teve três edições no século XVII. Fazê-lo é como passar do sublime ao que, hoje, parece ser o ridículo. Tomo aqui um caso aleatório; todos os 82 que figuram na obra são da mesma estirpe intelectual.

> O Sr. John Trap (sacerdote que, por sua piedade e erudição, não se encontra igual), cerca de 33 anos de idade, dotado de temperamento melancólico, por excesso de estudo foi acometido por melancolia hipocondríaca e dor no baço, apresentando alguns sintomas escorbúticos, a saber: dificuldade para respirar após leve movimento do corpo, palpitações cardíacas, desmaios quando elevados os vapores, melhoras quando de sua dispersão. Apresentou febre errática leve, de modo que se mostrava assaz debilitado; após pregação no sábado, mal via-se capaz de falar; sua urina se alterava com frequência, seu pulso era mutável e desigual, e o paciente languescia em demasia. Medicamentos comuns foram tomados, mas, não obtendo êxito, desejou ele minha ajuda e conselho, o que foi de bom grado feito por mim na prescrição seguinte, pela qual acabou resgatado das mandíbulas da morte com segurança, rapidez e conforto.

Entre as prescrições – nem todas agradáveis – se encontravam tártaro vitriólico (sulfato de potássio) e mercúrio-doce (cloreto de mercúrio), ambos ministrados com mingau de maçã cozida; cremor de tártaro; vinho ferruginoso; rolos peitorais (contendo samambaia e hissopo); xarope para paralisia; uvas secas ao sol, as quais eram cozidas num saco até alcançarem a consistência de uma pasta, depois coadas e misturadas com conserva de flores de alecrim e viperina; comprimidos de cidra; canela; açafrão; cerveja antiescorbútica; solução de lesmas aquáticas; solução de ovos de rã; e infusão emética.

Ao que parece, Trap se recuperou – em parte, não há dúvida, por temer que Hall lhe prescrevesse novos tratamentos. O médico tinha ainda truques piores em sua manga terapêutica, como cocô de ganso, de pavão, de pombo e de galinha, bile de boi, teia de aranha e óleo de escorpião.

Essa mistura aparentemente eclética de prescrições encontrava fundamento – ainda que remoto – na teoria galênica dos humores. Eram quatro os humores ao todo; cada qual partilhava de uma das qualidades dos quatro elementos da filosofia grega. O sangue era aéreo, isto é, quente e úmido; o fleuma, aquoso, ou seja, frio e úmido; a bile amarela era ígnea (quente e seca); e a negra, terrestre (fria e seca). Cada pessoa tinha temperamento distinto, variável de acordo com o predomínio dos humores em seu interior – o sanguíneo, o fleumático, o colérico ou o melancólico. A doença consistia na interrupção do equilíbrio entre eles. O objetivo do tratamento médico era recuperar essa harmonia, e os medicamentos estimulavam o humor deficiente ou abrandavam o excessivo. O óleo de minhoca, por exemplo, exercia um efeito refrigerante e umidificador, útil para o tratamento daquelas enfermidades que o excesso de bile amarela supostamente causava.

A teoria galênica era um artigo de fé inquestionável entre os médicos de formação universitária. O ensino consistia na doutrinação, na memorização e na regurgitação. Nenhum desvio era permitido, e mesmo o refinamento e o desenvolvimento traziam riscos. A refutação direta era profissionalmente perigosa. Foram necessários muitos séculos, portanto, para que essa teoria fosse derrubada; seu domínio, tal como os tratamentos que ela englobava, distinguia os médicos verdadeiros dos empíricos e curandeiros. Hall via seus pacientes com um olhar galênico; ele dominava uma teoria que para tudo bastava e que fazia com que observá-los de perto fosse redundante – que fosse, na verdade, *infra dignitatum*. É por isso que hoje é quase impossível diagnosticar com base na descrição que ele fazia de seus pacientes. Hall não precisava observar: tinha já sua teoria, por isso sabia tudo de antemão.

A propósito, seu livro registra somente seus sucessos. Eles confirmam que sua teoria estava correta desde o início; caso contrário – não é óbvio? –, não teria sido bem-sucedida.

Shakespeare, é claro, conhecia a teoria dos humores de Galeno. Isso, no entanto, sinaliza que ele recebeu instrução universitária tanto quanto o fato de um homem moderno ter ouvido falar da teoria microbiana das doenças sinaliza que ele é microbiólogo. Shakespeare não era escravo do galenismo como seu genro; em outras palavras, foi precisamente sua falta de instrução universitária o que lhe permitiu ser um observador tão arguto. Embora lhe tenha sido necessária uma educação básica sofisticada para que fosse Shakespeare, o autor das peças, a instrução universitária, ao menos no que diz respeito à medicina, teria diminuído sua obra, e não a elevado. Um médico contemporâneo pode aprender algo com Shakespeare; com Hall, não pode aprender nada. Como assinalou Orwell, são necessários esforço e determinação para perceber o que está diante do próprio nariz. Entre os esforços exigidos está o de livrar-se das lentes da teorização excessiva ou fictícia. Quando se trata de nossas tentativas de compreender os fenômenos da sociedade em que vivemos, não consigo deixar de indagar quantos de nós não estamos presos a teorias equivalentes à teoria galênica de Hall e se, como resultado, não prescrevemos equivalentes legislativos ao crânio humano, a restos de múmia e a mandíbula de lúcio.

Quanto ao porquê de as pessoas adotarem teorias que entram em conflito com a reflexão honesta mais elementar, citarei T. S. Eliot, que, embora nem sempre estivesse certo, tinha razão quanto a isso:

> Metade do mal feito no mundo se deve a pessoas que desejam se sentir importantes. Elas não têm a intenção de fazer mal algum; todavia, o mal não lhes interessa, [...] ou então elas não o percebem [...] porque estão absortas em seu infindável esforço para terem a si mesmas em alta conta.

Eliot poderia ter acrescentado: "Em seu infindável esforço para parecerem satisfatórias aos olhos dos outros intelectuais e no medo de perder o prestígio de que desfrutam". Como afirmou Orwell, porém, em outra frase igualmente célebre, em decorrência desse esforço "nós decaímos a um ponto tal que reafirmar o óbvio se tornou o dever primeiro dos homens inteligentes".

Um bebedor do infinito

Uma pessoa que conheceu Arthur Koestler contou-me uma pequena anedota sobre ele. Koestler estava fazendo palavras cruzadas com a esposa e formou a palavra *vince* no tabuleiro.

– Arthur – disse a mulher –, o que significa *vince*?

Koestler, que jamais perdeu seu forte sotaque húngaro, mas cujo domínio do inglês era tão grande que fez dele, sem sombra de dúvida, um dos maiores prosadores do século XX na língua, respondeu (podemos imaginar com que luz nos olhos): *To vince is to flinch slightly viz pain.*

Quantas pessoas seriam capazes de definir uma palavra com tamanha precisão em sua primeira língua? E na quarta, combinando-a ainda com um humor perverso? Podemos perceber, por esse caso trivial, quanto seria tedioso para qualquer mulher que estivesse apaixonada por ele permanecer com alguém menos brilhante que Arthur Koestler.

Ocorre que as relações de Koestler com as mulheres estão hoje mais relacionadas à sua reputação que a qualquer coisa que ele tenha escrito. Desde a publicação, em 1998, do estudo biográfico de David Cesarani, o nome de Koestler tem sido associado ao estupro, possivelmente de natureza serial, e ao abuso de mulheres. Testei essa associação com diversos amigos dotados de interesses literários: embora nenhum deles tenha lido a biografia, a primeira coisa em que todos pensavam ao ouvir o nome de Koestler era estupro. Duvido que alguma biografia tenha afetado mais profundamente a reputação de um autor; e, caso seja necessária alguma prova, o efeito da obra de Cesarani demonstra que os livros exercem uma influência que vai muito além de seu público leitor real.

Cesarani é um pesquisador sério, e não alguém que forjaria declarações sensacionalistas tendo em vista objetivos não relacionados ao conhecimento. Com efeito, suas revelações amplamente difundidas, recebidas com enorme surpresa, encontravam uma espécie de respaldo num episódio do romance *Chegada e Partida*, publicado por Koestler em 1943.

Ao menos em parte, é um livro autobiográfico. Seu jovem protagonista ("herói" seria palavra muito benevolente) é o refugiado Peter Slavek, antigo militante comunista de um país balcânico à época ocupado pelos nazistas. Slavek desembarca na capital de um país neutro – claramente Lisboa, em Portugal –, a partir da qual espera chegar à Inglaterra e alistar-se nas forças britânicas, as únicas que na época ainda combatiam os nazistas. O próprio Koestler deixara Portugal rumo à Inglaterra com essa ideia em mente, e sua descrição da atmosfera de Lisboa nos tempos da guerra claramente se baseia em algo visto em primeira mão.

Quando em Lisboa, Slavek se apaixona, ou se deixa obcecar, pela jovem Odette, refugiada francesa que está à espera de um visto para os Estados Unidos. Odette não nota Slavek, mas um dia o encontra ao visitar o apartamento de um amigo, onde o refugiado balcânico se instalara temporariamente. Como o amigo não estava em casa, Slavek e Odette ficaram a sós. Segue-se então uma cena que sugere que Koestler conhecia tão bem o estupro quanto a fervorosa atmosfera da Lisboa dos tempos de guerra.

Slavek declara seu amor por Odette; ela o rejeita e se prepara para sair. "Ele colocou-se prontamente de pé, alcançou a porta quase de um salto e segurou-a enquanto ela rumava para o saguão." Em seguida, o autor afirma que Slavek estava fazendo o que muitos estupradores me disseram fazer: *proteger* suas vítimas. "Como se a porta fosse uma armadilha mortal e ela corresse o risco de ser capturada, [ele] a comprimiu contra si com um gesto protetor, ao mesmo tempo que fechava a porta com um chute." Odette resiste, mas "essa mesma resistência", escreve Koestler, fez com que Slavek "a envolvesse com ainda mais força, assemelhando-se ao nó corrediço de uma armadilha". Não se trata da atividade de um agente, e sim da operação de um artifício mecânico.

A situação se acalma um pouco, e Slavek percebe com vergonha que deveria ter soltado seus braços. Em seguida, porém, "ela começou a resistir mais uma vez, agora com uma fúria renovada, o que automaticamente o fez redobrar sua força". Koestler revela que Slavek estava mais assustado do que Odette.

Segue-se, então, o estupro propriamente dito:

> Ofegante, ela resistia, martelando os punhos contra o peito dele. [...] Deus, quão disparatada era ela [...]. Tudo o que ele queria era fazer a jovem entender que nada desejava dela. [...] Resistindo com tamanha fúria, ela o obrigava a afastá-la pouco a pouco da porta. Os lábios dele balbuciavam palavras sem sentido, com o objetivo de acalmá-la; era tarde demais, porém, e as chamas se elevaram, envolvendo-o. [...] Cego, deixou-se cair tão logo se depararam com um sofá [...] [e] pressionou o joelho contra as pernas dela; sentiu-as ceder e, um instante depois, todo o corpo da jovem enlanguescia.

Quando tudo enfim termina, Odette chora. Slavek toma a sua mão e, ao perceber que ela não se retrai, sente-se encorajado a explicar e justificar o que fizera: "Não estou tão certo de que você sempre se lamentará, sabe, mesmo que por ora ainda esteja brava". Em seguida, procura turvar a distinção entre as relações sexuais voluntárias e as relações sexuais forçadas: "Hoje em dia, as coisas muitas vezes começam assim – pelo fim, digo. No passado, uma pessoa tinha de esperar anos antes de poder ir para a cama com outra, e então descobria que na verdade não gostava dela, que tudo não passara de uma miragem. Se você começar pela outra ponta, não precisará descobrir se esse carinho de fato existe".

A resposta de Odette isenta Slavek da necessidade de nutrir remorso: "A questão é que, se você agride uma mulher por tempo suficiente, deixando-a irritada e exausta, ela acaba por perceber que são inúteis toda aquela resistência e todos aqueles pontapés, que tudo é muito barulho por nada". A relação sexual, portanto, tem a mesma relevância moral do ato de urinar ou outra função fisiológica qualquer. "Você provavelmente está se achando um sedutor irresistível, quando na verdade tudo o que fez foi levá-la àquele ponto em que ela diz: Bem, por que não?". E, para confirmar a teoria "Slavek-Odette-Koestler", Slavek e Odette dão início a um romance breve e intenso.

A descrição do estupro feita por Koestler parece vir de dentro; e, se Cesarani estiver certo, ela nos fornece um exemplo exato da conduta e da experiência do autor. Ele talvez tenha padecido (caso "padecer" seja a expressão certa) daquilo que os psiquiatras denominam "parafilia coerciva": a excitação sexual suscitada pela submissão física – um nome pomposo e às vezes o mais próximo que a ciência médica consegue para chegar a uma explicação. O raciocínio de Slavek, claro, é praticamente a carta magna do estuprador. No entanto o que causa desconforto é o fato de algumas das mulheres violadas por Koestler terem conservado sua amizade com ele pelo resto da vida. Seria necessário um livro inteiro para explorar à exaustão todas as evasões da passagem citada, tal como as questões sociais e psicológicas que ela suscita.

Há muito mais em Koestler, é claro, do que perversão sexual, ainda que hoje seja difícil ler o que quer que ele tenha escrito sem antes colocar lentes maculadas de estupro. *Chegada e Partida* não se resume à vida amorosa de Slavek; a obra se debruça fervorosamente sobre as questões políticas mais importantes da época.

O livro, por exemplo, trazia aquela que era a descrição mais ilustrativa até então do extermínio dos judeus por gás na Europa Oriental, tratando-o não como massacres isolados, e sim como parte de uma política genocida ponderada; além disso, a obra traçava uma comparação explícita – hoje banal e rotineira, mas na época corajosa e espantosa – entre Hitler e Stálin, assinalando, não obstante a inimizade de ambos, o quanto eram semelhantes. Ao conhecer um inteligente oficial nazista de nome Bernard, Slavek questiona por que os nazistas, opositores tão ferrenhos do comunismo, copiavam "em notável medida" os métodos soviéticos. Bernard responde:

> Sem dúvida, há certa afinidade entre sua antiga pátria e a nossa. Ambas são governadas por burocracias estatais autoritárias, de base coletivista; ambas são Estados policiais eficientes, guiados

pelo planejamento econômico, pelo sistema unipartidário e pelo terror científico. [...] Essa é uma fase tão inevitável da história quanto foi a difusão do sistema feudal e, depois, do sistema capitalista. Nossos dois países são apenas os precursores da era pós-individualista e pós-liberal.

Escrever esse trecho numa época em que os livros que enalteciam nossos nobres aliados soviéticos brotavam das prensas – e em que mesmo os conservadores, sempre poucos entre a *intelligentsia*, haviam substituído por admiração seu ódio visceral pela União Soviética – era um ato de considerável coragem.

A reputação de Koestler como escritor já havia decaído muito antes das revelações de Cesarani. Ele se tornara um daqueles autores que encontramos no fim da adolescência ou no início da vida adulta – um autor que nos acomete como o equivalente literário da febre glandular, mas contra o qual, uma vez lido, desenvolvemos uma imunidade que dura por toda a vida. Outrora um dos escritores mais famosos do mundo, ele tornou-se tão datado quanto as modas juvenis de três décadas atrás.

Várias são as razões para isso. Em 1980, talvez até antes, as questões políticas que haviam fervilhado no início de sua vida adulta – o comunismo, a ascensão do fascismo e o estabelecimento de um Estado sionista – não suscitavam tanto interesse nas novas gerações de leitores. Muitos consideravam as obsessões subsequentes de Koestler – o misticismo indiano, a biologia de Lamarck, a ciência não reducionista e a parapsicologia – bizarras ou até caducas, sintomas de uma mente que saíra dos trilhos. Em seu testamento, ele doou dinheiro para a criação de uma cadeira de parapsicologia na Universidade de Edimburgo. Segundo Koestler, a telepatia e a precognição eram fatos provados, em grande medida graças aos experimentos, hoje descreditados, que J. B. Rhine conduzira na Universidade de Duke. Koestler começou a recolher exemplos de coincidências impressionantes como se elas pudessem nos revelar algo sobre as relações não causais dos acontecimentos. A exemplo do que acontecera com Arthur Conan Doyle, aos olhos do público ele parecia ter deixado de ser uma fonte séria e se convertido num excêntrico espiritualista.

Antecedendo as revelações de Cesarani, o penúltimo prego no caixão de sua reputação foi o duplo suicídio que em 1983 cometeram ele e sua esposa, vinte anos mais nova. Embora Koestler tivesse doença de Parkinson em estágio avançado (o que ocasionou o declínio de suas capacidades mentais), sua mulher, que engoliu com ele uma dose fatal de barbiturato, gozava de plena saúde. Muitos acreditavam, sem evidências suficientes, que Koestler forçara a esposa a dar ponto final à própria vida junto com ele.

Esse foi o segundo suicídio duplo em que estiveram envolvidos um grande autor da Europa central naturalizado britânico e sua esposa: o primeiro foi o de Stefan e Lotte Zweig. No entanto, se Zweig se matara desesperado do estado do mundo, Koestler o fez desesperado do estado de sua saúde. Decerto, isso revela a direção, não de todo maléfica, que o mundo tomara nos quarenta anos que separam ambos os casos; ao mesmo tempo, sugere um grande egoísmo por parte de Koestler e lança dúvidas sobre a sinceridade, ou ao menos sobre o desinteresse, de seus compromissos anteriores.

Koestler não merece uma rejeição tão sumária; afinal, se um dia houve quem abarcasse – e registrasse – com a própria vida todas as tribulações políticas, intelectuais e emocionais do século XX, esse alguém foi ele.

Koestler nasceu em Budapeste em 1905, fruto de um casal judeu já assimilado. Seu pai era um comerciante que em geral fracassava, mas que também teve seus acertos: pouco antes da Primeira Guerra Mundial, e também durante a primeira metade do conflito, fez fortuna (logo perdida) fabricando e vendendo um sabão que tinha como um de seus componentes o rádio. A radioatividade, na época, era um fenômeno recém-descoberto, e muitos acreditavam que os raios melhoravam a qualidade de vida e curava doenças.

O pai de Koestler passou o resto da vida sonhando com um novo produto que lhe recuperasse rapidamente a fortuna; e, em certo sentido, o jovem Koestler também nutriu essa ilusão, deslocando-a, porém, para as esferas intelectual, política, filosófica e espiritual. Quando novo, Koestler encontrou no sionismo radical a resposta para seus problemas existenciais, embora não tivesse nenhuma crença religiosa nem afinidade filosófica com o judaísmo (futuramente, ademais, ele escreveria um livro que ainda é citado pelos antissionistas: *A Décima Terceira Tribo*, no qual afirma que a maioria dos judeus não é de origem semita, mas descendente dos cazaques, tribo turca que se converteu ao judaísmo). Depois, voltou-se para o comunismo marxista ortodoxo, ao que se seguiu uma fase de anticomunismo combativo, por sua vez suplantada por uma longa tentativa de encontrar um espiritualismo que se fundamentasse em evidências e inferências racionais. Koestler não foi homem que deixava o que era filosófico pela metade: ele era um bebedor do infinito, para citarmos o título de uma de suas obras.

Matemática e cientificamente talentoso, o jovem Arthur estudou engenharia em Viena, mas não chegou a graduar-se. Em vez disso, o fervoroso sionista partiu para a Palestina e se instalou num *kibutz*. Não conseguiu, porém, permanecer por muito tempo; no fim das contas, sua personalidade não se deixaria absorver por uma iniciativa coletiva. À beira da inanição, salvou-o uma fortuita indicação para ser correspondente palestino do Ullstein Trust, maior grupo jornalístico da Alemanha, o qual logo o despachou para seu escritório parisiense. Em seguida, Koestler se mudou para a Alemanha, onde atuou como editor de ciências de um jornal e como editor estrangeiro de outro, tendo como uma de suas façanhas sobrevoar num zepelim a Rússia soviética até o Polo Norte.

Koestler ingressou no Partido Comunista, o que explicou afirmando que se tratava da única alternativa viável a Hitler. Isso, no entanto, fez com que o Ullstein o dispensasse. Retornando a Paris após viajar pela União Soviética, ele escreveu artigos de propaganda política sob a direção da Comintern até a eclosão da Guerra Civil Espanhola, quando um jornal de esquerda britânico o encarregou de visitar os quartéis-generais de Franco. Acusado de ser comunista, ele escapou com êxito, mas as forças franquistas o capturaram durante uma viagem subsequente à Espanha e o sentenciaram à morte. Uma ofensiva internacional garantiu sua libertação. Os anos de Koestler como agente da Comintern — nos quais ele, o mais egoísta dos homens, submeteu-se voluntariamente à disciplina do partido, acreditando ser o único juiz da verdade transcendental — proporcionaram-lhe uma visão inigualável da psicologia dos partidários repentinamente acusados de traição contrarrevolucionária.

Koestler foi então viver na França, rompendo de vez com o Partido Comunista durante as farsas judiciais. Quando a guerra eclodiu, em 1939, o governo francês, capturando-o em Paris por ser estrangeiro potencialmente hostil, enviou-o para o campo de concentração; uma segunda ofensiva internacional lhe conquistou a liberdade. Temendo uma nova prisão, ele ingressou na Legião Estrangeira da França e, seguindo um caminho muito tortuoso, conseguiu chegar a Lisboa. De lá, voou – ilegalmente – para Londres, onde foi capturado mais uma vez, agora por seis semanas. Em sua cela, corrigiu as provas de *O Zero e o Infinito*, seu livro mais famoso.

Libertado da prisão, Koestler logo ingressou no Exército britânico, o que segundo ele teve efeito salutar em sua vida. "De repente, eu me vi passando de membro de uma multidão cinza e lastimosa de refugiados – a escória da Terra – a autor campeão de vendas", escreveu. "Essa é uma experiência perigosa para qualquer escritor, mas antes que pudesse piscar os olhos também me vi transformado no Soldado número 13805661 do 251° Corpo de Pioneiros da Corporação, os quais não eram dados a bajular intelectuais." Revela algo da vida que Koestler levava até então o fato de, para ele, os três anos que passou na Londres bombardeada, onde sobreviveu a um ataque próximo, estarem "entre os anos mais pacatos (quase empreguei 'pacíficos') de minha vida".

Aos 37 anos, Koestler já viajara muito; falava húngaro, alemão, francês, russo e inglês fluentemente, assim como um pouco de hebraico (inventou a palavra cruzada hebraica quando esteve na Palestina); fora preso diversas vezes, chegou mesmo a receber pena de morte; adotara o sionismo, o comunismo e o anticomunismo; e escrevera livros em húngaro, alemão e inglês. Pouco após desembarcar na Inglaterra, já conhecia e fizera amizade com seus autores e intelectuais mais destacados: George Orwell, Cyril Connolly, Dylan Thomas, Bertrand Russell, Alfred Ayer e muitos outros.

O Zero e o Infinito foi escrito em alemão quando Koestler vivia em Paris e esperava ser capturado a qualquer momento. Trata-se da história de Rubashov, intelectual bolchevique inspirado, sobretudo, em Nikolai Bukharin, economista queridinho do partido que acabou executado em 1938 após uma farsa jurídica.

Quando da publicação do livro, em 1940, e também durante um longo período subsequente, muitos ocidentais se deixaram enganar pela confissão pública de inúmeros bolcheviques antigos, que afirmaram ter cometido crimes evidentemente absurdos e passíveis da pena de morte – por exemplo, ter trabalhado desde o início da carreira para serviços de inteligência estrangeiros. Como os oficiais comunistas conseguiam aquelas confissões? Porventura os russos haviam desenvolvido alguma técnica de interrogação por demais sofisticada e secreta, ignorada pelo Ocidente?

É claro que alguns ocidentais, comunistas e simpatizantes fervorosos, acreditaram na justiça dos julgamentos e na espontaneidade das confissões. Um dos mais influentes era o destacado advogado britânico D. N. Pritt, que chegou a escrever um livro para defender a justiça dos julgamentos de Moscou. Em 1972, um estudante de medicina, na época maoísta fervoroso, tentou me convencer de que os julgamentos eram genuínos emprestando-me transcrições de suas atas.

Assim, a reconstrução imaginária de como Rubashov foi persuadido a confessar – à qual Koestler emprestou seu conhecimento de como pensavam e agiam os que haviam dedicado a vida toda ao partido – era inteiramente nova e original. A solução de Koestler para o enigma dizia que Rubashov e todos aqueles que se lhe assemelhavam haviam confessado não por ter sofrido algum tipo de tortura física (embora Rubashov fosse privado do sono, técnica que os interrogadores de fato empregavam para obter confissões), e sim porque era lógico para eles fazê-lo. Durante toda a vida adulta, eles haviam acreditado que os fins justificavam os meios; além disso, e de maneira crucial, haviam delegado ao partido o direito de julgar tanto aqueles quanto estes. Que autoridade tinham, portanto, para se opor ao partido quando este decidisse que era necessário sacrificá-los, não importando se de fato haviam sido responsáveis por algo?

Koestler é romancista sofisticado o bastante para não fazer de Rubashov um personagem inteiramente admirável. Com efeito, o comunista foi incapaz de intervir em favor de Arlova, a secretária com quem tivera um caso, quando esta foi acusada de crimes absurdos. Segundo ele, sua vida tinha mais valor para a causa do que a dela.

Koestler faz com que o aristocrático Rubashov seja interrogado por um oficial proletário de nome Gletkin. O clímax se dá quando Gletkin diz a Rubashov que sua divergência com a linha do partido teria como resultado lógico e objetivo a guerra civil e, possivelmente, a supressão da ditadura do proletariado; desse modo, sua confissão "é o último serviço de que o partido o encarregará".

– Camarada Rubashov, espero que o senhor tenha compreendido a tarefa que o partido lhe incumbiu.
Aquela era a primeira vez que Gletkin chamava Rubashov de "camarada". Rubashov ergueu a cabeça rapidamente. Sentiu crescer, dentro de si, uma onda de calor contra a qual nada podia fazer. Seu queixo tremeu levemente enquanto colocava o pincenê.
– Sim, compreendo.

Aqui, o pincenê representa o último resquício de uma civilização mais refinada (Tchekov o usava, por exemplo), superada por um modo de vida mais cru e impiedoso. Koestler está sendo sutil: Rubashov é tanto beneficiário quanto destruidor da velha civilização, sendo ele mesmo destruído pela prole de sua destrutividade.

À direita, alguns teceram críticas injustas a Koestler, afirmando que *O Zero e o Infinito* dava a entender que as confissões dos julgamentos de Moscou haviam sido obtidas mediante argumentações sutis, e não por meio de torturas violentas. Em parte alguma do livro, porém, Koestler sugere que técnicas mais duras de obter confissões não foram adotadas – muito pelo contrário – ou que os métodos empregados no caso de Rubashov caracterizavam todos os casos. Antes, seu romance é filosófico, assinalando de maneira plausível as terríveis consequências lógicas e práticas da crença em que os fins justificam os meios quando esses fins foram predeterminados por uma autoridade, seja ela a história, seja um grande líder ou mesmo Deus.

O Zero e o Infinito talvez tenha sido o livro anticomunista mais influente já publicado, sendo até mais importante (na prática) do que *A Revolução dos Bichos* e *1984*. Que Koestler tinha créditos para escrevê-lo era indiscutível. É bem verdade que a obra teve pouca repercussão na Grã-Bretanha quando de seu lançamento; e, embora vendesse mais nos Estados Unidos, os comunistas tinham ainda menos chances lá do que entre os britânicos, e por isso sua influência se viu também reduzida. Foi na França que o impacto da obra se mostrou decisivo; após a guerra, teve início ali uma competição entre a prensa da editora e a capacidade do Partido Comunista, extremamente poderoso, de comprar e destruir cópias tão logo estas chegassem às livrarias. Esse ímpeto censório foi um dos importantes motivos que impediram a aprovação, num referendo francês a respeito de uma constituição nova, da proposta de atribuir função governamental preponderante ao partido político mais forte (na época, os comunistas). Ao tentar silenciar o livro de Koestler, os comunistas se revelaram ditadores em formação.

Depois do lançamento de O Deus que Fracassou – obra que trazia seis ensaios de intelectuais de destaque (incluindo ele mesmo), todos ex-comunistas que de tal maneira haviam se decepcionado com seu antigo ideal que agora se opunham fervorosamente a ele – e após o Congresso pela Liberdade Cultural realizado em Berlim em 1950, o interesse de Koestler se alterou. A questão do comunismo parecia ter sido solucionada para além de qualquer dúvida, embora na prática ele ainda precisasse ser derrotado. Doravante, sua atenção se voltaria para a ciência e para sua compatibilidade (ou incompatibilidade) com o que poderíamos chamar de formas de pensamento místicas ou espirituais.

Koestler não deixou para trás todo o mundo prático. Ele se engajou em campanhas fervorosas contra a pena de morte e a favor da eutanásia (combinação que estava longe de ser incomum). Sua posição contra a pena capital, expressa com característica força no livro Reflexões sobre o Enforcamento, sem dúvida se consolidou quando de seu contato com a implementação dessa prática na prisão de Franco. Foram também as experiências na prisão que suscitaram, nele, o interesse vitalício pelo bem-estar dos prisioneiros, levando-o a instituir os Prêmios Koestler, concedidos anualmente aos prisioneiros britânicos que produziram as melhores obras literárias e artísticas no ano anterior. Essa iniciativa engenhosa e completamente louvável fez com que o nome de Koestler fosse reverenciado nas prisões britânicas, ao menos pelos presidiários mais bem informados.

O relato que Koestler faz de seu confinamento numa prisão espanhola, publicado primeiro como a segunda metade de Testamento Espanhol e, depois, sob o título Diálogo com a Morte (em minha opinião, seu melhor livro), desvela uma camada da existência muito mais profunda do que a política. Sua descrição da forma como os condenados à morte eram conduzidos para a execução é inesquecível:

> Eu tinha ido para cama e acordei pouco antes da meia-noite. No silêncio negro da prisão, oprimida pelos pesadelos de mil e trezentos adormecidos, escutei a prece sussurrada de um sacerdote e o dobrar de uma sineta de altar.
> Em seguida, a porta de uma cela [...] se abriu e um nome foi chamado em voz baixa. "*Qué?*", perguntou uma voz sonolenta, quando então a voz do sacerdote se tornou mais clara, e a sineta mais estridente. O homem sonolento havia enfim compreendido. De início, apenas gemeu; então, com uma voz sombria, gritou por ajuda: "*Socorro, socorro.*"

A mesma cena é reproduzida em outra cela:

> "*Qué?*", ouviu-se mais uma vez. E, novamente, a prece e a sineta. Este soluçou e choramingou como uma criança. Em seguida, gritou por sua mãe: "*Madre, madre!*"
> E mais uma vez: "*Madre, madre!*"

Então, ao descrever o último homem a ser levado para a execução naquela noite, Koestler indica sutilmente a completa inadequação da ideologia política em face dos mistérios da vida e da morte:

> Foram para a cela seguinte. [...] Ele não fez nenhuma pergunta. Enquanto o sacerdote rezava, começou a entoar, em voz baixa, a *Marsellaise*. Após alguns compassos, sua voz se calou, e também ele se pôs a soluçar. Puseram-no em marcha.
> Então o silêncio se instaurou mais uma vez.

Não há nenhum triunfalismo revolucionário aqui, com heróis caminhando de bom grado para a morte enquanto sabem que a causa acabará por triunfar.

Ao longo de todo o *Diálogo com a Morte*, Koestler levanta questões existenciais profundas. Prenunciando seus interesses futuros, ele se torna quase místico. Depois de solto, sonha com a prisão de Sevilha. "Muitas vezes, quando acordo à noite, sinto saudades de minha cela no corredor da morte [...] e sinto que jamais fui tão livre quanto naquela época." E continua:

> Essa é de fato uma sensação curiosa. Nós levávamos uma vida incomum. [...] A proximidade constante da morte nos oprimia, mas também dava-nos a sensação de que flutuávamos sem peso. Não tínhamos nenhuma responsabilidade. A maioria não temia a morte, mas somente o ato de morrer; e havia ocasiões em que até esse medo era superado. Naqueles momentos, éramos livres – homens sem sombras, despedidos das fileiras dos mortais; essa é a experiência de liberdade mais plena que um homem pode ter.

O homem que redigiu essas palavras dificilmente permaneceria no comunismo (o que acontecia na época). Com efeito, é evidente que sua atração inicial pelo comunismo deve ter sido religiosa; ele não o encarava como a doutrina que melhor se opunha a Hitler, como veio a afirmar em sua futura autojustificativa; tampouco o comunismo representava para ele uma filosofia supostamente pura e racional. Quando viu o que o comunismo forjava tanto materialmente quanto na alma das pessoas, Koestler percebeu que aquilo jamais poderia satisfazer suas necessidades religiosas.

Enquanto refém dessas necessidades, ele foi iluminista o suficiente para não subscrever a nenhuma religião tradicional. Na década de 1960, escreveu volumosas histórias da ciência, as quais lhe valeram o respeito de cientistas de destaque. Não obstante, era-lhe impossível acreditar que a ciência, ao menos da maneira como era então praticada, continha todas as respostas que queria. No romance *A Era do Desejo*, Koestler descreve os apuros de Hydie, uma católica não mais praticante:

> Ah, mas se pudesse voltar ao conforto infindável dos confessores e das madres superiores, de uma hierarquia ordenada que prometia punição e recompensas, que enchia o mundo de justiça e sentido... Ah, mas se pudesse voltar! Estava, porém, sob o feitiço da razão, que rejeitava tudo aquilo que poderia satisfazer sua sede sem, no entanto, suprimir sua ânsia, que rejeitava a resposta sem suprimir a pergunta. O lugar de Deus se tornara vacante, e uma corrente de ar soprava por todo o mundo como se fosse num apartamento vazio à espera de seus novos inquilinos.

Era precisamente essa a situação de Koestler e do homem moderno. Não surpreende que alguns anos depois ele tenha embarcado para a Índia e para o Japão a fim de buscar a sabedoria mística do hinduísmo e do zen-budismo, ou então que tenha procurado provas da imaterialidade do homem em experimentos que tentavam demonstrar a realidade da percepção extrassensível, a menos de um passo do espiritualismo pleno.

Desde muito cedo, Koestler teve plena ciência das contradições de seu caráter, o que ajudou a fazer dele um dos maiores autobiógrafos do século passado. Em *Seta no Azul*, primeiro volume de sua autobiografia, sua adolescência é resumida: "Aquele jovem de dezesseis anos, cabelo empastado e risinho fátuo no rosto, ao mesmo tempo arrogante e medroso, era emocionalmente mareado: ávido por prazer, assombrado pela culpa, dividido entre sentimentos de inferioridade e superioridade, entre a necessidade da solidão contemplativa e uma ânsia frustrada pela vida em sociedade".

E, no final de *A Escrita Invisível*, segundo volume, o autor afirma: "As contradições entre sensibilidade e frieza, integridade e improbidade e egomania e autossacrifício, presentes em cada capítulo [da autobiografia], jamais criariam num romance um só personagem crível; o que aqui temos, porém, não é romance [...]. Aquilo que parece paradoxal só pode ser solucionado quando colocamos a figura contra o pano de fundo de seu tempo, levando em consideração tanto a abordagem do historiador quanto a abordagem do psicólogo".

É precisamente porque sua vida e obra exemplificam tão bem os dilemas existenciais de nossa época que Koestler é fascinante, injustamente negligenciado e muitas vezes reduzido a um psicopata sexual. Ele não era um homem naturalmente bom – longe disso; no entanto, esforçava-se para alcançar o bem sob a luz e a autoridade do próprio intelecto. Infelizmente, como nos diz Hume, a razão é escrava das paixões, e Koestler foi um homem excepcionalmente apaixonado.

Certa feita, encontrei por acaso, num sebo, duas primeiras edições de Koestler, ambas muito baratas: "Ah", afirmou o dono do estabelecimento. "*A Era do Desejo* e *Diálogo com a Morte*: se pararmos para pensar, dão-nos um resumo completo da vida humana".

2007

Ibsen e seus descontentamentos

A família, escreveu certa vez o doutor Johnson, é um pequeno reino, cindido por discórdias e suscetível a revoluções. Essa não chega a ser uma aprovação inequívoca da vida em família, é claro, e o grande dramaturgo norueguês Henrik Ibsen, cuja infância fora tão infeliz quanto a de Johnson, sem dúvida concordaria com sua avaliação. Ao contrário de Ibsen, porém, Johnson observou que todo juízo é comparativo: para julgarmos uma instituição ou convenção com justiça, precisamos compará-la com suas alternativas. O casamento tem muitos dissabores, diz ele na *História de Rasselas*, mas o celibato não tem prazer algum.

Johnson via a existência humana como algo que não pode ser dissociado do desgosto. É da natureza do homem padecer simultaneamente de desejos incompatíveis – do desejo da tranquilidade e da excitação, por exemplo. Quando tem um, anseia pelo outro, de modo que o contentamento raramente é puro e jamais é duradouro.

Para a maioria das pessoas, porém, é mais reconfortante acreditar na perfectibilidade do que na imperfectibilidade – um exemplo daquilo que o doutor Johnson chamou de triunfo da esperança sobre a experiência. A noção de imperfectibilidade não somente apazigua as angústias existenciais mas também nos impõe, ao eliminar soluções simples para todos os problemas humanos, exigências intelectuais muito mais duras que a utopia. Nem toda questão pode ser respondida pela menção de princípios abstratos simples que, quando seguidos com suficiente rigor, supostamente conduzem à perfeição — razão pela qual reduzir o conservadorismo a alguns lemas é muito mais difícil do que fazê-lo com seus concorrentes mais abstratos.

A ânsia por princípios que eliminem todos os dissabores humanos nos ajuda a explicar a contínua popularidade das três peças mais encenadas de Ibsen: *Casa de Bonecas*, *Espectros* e *Hedda Gabler*. Cada qual desfere um golpe feroz no casamento enquanto fonte poderosa de grande parte da infelicidade e da frustração humana. É essa denúncia que confere a Ibsen sua extraordinária modernidade, que só parece ter crescido ao longo dos 125 anos que se seguiram à redação dessas peças.

A magnitude da façanha de Ibsen é impressionante. Ele deu origem ao teatro moderno quase sozinho. Antes dele, o século XIX, tão rico em outras formas literárias, não chegara a produzir um punhado de peças que possam ser encenadas hoje, e desde então a energia literária de sua obra não foi jamais igualada. Foi ele quem percebeu pela primeira vez que o cotidiano mundano, retratado numa linguagem completamente naturalista, trazia consigo todos os ingredientes da tragédia. O fato de Ibsen ter transformado todo o teatro ocidental com uma linguagem dita obscura e primitiva é quase um milagre, bem como o fato de ele ter produzido mais peças encenáveis, em vinte anos, do que todos os dramaturgos britânicos e franceses de sua época, não obstante suas tradições teatrais muito mais antigas e ricas.

Embora Ibsen tenha muitas vezes negado ser um crítico social, declarando-se antes um poeta destituído de objetivo didático, suas cartas e seus discursos (os quais estão muito distantes das evidências intrínsecas às peças) demonstram precisamente o contrário, revelando que o autor tinha um propósito moral quase incandescente. Seus contemporâneos não tinham dúvida nenhuma quanto a isso, e o primeiro livro sobre ele publicado em inglês — *Quintessence of Ibsenism*, de Bernard Shaw, lançado em 1891, quando o autor ainda tinha muitos anos e peças pela frente — afirmava com clareza que o sucesso ou o fracasso de suas obras estavam atrelados aos preceitos morais que defendiam. Shaw acreditava que Ibsen era um Josué que viera para derrubar as muralhas da convenção social, mas creio ser esse um juízo equivocado: Ibsen era autor grande demais para não passar de um moralista, e ainda é possível ler suas peças e assistir a elas sentindo-se ao mesmo tempo deleitado e instruído, sem engolir tudo o que ele diz.

Não obstante, a influência de Ibsen não se limitou ao teatro. Ele escrevia tanto para ser lido quanto para ser encenado, e suas peças eram publicadas, muitas vezes em edições relativamente grandes, para chegar ao mercado no Natal. Ademais, Shaw não estava sozinho ao perceber o caráter pouco convencional daquelas obras. *Espectros*, por exemplo, foi considerada tão controversa – para não dizermos vulgar – que sua versão impressa era distribuída quase clandestinamente; poucas pessoas ousavam lê-la em público. Vinte e cinco anos depois, contudo, quando o autor já chegava ao fim da vida, a maioria dos intelectuais europeus praticamente dava como natural a perspectiva moral da obra, e todo aquele que insistia em resistir a seus ensinamentos parecia atolado num passado obscuro.

A aceitação comparativamente fácil daquilo que Shaw denominou ibsenismo – vinte ou trinta anos é muito tempo na vida de um homem, mas não na vida da humanidade – significa que Ibsen deve ter expressado o que muitos pensavam e desejavam escutar sem, porém, ousar dizê-lo. Ele, consequentemente, foi tanto causa quanto sintoma de certa transformação social e, como muitas figuras desse gênero, estava parcialmente certo e parcialmente errado.

Quais são os seus ensinamentos morais, ao menos nas três peças que forjaram sua imagem duradoura? Era tão furiosa sua hostilidade à família convencional quanto a de Marx ou Engels, mas Ibsen era também um crítico social muito mais eficaz e poderoso, uma vez que sua crítica não permanecia no plano da abstração filosófica. Pelo contrário: ele desvelou as discórdias e revoluções da vida familiar, bem como suas mentiras e misérias, em peças persuasivas e críveis; e, embora seja sempre possível ao leitor ou ao espectador atribuir a patologia moral das peças ao caráter ou às neuroses das *dramatis personae*, claramente não era essa a intenção de Ibsen. Ibsen não foi precursor de Jerry Springer; seu objetivo não era a titilação ou a mera exposição do grotesco. Ele desejava que contemplássemos a morbidez descrita em suas peças como algo típico e quintessencial (para usarmos a palavra de Shaw), como a inevitável consequência de certas convenções e instituições sociais. Ele nos convida implicitamente – e de modo explícito em *Casa de Bonecas* e *Espectros* – a cogitar formas de vida alternativas, a fim de eliminarmos o que em sua opinião é a evitável miséria da patologia por ele elucidada.

Pouco surpreende que as feministas enalteçam Ibsen. Por um lado, suas três peças mais encenadas sugerem consecutivamente que o casamento não passa de uma prostituição formalizada e legal. Em *Casa de Bonecas*, a Sra. Linde, amiga de infância que Nora encontra depois de muitos anos, confessa-lhe que seu casamento tem sido infeliz (valho-me sempre das excelentes traduções de Michael Meyer):

> Nora: Diga-me: é verdade mesmo que você não amava seu marido?
> [...]
> Sra. Linde: Bem, minha mãe ainda era viva; estava desamparada e acamada. Além disso, eu precisava tomar conta dos meus dois caçulas. Não me parecia possível negar.
> Nora: [...] Ele então era rico, não?

Também em *Espectros* o casamento por dinheiro se torna tema proeminente. O carpinteiro Engstrand sugere a Regina, que naquele momento acreditava ser sua filha, que se case por dinheiro. Ele mesmo, afinal, esposara a mãe da jovem com essa intenção. Tal qual Regina, a mãe fora empregada da casa dos Alvings, onde o tenente Alving a engravidou. Ao despedi-la, sua mulher lhe oferece dinheiro, e então Engstrand a toma como esposa. O pastor Manders examina a situação com a viúva do tenente:

> Manders: Quanto você deu para a garota?
> Sra. Alving: Cinquenta libras.
> Manders: Imagine só! Casar-se com uma desgraçada pela ninharia de cinquenta libras!

Subentende-se que, aos olhos daquele respeitável pastor, a transação teria sido sensata caso a soma fosse maior – tão grande quanto a soma que "comprara" a Sra. Alving. No início da peça, enquanto cuidava dos preparativos para a inauguração de um orfanato batizado em homenagem a seu marido, ela explica algo ao pastor Manders:

SRA. ALVING: As doações anuais que fiz a este orfanato perfazem a soma
[...] que, em sua época, fizera do tenente Alving "um bom partido".
MANDERS: Compreendo...
SRA. ALVING: Era a soma com que ele me comprou.

Em *Hedda Gabler*, a alusão à motivação mercenária do casamento só é pouco menos direta. Mais uma vez, a Sra. Elvsted é uma velha conhecida da personagem principal que aparece após vários anos e revela se encontrar num casamento infeliz. Ela fora trabalhar como governanta do Sr. Elvsted e, após a morte de sua primeira esposa, casou-se com ele:

HEDDA: Mas ele decerto a ama, não? À sua maneira?
SRA. ELVSTED: Ah, não faço ideia. Tenho a impressão de que me acha
útil. Além do mais, não é muito caro me manter. Sou barata.

O casamento, portanto, é uma barganha financeira – e uma barganha muito pobre, pelo menos para as mulheres. Obviamente, porém, outros motivos também explicam a infelicidade conjugal, de modo particular a irredutível incompatibilidade entre marido e mulher. Na realidade, toda felicidade aparente é uma fachada ou mentira conservada em virtude da pressão social.

Em *Casa de Bonecas*, por exemplo, Nora aparenta formar um casal feliz com Torvald Helmer, jovem advogado em ascensão. Helmer a trata como uma menina, às vezes censurando-a, às vezes acedendo a seus desejos, mas jamais levando-a a sério como adulta; Nora, ademais, entra no jogo, agindo, com perfeição quase repugnante, como uma jovem que nada tem na cabeça. Sem que Helmer tivesse conhecimento, porém, Nora havia salvado sua vida ao obter um empréstimo com uma assinatura falsificada, o que lhes permitiu passar um ano na Itália, cujo clima mais ameno acabou por curar a enfermidade que o mataria.

Quando descobre o que a esposa fizera, Helmer não se mostra grato e não toma a falsificação como expressão de seu amor; antes, ele a condena impiedosamente e afirma que ela não está apta a ser mãe de seus três filhos. Helmer interpreta o episódio como se ele fosse advogado de acusação, e não seu esposo.

As coisas ficam claras para Nora. A vida que levavam juntos, ela percebe, fora não apenas uma farsa em aparência mas também interna: ele não é o homem que ela, obcecada pela aceitação do papel social que lhe fora designado, acreditava ser. Nora revela que o deixará, e, embora Helmer lhe ofereça uma relação mais adulta e equilibrada, nada mais há a ser feito.

Sem dúvida alguma, Ibsen estava assinalando ali um problema genuíno e sério de seu tempo: a suposta incapacidade das mulheres de ter uma existência que não fosse a doméstica, desprovida de todo conteúdo intelectual (de fato, a peça se baseara em fatos reais). Todavia, se fosse esse o seu principal foco moral, a peça teria perdido seu impacto hoje, visto já ser admitido tudo aquilo que ela expõe. Com efeito, Ibsen não era defensor do direito das mulheres; em conferência sobre o tema realizada em Oslo, ele afirmou: "Nunca escrevi nenhuma peça para fomentar um objetivo social. [...] Nem sequer sei ao certo em que consistem esses direitos das mulheres". Sem nutrir fé alguma em soluções legislativas ou institucionais, Ibsen tinha um objetivo muito maior: mudar as pessoas por dentro, de modo que pudessem enfim expressar sua verdadeira natureza, sem a intermediação das distorções sociais.

Em *Espectros*, o casamento da Sra. Alving não é infeliz apenas porque ela fora "comprada". Seu marido, de quem ela fugira após um ano de casamento para refugiar-se na casa do pastor Manders, era alcoólatra e mulherengo. Embora Manders e a Sra. Alving se sentissem mutuamente atraídos – haviam, na verdade, se apaixonado um pelo outro –, o pastor a persuadiu de que era seu dever religioso retornar para o marido. Não obstante Alving prometesse mudanças – promessa que no início da peça o pastor crê cumpridas –, ele permaneceu em sua vida libertina até morrer. A Sra. Alving tomou para si a tarefa de esconder do mundo e de seu filho, Oswald, as condutas do marido; no entanto, quando Alving engravidou a empregada, fazendo de Regina meia-irmã de Oswald, ela retirou o jovem de casa e não permitiu que retornasse enquanto o pai ainda estivesse vivo. Enquanto o marido bebia até morrer, a Sra. Alving fazia prosperar suas posses – êxito que permitiu ser atribuído a Alving, que assim morreu não apenas sob o odor da santidade, mas também do sucesso.

As mentiras da vida da Sra. Alving nascem do falso sentimento de vergonha – o que os outros dirão? – que a faz retornar para o esposo e encobrir suas ações. De modo semelhante, Manders, tal qual Ibsen o retrata, representa um moralismo fictício, em cujo código a aparência é mais importante que a realidade ou o sentido interior e evitar a vergonha é um guia de conduta mais adequado do que a consciência. Esse código faz com que Manders tome decisões equivocadas até em questões práticas banais – por exemplo, se seria necessário ou não fazer um seguro para o orfanato. Ele examina a questão com a Sra. Alving, observando que no dia anterior quase se iniciara lá um incêndio. Sua interlocutora conclui que o orfanato deveria ser assegurado, mas logo em seguida Manders passa a afetar uma piedade levemente nauseante e desonesta:

> MANDERS: Ah, mas espere um minuto, Sra. Alving. Examinemos a questão com um pouco mais de cuidado. [...] O orfanato será consagrado, por assim dizer, a um objeto mais nobre [...]. No que me diz respeito, não vejo nada de ofensivo em prevenir-nos contra todas essas eventualidades. [...] O que dirá, porém, a gente local? [...] Não são muitas as pessoas com direito a opinião [...] que poderiam se sentir ofendidas? [...] Penso sobretudo naqueles que são independentes e influentes o bastante para tornar impossível que suas opiniões sejam ignoradas [...]. Veja só! Na cidade encontramos muita gente assim. Seguidores de outras denominações. Eles poderiam muito bem achar que nem a senhora nem eu confiamos o suficiente no governo de um Poder Superior [...]. Eu sei: é bem verdade que minha consciência está tranquila. Ainda assim, não podemos evitar que uma interpretação falsa e desfavorável seja dada à nossa atitude. [...] E eu não posso fechar os olhos para essa situação difícil – ou mesmo profundamente embaraçosa – em que me encontro.

Obviamente, as opiniões das pessoas a que Manders procura agradar são tão artificiais quanto as dele. Quando, no dia seguinte, o orfanato de fato pega fogo porque Manders descuidou de uma vela, ele não apenas atribui o acontecimento ao julgamento divino da família Alving mas mostra-se mais preocupado com sua reputação do que com qualquer outra coisa. Com efeito, ele encontra alguém – Engstrand, o carpinteiro – disposto a assumir a culpa em seu lugar. Manders não tem consciência, mas apenas medo do que os outros dirão.

Sua explicação do motivo pelo qual convenceu a Sra. Alving a voltar para o marido revela o mesmo medo farisaico da opinião pública:

> Manders: [...] não cabe à esposa ser juiz de seu marido. Era dever da senhora carregar com humildade a cruz que uma vontade superior julgara adequada. Em vez disso, porém, a senhora [...] maculou seu bom nome e quase arruinou a reputação de outras pessoas.
> Sra. Alving: Outras pessoas? De outra pessoa, o senhor diz.
> Manders: Foi extremamente imprudente de sua parte buscar refúgio comigo.

Mais uma vez, não pode haver dúvida de que Ibsen assinalava, com enorme precisão, uma pseudomoralidade em que a vergonha ou a desaprovação social tomava o lugar da consciência privada ou do verdadeiro princípio moral e em cujo nome as pessoas, de modo especial as mulheres, eram submetidas à desgraça, à degradação e até à violência. Isso não é mera invenção da cabeça de Ibsen. Com efeito, tive a oportunidade de observar as consequências dessa pseudomoralidade em minhas jovens pacientes muçulmanas: obrigadas a experimentar os tormentos de uma vida infernal, chegam a ser mortas pelos parentes que desejam ver preservada a "boa reputação" da família aos olhos dos outros.

De forma alguma, portanto, Ibsen estava exagerando. Quando afirmou que seus compatriotas formavam uma nação de servos num país livre, o que ele estava querendo dizer é que o medo da vergonha e a ideia da respeitabilidade os escravizavam e os oprimiam mesmo numa terra isenta de opressão política.

Hedda Gabler, terceiro dos casamentos infelizes retratados, é o menos interessante por ser implausível. Hedda Gabler, filha de general, casa-se por vontade própria com um intelectual que tem a esperança de conquistar uma cadeira na universidade, embora seja na verdade um pedante mesquinho, desprovido de originalidade ou talento. Com efeito, ele é de tal maneira inútil, um tolo tão patético, que é duro acreditar que Hedda, mulher que tem em altíssima conta suas habilidades e seus direitos, o tomaria como marido. É difícil, portanto, levar muito a sério os estorvos subsequentes. No entanto, ela acaba por suicidar-se porque a vida, com as opções burguesas que então lhe proporciona, não é digna de ser vivida.

É em *Casa de Bonecas* e *Espectros* que Ibsen nos oferece não apenas críticas, mas também prescrições positivas. Além disso, é por serem prescrições da década de 1960 – ainda que escritas oitenta anos antes – que nós ainda o julgamos surpreendentemente moderno e presciente.

Quando, em *Casa de Bonecas*, Nora comunica a seu marido que irá deixá-lo, ele lhe pergunta (exatamente como o pastor Manders lhe perguntaria) se ela refletira sobre o que as outras iriam dizer. Em seguida, questiona-a acerca de seus deveres:

> HELMER: Você é capaz de negligenciar seus deveres mais sagrados?
> NORA: E que deveres são esses que você chama de mais sagrados?
> HELMER: Preciso recordá-los? Seus deveres para com seu marido e seus filhos.

Essa passagem crucial tem continuidade com um blá-blá-blá psicológico, ao que se segue uma justificativa do egoísmo radical:

> NORA: Tenho ainda outro dever, igualmente sagrado.
> HELMER: [...] E que raios de dever seria esse?
> NORA: Meu dever para comigo mesma.

Nora então explica que é, antes de tudo, um ser humano – ou ao menos que deve tentar ser um. (Esse sentimento faz lembrar a posição de Marx, para quem os homens só se tornarão verdadeiramente humanos depois de a revolução ter dado fim à sociedade de classes. Ao que parece, todos os que tinham vivido antes e na época de Marx não foram seres humanos de verdade. Pouco surpreende que milhões tenham sido levados à morte por aqueles que partilhavam dessa filosofia.) Por conseguinte, se Nora não é ainda um ser humano, o que a transformará em um? A autonomia filosófica é a resposta:

NORA: [...] não estou mais disposta a aceitar aquilo que as pessoas
dizem e aquilo que se está nos livros. Devo pensar por conta
própria e tentar achar minha própria resposta.

E o critério que ela usa para julgar se sua própria resposta está correta é saber se é adequada – "ou, em todo caso, se é adequada para mim". No fim das contas, o pós-modernismo não parece tão moderno: Ibsen chegou até ele primeiro.

Momentos depois, Nora deixa claro quais são as consequências de sua nova liberdade:

NORA: Não quero ver as crianças. [...] Do jeito que estou agora, não
posso ser nada para elas.

Com essas palavras assustadoras, ela rompe para sempre todo vínculo que tinha com seus três filhos. O dever que tem para consigo mesma não lhe permite pensar neles sequer por um momento. Eles são como um grão de areia na balança.

Quando você conhece, como eu conheci, centenas ou milhares de pessoas que, com base nessa a desculpa ("preciso do meu espaço"), foram abandonadas na infância por um dos pais ou pelos dois, e quando você vê o desespero e o prejuízo permanentes causados por esse abandono, torna-se impossível ler ou ver a *Casa de Bonecas* sem sentir raiva e náuseas. Nós enfim percebemos o que Ibsen quis dizer quando afirmou que os direitos das mulheres não suscitavam nele nenhum interesse fundamental. Seu objetivo era promover o egoísmo universal, algo muito mais importante.

Também *Espectros* deixa claro que Ibsen concebia uma sociedade em que cada um seria seu próprio Descartes, solucionando tudo com base em primeiros princípios – ou pelo menos com base naquilo que cada qual tinha como primeiros princípios. Quando o pastor Manders visita pela primeira vez a casa da Sra. Alving, por exemplo, encontra alguns livros que considerava perigosamente liberais:

SRA. ALVING: Mas a que o senhor se opõe nestes livros?
MANDERS: A que me oponho? A senhora por acaso acredita que passo
meu dia estudando estas publicações?

> Sra. Alving: Ou seja, o senhor não tem ideia do que está condenando.
> Manders: Eu li o suficiente sobre estes escritos para desaprová-los.
> Sra. Alving: O senhor não acha que seria oportuno formar sua própria opinião?
> Manders: Sra. Alving, caríssima, há muitas ocasiões na vida em que é preciso confiar no juízo dos outros.

Vindas de um personagem que Ibsen despreza por ser ridículo e fanático, essas palavras, que encerram uma verdade óbvia, foram redigidas para ser rejeitadas de imediato. Na filosofia de Ibsen, cada pessoa – ou ao menos os aristocratas da Natureza, uma vez que nosso autor não era nenhum igualitário ou democrata – deve examinar toda e qualquer questão por si só e chegar a uma resposta própria – deve responder, por exemplo, se os *Protocolos dos Sábios de Sião* são historicamente verdadeiros, ou ao menos historicamente verdadeiros para ela.

O objetivo dessa independência do juízo – ou pelo menos sua consequência óbvia – é o colapso das barreiras artificiais e socialmente construídas que constrangem o comportamento e (em teoria) impedem as pessoas de alcançar a felicidade plena, isto é, a ausência de frustrações. Em todas as peças, a infelicidade resulta do não seguir as inclinações do coração, seja quando o personagem não faz o que deseja, seja quando faz o que não quer – e tudo para cumprir alguma obrigação social reforçada pelos pastores Manders do mundo:

> Manders: [...] o seu casamento foi celebrado de maneira ordenada e em plena consonância com a lei.
> Sra. Alving: Toda essa conversa sobre lei e ordem... Muitas vezes acho que é isso o que causa toda a infelicidade do mundo.

Oswald, filho da Sra. Alving, retornou de Paris não apenas para presenciar a inauguração do orfanato batizado em homenagem a seu pai mas também porque estava doente, acometido pela sífilis terciária. Em breve, segundo o especialista parisiense (os sifilólogos franceses conheciam mais a doença que qualquer médico do exterior, e Ibsen sempre estivera bem informado em questões médicas), ele morreria em estado de loucura ou demência.

Inicialmente, Oswald, que ainda achava que seu pai era um homem bom e respeitável, conclui que contraíra a doença por culpa sua. No entanto, sua sífilis é congênita, transmitida por Alving. (No passado, objetava-se que Oswald não poderia ter pegado sífilis apenas do pai, que na verdade Alving teria transmitido os germes a Oswald por intermédio de sua mãe, após tê-la contagiado com uma mera infecção subclínica.) De sua parte, a Sra. Alving não tem dúvida de que a sociedade é responsável pela doença de seu marido (e, por conseguinte, também de seu filho):

> SRA. ALVING: E aquela criança feliz e despreocupada – pois ele [Alving] era como uma criança na época – teve logo de viver aqui, numa cidadezinha que não poderia oferecer-lhe prazer algum. [...] No final, então, o inevitável aconteceu. [...] O pobre-diabo do seu pai jamais encontrou válvula de escape para a alegria de viver que trazia consigo. Para piorar, não levei luz alguma para sua casa. [...] Eles me haviam explicado meus deveres e coisas assim, e eu fiquei lá, sentada por muito tempo, acreditando neles. No final, tudo se converteu numa questão de dever – o meu dever, o dever dele... Creio que tornei essa casa insuportável para o pobre-diabo do seu pai.

O modo de evitar tragédias como essa está em seguir as próprias inclinações mais ou menos à medida que elas se manifestam.

Apenas associações isentas de constrangimento institucional tornarão os homens livres. Antes, logo após Manders declarar à senhora Alving que Oswald jamais tivera a oportunidade de conhecer um lar verdadeiro, o filho descreve para o escandalizado pastor as famílias informais com quem se misturara na Paris boêmia:

> OSWALD: Peço que me perdoe, mas nesse caso o senhor está bastante equivocado.
> MANDERS: Ah, sim? Achei que o senhor passasse quase todo o seu tempo nos círculos artísticos.
> OSWALD: De fato.
> MANDERS: Sobretudo na companhia de jovens artistas.

OSWALD: Sem dúvida.
MANDERS: Mas eu achava que a maioria dessas pessoas não tinha como sustentar uma família nem criar um lar para si.
OSWALD: Alguns não têm condições de se casar, senhor.
MANDERS: Sim, é isso mesmo o que quero dizer.
OSWALD: Mas isso não significa que não possam ter um lar [...].
MANDERS: Não estou falando da casa de um solteirão. Por lar entendo uma casa de família, onde o homem vive com sua esposa e filhos.
OSWALD: Perfeitamente. Ou com seus filhos e a mãe deles.

Nós então descobrimos que essas famílias informais, precisamente por estarem alicerçadas no amor irrestrito, e não na convenção, no dever ou em pressões exercidas pela sociedade, não somente se equiparam às famílias convencionais, mas também as superam. Oswald fala sobre a paz e a harmonia que nelas encontrara: "Jamais escutei ali uma só palavra ofensiva, tampouco testemunhei algo que pudesse ser denominado imoral".

Em seguida, acrescenta:

OSWALD: Em momento algum. O senhor sabe quando e onde encontrava imoralidade nos círculos artísticos?
MANDERS: Ignoro, graças a Deus.
OSWALD: Pois bem, lhe direi. Eu a encontrava quando algum desses nossos maridos e pais exemplares aparecia a sós para relaxar. [...] Nós então aprendíamos um bocado. Aqueles cavalheiros eram capazes de nos contar sobre lugares e coisas com as quais jamais havíamos sonhado.

Desse modo, as uniões informais não eram apenas mais felizes que as formais; elas também impediam a difusão daquela mesma sífilis de que Oswaldo padecia. É suficiente dizer que não é isso o que tenho visto nos meus últimos quinze anos de prática médica.

O direito – o dever, na verdade – que cada um tem de escolher os próprios princípios morais, tal como aquilo que lhe parece certo, sem que os fantasmas do passado o desorientem, leva a Sra. Alving a aprovar o incesto caso ele faça as pessoas felizes. Enquanto desconhece que Regina é sua meia-irmã, Oswald se apaixona por ela (muito rapidamente, diga-se de passagem), e ela por ele. Oswald deseja tomá-la como esposa.

A Sra. Alving discute a questão com Manders, que na ocasião já tem ciência da consanguinidade dos dois:

> MANDERS: [...] Isso seria terrível.
>
> SRA. ALVING: Se eu soubesse [...] que isso o faria feliz...
>
> MANDERS: Hã? O que faria?
>
> SRA. ALVING: Se eu não fosse uma covarde tão abjeta, lhe diria: "Case-se com ela ou tome as providências que julgar convenientes. Contanto que você seja franco e honesto quanto a isso...".
>
> MANDERS: Você se refere a um casamento legal! [...] Isso não tem precedentes!
>
> SRA. ALVING: Não tem precedentes? Coloque a mão na consciência, pastor Manders, e me diga: o senhor de fato acredita que não há casais assim neste país?

Esse é um raciocínio típico daqueles que desejam dar fim aos limites: se não são adotados de maneira perfeitamente consistente – uma vez que é impossível fazê-lo –, tais limites devem então ser suprimidos, visto que só podem dar origem à hipocrisia. A Sra. Alving acresce o tipo de comentário espertalhão que sempre foi o recurso daqueles para os quais os limites são tão extenuantes: "Bem, dizem que todos nós viemos de uma relação assim".

A Sra. Alving não é incapaz de acreditar no certo e no errado. No entanto, o que lhe parece errado é trair as próprias inclinações. Ao descrever o doloroso autocontrole a que se submetera quando, estando ele mesmo apaixonado por ela, enviou-a de volta para o marido, Manders pergunta se aquilo fora um crime. A Sra. Alving responde: "Creio que sim".

No final da peça, Oswald pede à sua mãe que o mate com uma injeção de morfina caso ele venha a ter outro ataque de loucura ou demência. Na cena final da peça, isso de fato acontece, e as últimas palavras da Sra. Alving, referentes ao ato da eutanásia, são: "Não, não, não! Sim! Não, não!". Nós jamais sabemos se ela vai adiante, e Ibsen se recusou a revelar-nos. Entretanto, para ele aquela era claramente uma questão sobre a qual todos deveriam emitir o próprio juízo, uma questão que cada qual tinha de resolver sem nenhuma orientação legal, isto é, sem nenhuma orientação convencional e institucional.

Quase não se faz necessário insistir na modernidade do pensamento de Ibsen. A sobreposição da emoção ao princípio, da inclinação ao dever, dos direitos às responsabilidades, do ego às reivindicações alheias; a impaciência com os limites e a promoção do eu como medida de todas as coisas – o que poderia ser mais moderno ou mais gratificante para nossa sensibilidade de hoje? Não surpreende que para Ibsen era a juventude, e não a velhice, a fonte da sabedoria. "A juventude", garante-nos, "tem um gênio instintivo que depara inconscientemente com a resposta certa."

Há ainda outro aspecto em que Ibsen se mostrou profundamente moderno. Sua vida era bastante convencional. Embora se visse atraído por mulheres que não sua esposa, sempre resistia à tentação; vestia-se corretamente; ostentava as condecorações que lhe eram conferidas pelos monarcas da Europa – condecorações que ele mesmo, vergonhosamente, solicitava. Era muito prudente e cauteloso com dinheiro. Seus costumes e gostos eram burgueses; seus hábitos, tão regulares que beiravam a rigidez. Ele podia ser demasiadamente irascível quando acreditava ter a dignidade afrontada e era um grande admirador da formalidade. Sua esposa o chamava de Ibsen, que por sua vez assinava Henrik Ibsen nas cartas que a ela enviava, e não Henrik.

Seu caráter foi modelado numa atmosfera de pietismo protestante. Ele fora inibido num grau incomum até mesmo para seus compatriotas. Quando criança, vivenciou o trauma de ver o pai falido e de passar da prosperidade e do prestígio social à pobreza e à humilhação. De uma só vez, odiava a sociedade em que crescera e ansiava por alcançar, nela, uma posição elevada.

O caráter de Ibsen era rígido, mas ele o queria diferente. Assemelhava-se a um Calvino que desejava ser Dionísio. Se não tinha condições de mudar a si mesmo, porém, ao menos poderia mudar os outros e a própria sociedade. A exemplo de muitos intelectuais modernos, Ibsen tinha dificuldade para distinguir seus problemas e neuroses dos problemas sociais. Pouco antes de escrever *Espectros*, seu filho Sigurd, que vivera quase toda a vida no exterior, teve sua admissão na Universidade de Christiania (Oslo) rejeitada pelas autoridades eclesiásticas governantes, segundo as quais ele deveria antes atender a algumas exigências, como a realização de um exame de proficiência em norueguês. Ibsen ficou furioso: "Hei de erguer um memorial para aquele bando negro de teólogos". E ele ergueu: o pastor Manders.

Não há provas de que Ibsen tenha um dia pensado sobre, quanto mais se preocupado com, o impacto de seus princípios sobre a sociedade como um todo. Essa indiferença pouco surpreende, uma vez que, a seus olhos, nada de bom poderia advir do grande rebanho da humanidade, por ele denominado a "maioria", as "massas", a "turba". Ibsen acreditava ser parte de uma aristocracia do intelecto, e é obviamente da natureza dos aristocratas desfrutar de privilégios que não são concedidos aos outros. Gostemos ou não, porém, nós vivemos num período democrático, no qual os privilégios reivindicados por uns logo serão reivindicados por todos. O amor livre e encantadoramente despreocupado dos boêmios é logo transformado no caos violento dos bairros pobres.

"[*Espectros*] contém o futuro", disse Ibsen, que afirmou também que mais certo está quem se encontra em maior sintonia com o que está por vir. O autor, porém, não demonstrou nenhum interesse (ou presciência) por aquilo que o futuro poderia conter: para ele, não é tudo aquilo que é o que está certo, e sim tudo aquilo que será. Se teriam concordado com ele os milhões que sofreram e morreram no século XX em virtude da supressão dos limites morais é outra história.

2005

Os fantasmas que assombram Dresden

As fundações do *Bunker* de Hitler foram descobertas durante o frenesi imobiliário que acompanhou, em Berlim, a unificação alemã. Um debate angustiado se seguiu acerca do que fazer com o local, uma vez que, na Alemanha, tanto a memória quanto a amnésia são perigosas; cada qual traz consigo seus próprios riscos morais. Delimitar o local do *Bunker* arriscava transformá-lo em lugar de peregrinação para os neonazistas que ressurgiam no Oriente; não fazê-lo poderia ser uma tentativa de negar o passado. No final, concluiu-se que um enterro anônimo era a melhor – isto é, a mais segura – das opções.

Em lugar algum do mundo (exceto, talvez, em Israel ou na Rússia) a história tem peso tão opressor e tão palpável sobre as pessoas comuns quanto na Alemanha. Sessenta anos após o fim da Segunda Guerra Mundial, o desastre do nazismo ainda se encontra gravado de maneira inequívoca e inescapável em quase toda cidade e paisagem, independentemente da direção em que olhemos. O ambiente urbano da Alemanha, cujos municípios e cidades um dia estiveram entre os mais belos do mundo, superados apenas pelos da Itália, não passa hoje de uma terra estéril, povoada por uma arquitetura moderna que é ao mesmo tempo funcional e discordante, desalmada e incapaz de inspirar nada além de um vago desconforto existencial; some-se a isso um sentimento de impermanência e irrealidade que a prosperidade pura e simples nada faz para dispersar. Lojas com estoques abarrotados não nos dão sentido ou propósito. A beleza, ao menos em sua forma fabricada, abandonou aquela terra de uma vez por todas, e os resquícios das glórias passadas só funcionam como lembretes permanentes e perturbadores daquilo que tem sido perdido, destruído e arrasado de maneira radical e irreparável.

Tampouco dos consolos da condição de vítima os alemães podem desfrutar quando examinam a devastação de sua pátria. Caminhando ao lado da viúva de um banqueiro pela única pracinha de Frankfurt que teve seu esplendor medieval recuperado, imaginei quão bela aquela cidade deveria ter sido no passado e senti quão terrível era ver aquela beleza perdida para sempre.

— Fomos nós que começamos — disse ela. — Nós só colhemos o que plantamos.

Mas quem era esse "nós" de que ela falava? Aquela senhora não tinha a idade de alguém que ajudara, ou mesmo apoiara, os nazistas, portanto seria injusto (caso justiça seja dar a cada qual o que lhe é devido) que carregasse o ônus culposo do passado. Alemães muito mais jovens também o carregavam. Fui jantar com uma jovem empresária nascida vinte anos depois do fim da guerra que me contou que a empresa florestal para a qual trabalhava, com interesses na Grã-Bretanha, julgou necessário formular uma declaração de missão. Uma reunião foi organizada, na qual alguém sugeriu *Holz mit Stolz* (Madeira com Orgulho); com isso, iniciou-se entre os empregados um debate de duas horas para definir se os alemães poderiam sentir orgulho de alguma coisa ou se aquilo era o início de um delicado declive que conduzia a... bem, todos sabiam para onde. A empresária achou tudo aquilo normal, corriqueiro para um alemão contemporâneo.

O orgulho coletivo é negado aos alemães porque, caso se orgulhem do que conquistaram seus ancestrais nacionais, também terão de aceitar a vergonha daquilo que fizeram. E a vergonha da história alemã supera qualquer outra realização cultural não porque essa realização seja incapaz de contrabalançar o embaraço, e sim porque se trata de algo mais recente que qualquer outro feito; além disso, ela foi perpetrada por uma geração que ainda está viva ou que ainda se encontra muito presente na memória de nossos contemporâneos.

A impossibilidade moral do patriotismo preocupa os alemães de instinto ou temperamento conservador. O que lhes é seguro tomar, de tudo o que há em sua tradição histórica, como guia ou auxílio? Um historiador alemão jovem e conservador que conheci encontrou refúgio na anglofilia – pela Inglaterra do passado, é claro. Ele necessitava desse refúgio porque Hitler e o nazismo haviam manchado tudo o que existia em sua terra. A historiografia que não consegue ver na história alemã nada que não seja um prelúdio a Hitler e ao nazismo talvez não seja intelectualmente justificável, talvez seja produto da falsa onisciência autoral do historiador, e não obstante tem força emocional e psicológica – e isso precisamente porque orgulhar-se do passado subentende uma disposição para aceitar a vergonha que ele suscita. Desse modo, Bach e Beethoven podem ser enaltecidos, mas não como alemães; caso contrário, estariam maculados. Aquele jovem historiador alemão trabalhava para uma editora que tinha quase quatro séculos de história, mas cuja incapacidade de fechar as portas durante os doze anos do Terceiro Reich fizera pairar uma sombra tanto sobre seu passado quanto sobre seu futuro, como uma presença fantasmagórica a assombrar uma grande mansão.

A impossibilidade do patriotismo não extingue, porém, a necessidade do pertencimento. Homem algum é, e nem pode ser, uma ilha; todo mundo, independentemente do quão egoísta, precisa pertencer a uma coletividade maior do que a si mesmo. Um jovem alemão certa vez me disse: "Não me sinto alemão, mas europeu". Soou falsa a declaração aos meus ouvidos; fez gelar minha espinha tal qual o arranhar de um giz sobre a lousa. Seria igualmente possível dizer: "Não me sinto humano, mas mamífero". Nós não sentimos, e tampouco podemos sentir, tudo aquilo que somos: portanto, embora sejamos europeus os que vivemos na Europa, nós não nos sentimos assim.

De todo modo, poderia um alemão sentir-se europeu de forma unilateral sem que o português (por exemplo) se sinta igual e reciprocamente europeu, e não português? Pelo que observei dos franceses, eles ainda se sentem franceses – e com bastante intensidade. Quase meio século após o Tratado de Roma, não podemos declarar que gostam dos alemães; pensar o contrário seria confundir um casamento por conveniência com a paixão de Romeu e Julieta.

Uma identidade europeia comum, portanto, é necessariamente forjada de modo deliberado e artificial, e um dos imperativos que conduzem à tentativa de fazê-lo é a necessidade dos alemães de uma identidade que não seja alemã (o outro, que nela se encaixa perfeitamente, é o ímpeto francês de recuperar o poder global). E, uma vez que a economia torna os alemães muito poderosos na Europa, sua necessidade de escapar de si mesmos pela absorção de todos numa nova identidade coletiva cedo ou tarde será percebida, no restante da Europa, como uma necessidade de se impor – como um retorno a seus velhos hábitos. Novas identidades de fato podem ser forjadas, mas em geral isso se dá no cadinho da guerra ou, ao menos, quando de mudanças sociais drásticas – o que, nesse contexto, não é um prospecto convidativo.

Em cidade nenhuma a história tem mais peso do que em Dresden. Sessenta e três anos se passaram desde o bombardeio que mudou para sempre o alicerce de sua reputação. De um dia para o outro, a Florença do Elba tornou-se um monumento perpétuo à destruição pelo ar, reputada por seus escombros e cadáveres em vez de por sua arquitetura barroca e sua devoção à arte. E então veio o comunismo.

Em Dresden, conhecemos quem, até alguns anos atrás, nada conheceu senão a vida sob Hitler, Ulbricht e Honecker. Essas pessoas estavam de fato pagando pelo pecado de seus pais, visto que nenhuma levara os nazistas ou comunistas ao poder, e nada havia que pudessem fazer para escapar. Aos olhos dessa gente, a súbita mudança dada em 1990 foi tanto uma libertação quanto um fardo. Ávidos por um mundo que lhes foi proibido, eles se beneficiaram imediatamente da nova liberdade e foram visitar os recônditos mais distantes do mundo: quanto mais exótico, melhor. Essa libertação, no entanto, trouxe consigo uma consciência mais elevada do deserto em que os homens haviam convertido 90% de sua vida – um verdadeiro desgaste do espírito em vergonha. Jamais a uva da alegria rebentou de modo tão decidido contra o delicado palato da melancolia velada.

Uma década e meia – bem como bilhões de marcos e euros – depois, Dresden ainda não foi ocidentalizada por completo. Seu índice de desemprego é três vezes maior do que o da Alemanha como um todo – tão alto que todos os habitantes que conheci suspeitavam de que os números oficiais haviam sido manipulados para baixo, por razões propagandísticas: como resultado de sua longa e incontroversa experiência, era-lhes inconcebível que algum governo pudesse dizer a verdade sobre alguma coisa. E, embora certas partes da cidade assumissem a febril vulgaridade que para muitos dos que vivem no mundo moderno é a manifestação, o pré-requisito e o único sentido e valor da liberdade, outras ainda ostentam aquela frieza destruidora que é própria do comunismo, na qual as pinturas descascam e o estuque esfarela, o cheiro de podridão jamais deixa as escadarias e a luz elétrica produz uma turbidez amarelada, tal qual um papel barato envelhecido.

Dresden não foi totalmente bombardeada, é claro; às margens do Elba ainda se encontram alguns palacetes magníficos da alta burguesia. Alguns foram comprados e restaurados por *Wessis* ricos, nome pelo qual ainda são conhecidos, de modo não tão carinhoso, os habitantes da antiga Alemanha Oriental; outros, contudo, continuam destruídos, desabitados e em processo de deterioração. À noite, não têm iluminação alguma, assemelhando-se ao cenário de um filme de terror gótico. Temos a impressão de que quanto menos se espera morcegos ou vampiros surgirão. Durante mais de quarenta anos, aquelas casas pertenceram aos "trabalhadores do cérebro" (para usarmos a terminologia comunista), mas ficaram de tal maneira dilapidadas que, logo após a reunificação, foram declaradas impróprias para moradia segundo os padrões do Ocidente, o que obrigou seus habitantes a se mudar.

Às complicações morais do passado nazista se somaram as complicações morais do passado comunista, sendo a maior delas a ciência do quão difundida havia sido a prática da delação. Segundo algumas estimativas, um sexto da população da velha República Democrática Alemã era composto de *Mitarbeiter* – colaboradores da Stasi, a polícia secreta –, tendo espiado e denunciado vizinhos, amigos, parentes e até cônjuges. Quando os arquivos foram abertos e todos puderam ler seus dossiês de segurança, muitos descobriram que aqueles a quem haviam confiado seus pensamentos os tinham, por sua vez, relatado à Stasi, e isso sem obter praticamente nenhum retorno senão a satisfação de estar do lado dos poderosos. Aqueles que as pessoas acreditavam ser seus melhores amigos eram, no fim das contas, os mesmos cujas denúncias as haviam impedido, inexplicavelmente, de ser promovidas no trabalho, às vezes até mesmo por décadas. Essas descobertas não culminaram numa visão favorável ou otimista da natureza humana, tampouco na confiança sobre a qual uma vida social sólida se funda. A RDA, baseada numa teoria política que venerava a solidariedade humana, fez de todos átomos num éter associal.

A destruição de Dresden pela Força Aérea Real na noite de 13 de fevereiro de 1945 e pelo Corpo Aéreo do Exército dos EUA nos dois dias seguintes exigiu a reconstrução da cidade, e apenas uma pequena área ao redor do famoso Zwinger teve sua antiga glória restaurada. Dresden fora quase destruída, no passado, pelas tropas de Frederico, o Grande (se Frederico fora homem das luzes, imagino o que não seja o obscurantismo), mas para substituir a cidade renascentista registrada nas telas de Bellotto por uma cidade barroca ele ao menos não se valeu de um funcionalismo totalitário cujo objetivo era eliminar todo senso de individualidade e enfatizar o poder onipresente do Estado. O bombardeio de Dresden era um pretexto oportuno para a realização daquilo que os comunistas (e alguns outros) gostam de fazer independentemente do que aconteça; são apenas dois exemplos a sistematização de Bucareste durante o governo de Ceaușescu e a substituição da cidade medieval de Alès, a quarenta quilômetros de minha casa na França, por um conjunto habitacional de repugnante frieza, sob as ordens do conselho municipal comunista.

Apesar de tudo isso, os comunistas usaram a destruição de Dresden com fins propagandísticos durante as quatro décadas em que estiveram no poder. A cada aniversário dos bombardeios, os sinos da igreja local dobravam durante os vinte minutos que a Força Aérea Real levou para descarregar os explosivos que criaram a tempestade de fogo que transformou a Florença do Elba numa ruína enfumaçada tão arqueológica quanto Pompeia. "Vejam o que os bárbaros capitalistas fizeram e o que eles fariam de novo caso tivessem a oportunidade e não estivéssemos armados até os dentes": era essa a mensagem. Não é preciso dizer que a rapina do Exército Vermelho não era mencionada.

Todavia, mesmo na época, o bombardeio causou certo desconforto na Grã-Bretanha. Haveria para ele justificativa? Já quase não havia dúvida, então, quanto ao resultado da guerra; ademais, tanto a ética quanto a eficácia do bombardeio de áreas civis haviam sido questionadas não apenas por políticos de esquerda e por George Bell, bispo de Chichester, mas também pelos próprios comandantes da força aérea. O debate tem sido fervido em fogo brando desde então, chegando volta e meia a ebulir: em 1992, por exemplo, quando foi desvelada, em Londres, a estátua de Arthur Harris, chefe do Comando de Bombardeio da Força Aérea Real; ou ainda, mais recentemente, quando da visita da rainha à Alemanha, onde ela foi incapaz de formular um pedido de desculpas pelo bombardeio.

Não creio que uma pessoa decente e civilizada consiga olhar para as fotos da Dresden bombardeada sem ser tomada por um sentimento de choque. As ruínas irregulares das paredes, erguendo-se em áreas de escombro que se estendem até onde os olhos podem ver, e as câmeras gravar, são um testemunto único da engenhosidade humana. Somente o longo desenvolvimento da ciência e do conhecimento poderia ter alcançado isso. No que diz respeito às piras funerárias repletas de corpos empilhados, com pernas e braços emergindo da massa, ou aos cadáveres daqueles que foram cozinhados vivos nas fontes em que tinham encontrado refúgio... Desses desviamos não apenas o olhar mas também o pensamento.

Ainda assim, a ideia que às vezes propõem os que procuram tratar o bombardeio como uma crueldade que equivale às atrocidades nazistas, contrabalançando-as – a ideia de que Dresden era uma espécie de cidade de inocentes, preocupada apenas com as artes e sem nenhuma relação com os esforços de guerra, isolada do restante da Alemanha nazista e moralmente superior – é totalmente absurda. É da natureza dos regimes totalitários fazer com que essa inocência não persevere em parte alguma, e ela certamente não perseverava na cidade de Dresden em 1945. A empresa de material óptico Zeiss-Ikon, por exemplo, empregava sozinha dez mil operários (alguns em regime de trabalho forçado), todos empenhados – é claro – em trabalhos de guerra. Tampouco o histórico de Dresden diferia muito do histórico do restante da Alemanha. Sua sinagoga foi incendiada durante a orquestrada *Kristallnacht*, em novembro de 1938; o *Gauleiter* da Saxônia, que tinha sede em Dresden, era Martin Mutschmann, homem corrupto e notoriamente brutal. O bombardeio salvou a vida de ao menos um homem, o famoso diarista Victor Klemperer, um dos 197 judeus ainda vivos na cidade (que outrora abrigara milhares). Ele e o punhado de judeus remanescentes foram marcados para deportação e morte dois dias após o bombardeio; no caos que se seguiu, ele conseguiu escapar e arrancar a estrela amarela de seu casaco.

Dezoito anos depois do fim da guerra, em 1963, David Irving, historiador inclinado ao nazismo, publicou *The Destruction of Dresden*, seu primeiro livro. Na época, ou o autor era menos favorável ao nazismo do que veio a tornar-se, ou era mais circunspecto (a memória da guerra ainda era recente), mas provavelmente não foi mera coincidência que tenha dedicado seus primeiros esforços a um acontecimento que, segundo Churchill, poderia vir a ser uma mancha no brasão britânico. Irving, de todo modo, que acabou por tornar-se um destacado negador do Holocausto e por perder um famoso processo contra o historiador que o expôs como tal, claramente admitia em 1963 que os nazistas haviam cometido um genocídio contra os judeus; ele conclui seu livro com o reconhecimento de que os bombardeios (por ele considerados "o maior massacre isolado na história europeia") tinham sido "perpetrados para colocar de joelhos um povo que, corrompido pelo nazismo, cometera os maiores crimes contra a humanidade até então registrados".

Embora provavelmente tenham passado despercebidos na época, havia leves sinais, no livro, da futura aceitação da perspectiva nazista por parte do autor. Descrevendo a condição dos serviços médicos de Dresden após o bombardeio, ele menciona que um "grande hospital eutanásico para pessoas mentalmente incuráveis" foi transformado em hospital para feridos, mas não tece nenhum comentário sobre o conceito de um "hospital eutanásico para pessoas mentalmente incuráveis" – instituição que, por si só, bastaria para refutar um dos sentidos da ambígua descrição de Dresden como "O Alvo Virgem", título de um de seus capítulos. (Estaria ele insinuando que a cidade jamais fora atacada até então? Ou estaria afirmando que se tratava de uma virgem inocente?)

Seria absurdo, é claro, fingir que o bombardeio de Dresden teve como objetivo botar abaixo seu "hospital eutanásico" – mesmo que ele o fosse – ou resgatar Victor Klemperer de determinado tipo de morte. Entre suas várias motivações estava, sem dúvida alguma, a necessidade de demonstrar para os russos que então avançavam o tremendo poder de fogo do Ocidente, não obstante a relativa fraqueza de seu exército por terra.

O impacto do livro de Irving, no entanto, se deu precisamente porque seu autor escondia, ou ainda não desenvolvera por completo, suas simpatias pelo nazismo. Seu maior grau de influência foi alcançado em virtude do célebre *Matadouro 5*, de Kurt Vonnegut, romance contracultural e pacifista que, publicado seis anos depois, menciona com gratidão o livro de Irving, cuja exagerada estimativa do número de mortes é aceita sem contestações. Vonnegut, soldado americano capturado numa ofensiva terrestre a oeste e feito prisioneiro em Dresden na época do ataque, escreve sobre a guerra e sobre o próprio bombardeio como se tivessem ocorrido sem contexto algum, como se fossem tão somente uma querela arbitrária e absurda entre rivais, entre Tweedledum e Tweedledee, sem nenhum conteúdo interno ou significado moral – uma querela em que, não obstante, um dos lados acabou por destruir de maneira cruel e impiedosa uma bela cidade rival.

Vonnegut, contudo, a quem não ocorreu que seu tema era particularmente inadequado a experimentos literários chistosos e adolescentes, escreveu um tratado antimarcial em forma de romance pós-moderno, e não um reexame histórico do bombardeio de Dresden ou da Alemanha como um todo. O problema que tem complicado esse tipo de reexame é o medo de que a simpatia pelas vítimas, ou o pesar pelo fato de tanta coisa de valor estético e cultural ter sido destruída, seja interpretada como simpatia pelo próprio nazismo. A dificuldade de deslindar a responsabilidade individual pelos males perpetrados pelo nazismo da responsabilidade coletiva ainda não foi superada até hoje, e é possível que seja inerentemente insolúvel.

Sim, é bem verdade que Hitler foi imensamente popular; por outro lado, ele jamais recebeu maioria de votos em nada que se assemelhasse a uma eleição livre, e o entusiasmo público pelas ditaduras não pode ser tomado inteiramente ao pé da letra (em seus diários, o próprio Klemperer ora acha que a maioria dos alemães era nazista, ora acha que esse entusiasmo era falso e mais ou menos forçado). Os alemães abraçaram o espírito de violência e denúncia deliberadamente, mas a intimidação também se fazia presente em toda parte. Após a terem ouvido vincular, em público, o incêndio da sinagoga de Dresden na *Kristallnacht* aos piores momentos da Idade Média, uma testemunha do crime foi presa e levada pela Gestapo: tratava-se de uma lição para todos aqueles que presenciavam seu destino ou que ouviriam falar dele. Ademais, todos os que dizem que o nazismo foi a consumação inevitável da história alemã, sendo inerente a tudo o que havia acontecido antes, devem explicar por que tantos judeus alemães (entre eles o meu avô, major do exército imperial germânico durante a Grande Guerra) se viam tão profunda e patrioticamente ligados ao país e à sua cultura e por que um número tão grande deles ficou tanto tempo sem abrir os olhos. Essa falta de perspicácia é tão eloquente quanto a visão retrospectiva do historiador.

No fim da guerra, seiscentos mil alemães haviam sido mortos pelos bombardeios e um terço da população tinha perdido sua casa. No entanto, nenhum dos milhões de afetados se viu capaz de expressar abertamente seu sofrimento e desespero após o conflito, uma vez que isso os tornaria suscetíveis à acusação de nutrir simpatias pelo nazismo. Os alemães orientais só conseguiam dobrar os sinos a cada aniversário do bombardeio de Dresden porque o governo alimentava o mito de que todos os nazistas haviam nascido na Alemanha Ocidental e agora lá moravam. O pesar normal, particular e não ideológico, porém, lhes era vetado.

O escritor W. G. Sebald, expatriado alemão que viveu na Inglaterra e que, em 2001, sofreu um acidente de carro que lhe tirou a vida, assinalou a curiosa ausência, na literatura alemã, de memórias ou relatos ficcionais que tratem do bombardeio e de suas consequências. Milhões sofreram de maneira terrível, mas dificilmente encontramos uma memória ou um romance que o registre. Salvo o silêncio, qualquer expressão sobre o que fora vivenciado pareceria, e ainda parece, indecente e altamente suspeito, nada mais do que uma tentativa de estabelecer equivalência moral entre as vítimas e os perpetradores do nazismo.

Estrangeiros como o escritor sueco Stig Dagerman escreveram sobre o sofrimento dos alemães logo após a guerra, mas os alemães não o fizeram.

Victor Gollancz, editor britânico de origem polaco-judaica sobre o qual não poderia recair a menor suspeita de afinidades nazistas, homem que passara toda a década de 1930 publicando livros que advertiam o mundo sobre o perigo do nazismo, escreveu e publicou logo após o conflito *In Darkest Germany*, em que chamou atenção para os apuros dos alemães que viviam (e morriam de fome) em meio aos escombros, o que ele próprio pôde testemunhar ao visitá-los. À acusação de que os alemães haviam procurado por isso e não mereciam nada mais brando, ele retorquiu com três palavras: "E as crianças?". Em seu livro figuravam muitas imagens perturbadoras, das quais a mais pungente talvez seja a do próprio autor, confortavelmente vestido, erguendo o pé de um garotinho a fim de mostrar para a câmera a deplorável condição de seus calçados.

Durante muitas décadas, porém, aludir em público aos sofrimentos do período foi inadmissível para os alemães, muitos dos quais provavelmente inocentes – salvo se acharmos que todos os alemães eram culpados *ex officio*, por assim dizer. Sem dúvida, a inadmissibilidade da queixa pública e, portanto, do ressentimento deu poderoso estímulo ao *Wirtschaftswunder*, o milagre econômico a que os alemães do Ocidente, sem ter para onde orientá-las, dedicaram suas energias potencialmente ressentidas após a guerra; isso, no entanto, deixou como legado um vazio profundo, aparentemente vivenciado por todos os alemães ponderados que encontrei. Talvez isso também explique o anseio alemão por viajar, maior do que o de qualquer outra nação que conheço.

Nos últimos anos, começaram a surgir na Alemanha *best-sellers* que registram o sofrimento dos alemães durante a guerra e depois dela. Seria essa autocomiseração perigosa uma implícita escusa nacional? Ou seria um sinal de saúde, de que os alemães finalmente podem tratar de seu passado sem o fardo dos complexos psicológicos transmitidos por seus pais e avós?

Ao caminhar por Dresden, eu lamentava a perda de uma cidade incomparável, ao mesmo tempo que refletia sobre as dificuldades de ser alemão, povo para o qual nem a memória nem a amnésia oferecem consolo.

O que os neoateus não percebem

Na década de 1880, Charles Bradlaugh, primeiro membro declaradamente ateu do Parlamento britânico, irrompia nas audiências públicas, tirava do bolso seu relógio e desafiava Deus a fulminá-lo em sessenta segundos. Deus esperou um pouco, mas acabou por pegá-lo. Certa vez perguntaram a Bertrand Russell, ateu um pouco mais atual, o que ele faria se descobrisse que estivera equivocado e, no além, encontrasse seu criador. Ele exigiria saber, respondeu com o exaltado fervor de seu pedantismo, por que Deus não tinha feito as provas de sua existência mais claras e irrefutáveis. E Samuel Beckett saiu-se com uma fala memorável: "Deus não existe... Aquele bastardo!".

O maravilhoso ataque de raiva desiludida sugere que se livrar da ideia de Deus não é tão fácil quanto se acredita. (Talvez seja este o momento de declarar que eu mesmo não sou crente.) A fala de Beckett dá a entender que a existência de Deus solucionaria algum problema – um problema profundo, na verdade: o propósito transcendental da existência humana. Poucos de nós, de modo especial à medida que envelhecemos, sentimo-nos inteiramente confortáveis com a ideia de que a vida é cheia de som e de fúria, mas não significa nada. Por mais que os filósofos nos digam que é ilógico temer a morte e que, na pior das hipóteses, é apenas o processo de morrer o que deve suscitar temor, as pessoas ainda a temem tanto quanto antes. De maneira semelhante, não importa quantas vezes os filósofos afirmem que cabe a nós e a ninguém mais encontrar o sentido da vida; continuamos a ansiar por um propósito transcendental que seja imanente à própria existência, independentemente de nossa vontade. Dizer-nos que não deveríamos sentir essa ânsia é um pouco como dizer a alguém, ao primeiro sinal do amor, que o objeto de sua afeição não é digno dele. O coração tem razões que a própria razão desconhece.

É fato que os homens – ou melhor, alguns homens – vêm negando essa verdade desde o Iluminismo, procurando antes uma forma de vida fundamentada tão somente na razão. Embora eu esteja longe de menosprezar a razão, essa tentativa só pode gerar, na melhor das hipóteses, um Gradgrind e, na pior, um Stálin. A razão jamais pode ser o ditador absoluto da economia mental ou moral do homem.

Todavia, a busca da luz pura e norteadora da razão, livre das paixões humanas ou de princípios metafísicos que estejam além de toda evidência possível, ainda perdura; e, recentemente, uma epidemia de livros declarou ter sido bem-sucedida nessa busca – ao menos se o sucesso consistir em exterminar o inimigo inveterado da razão, isto é, a religião. Os filósofos Daniel Dennett, A. C. Grayling, Michel Onfray e Sam Harris, o biólogo Richard Dawkins e o jornalista e crítico Christopher Hitchens escreveram livros que condenam de maneira violenta a religião e suas obras. Evidentemente, os negócios, se não dos homens, ao menos dos escritores, têm altas e baixas como a maré.

O curioso desses livros é seus autores muitas vezes acharem que estão a dizer algo inédito e corajoso. Cada qual concebe a si mesmo como um novo Richard Burton, o intrépido explorador que, em 1853, disfarçou-se de mercador muçulmano, dirigiu-se a Meca e, por fim, escreveu um livro sobre aquela façanha inédita. O público parece estar de acordo, uma vez que os livros neoateus lograram vender centenas de milhares de exemplares. Não obstante, com a possível exceção de Dennett, eles não apresentam nenhum argumento que eu, ateu rodeado de crentes, não poderia ter apresentado quando dos meus catorze anos (o argumento ontológico de Santo Anselmo foi, de todos, o que me trouxe mais dificuldade, mas quanto ao argumento teleológico eu levava a sério o que disse Hume).

Comecei a duvidar da existência de Deus aos nove anos. Foi na assembleia escolar que perdi a fé. Faziam-nos acreditar que, se abríssemos os olhos durante as orações, Deus deixaria o auditório. Quis testar essa hipótese. Caso abrisse os olhos repentinamente, poderia vislumbrar aquele Deus fugidio? O que vi, porém, foi o Sr. Clinton, nosso diretor, entoando a oração com um olho fechado e o outro aberto, este último perscrutando atentamente as crianças abaixo à procura de transgressões. Logo concluí que o Sr. Clinton não acreditava no que dizia acerca da necessidade de mantermos os olhos fechados. E, se ele não acreditava naquilo, por que eu deveria acreditar em seu Deus? Nossas crenças muitas vezes têm origem em saltos ilógicos como esse, sendo posteriormente disciplinadas (caso recebamos educação suficiente) por uma racionalização elaborada.

De todos os livros do neoateísmo, *Breaking the Spell*, de Dennett, é o menos ranheta, mas trata com profunda arrogância todos os que são religiosos. Dennett afirma que a religião pode ser explicada em termos evolutivos – por exemplo, a partir da inerente propensão humana, outrora valiosa para nossa sobrevivência nas savanas da África, a atribuir agência animada a acontecimentos ameaçadores.

Para Dennett, provar a origem biológica da crença em Deus é demonstrar sua irracionalidade, quebrar seu encanto. Obviamente, porém, é parte necessária de seu raciocínio que todas as crenças humanas possíveis, incluindo a crença na evolução, sejam explicáveis da mesma maneira; por que então escolher a religião para receber esse tratamento? Ou nós verificamos as ideias de acordo com os argumentos formulados em seu favor, isto é, independentemente de suas origens, tornando assim irrelevante o argumento que parte da evolução, ou todas as crenças possíveis se tornam suspeitas de ser apenas adaptações evolutivas e, portanto, biologicamente contingentes, e não verdadeiras ou falsas. Vemo-nos diante de uma nova versão do paradoxo do mentiroso de Creta: todas as crenças, inclusive esta, resultam da evolução, e toda crença que resulta da evolução não pode ter sua veracidade conhecida.

Um aspecto desconcertante do livro de Dennett é sua incapacidade de evitar a linguagem da finalidade, da intenção e da avaliação moral ontológica, não obstante sua inflexível oposição às visões teleológicas da existência: os "métodos de locomoção" do coiote "têm sido brutalmente otimizados com vistas a adquirir mais eficiência"; ou: "A mesquinharia da Natureza é visível em toda parte"; ou ainda: "Esse é um bom exemplo da mesquinharia da Mãe Natureza no cômputo final, associada a uma prodigalidade absurda em seus métodos". Eu poderia continuar, mas imagino que já esteja claro o que quero dizer. (E Dennett não está sozinho nessa dificuldade: o *Tratado de Ateologia*, de Michel Onfray, de tal modo repleto de erros e inexatidões que seria preciso um livro da mesma extensão para corrigi-los, afirma em sua segunda página que a religião impede a humanidade de encarar "o real nu e cru". Como, porém, a realidade poderia ter uma qualidade moral sem ter um objetivo imanente ou transcendente?)

Dennett sem dúvida responderia que escreve metaforicamente para os leigos e que poderia verter todas as suas declarações para uma linguagem que não contivesse nenhuma avaliação moral ou finalidade. Talvez afirmasse que sua linguagem revela o fato de a magia ainda ter efeito até mesmo sobre ele, responsável por quebrar o encanto para o resto da humanidade. Não estou certo, porém, de que essa resposta seria psicologicamente precisa. Creio que o uso que Dennett dá à linguagem da avaliação e do propósito aponta para uma crença metafísica, profundamente arraigada (independentemente da causa), na existência de uma Providência – crença de que poucas pessoas, diante do mistério da beleza e do mistério da própria existência, conseguem escapar por completo. De todo modo, não convém a Dennett tratar com arrogância aqueles pobres primitivos que ainda têm uma visão religiosa ou providencial do mundo – uma visão que, em essência, não é mais refutável do que sua fé metafísica na evolução.

Dennett não é o único neoateu a empregar a linguagem religiosa. Em *Deus, um Delírio*, Richard Dawkins cita de maneira aprobatória um grupo de Dez Mandamentos para ateus que obtivera num *website* de ateísmo, sem julgar estranho, porém, que os ateus venham precisar de mandamentos, quanto mais de dez. Tampouco a condição metafísica deles parece preocupá-lo. O último dos Dez Mandamentos do ateu termina da seguinte maneira: "Questione tudo." Tudo? Incluindo a necessidade de questionar tudo – e assim por diante, *ad infinitum*?

Não quero me prolongar, mas se eu questionasse se George Washington de fato morreu em 1799, poderia passar a vida inteira tentando prová-lo e ainda assim teria de realizar, ao cabo de meus esforços, um ou vários saltos de fé a fim de acreditar no fato bastante banal que procurei provar. A metafísica é como a natureza: embora você a descarte com um forcado, ela sempre retorna. O que se confunde aqui é, sem dúvida, o direito abstrato de questionar tudo com o real exercício desse direito em todas as ocasiões possíveis. Aquele que o exercesse em todas as ocasiões possíveis acabaria como um tolo de vida curta.

Acompanhadas de presunção de certeza onde não há certeza alguma, essa negligência e essa falta de escrúpulo intelectual, associadas a um estridor e uma intolerância juvenis, alcançam seu apogeu no livro *A Morte da Fé*, de Sam Harris. Não é fácil fazer jus à asquerosidade do livro; ele faz com que pareça sã e moderada a afirmação de Dawkins de que a educação religiosa constitui abuso infantil.

Harris nos diz, por exemplo, que "devemos abrir caminho para uma época em que a fé sem evidências desonre todo aquele que a defenda. Dado o estado atual do mundo, parece não haver outro futuro digno de ser desejado". Fico feliz por ser velho o suficiente para não ver o futuro da razão tal qual formulado por Harris; no entanto, fico desconcertado ante a compulsão da primeira frase que citei. Estaria Harris escrevendo sobre uma inevitabilidade histórica? Sobre um imperativo categórico? Ou estaria apenas formulando uma proposta legislativa? Essa é a linguagem do quem--me-livrará-desse-sacerdote-enervante; é ambígua, sem dúvida, mas não está aberta a uma interpretação generosa.

Ela se torna ainda mais sinistra quando lida em conjunto com as declarações seguintes, muito possivelmente as mais vergonhosas que já pude ler em obra escrita por alguém que posa como racionalista: "O elo entre crença e comportamento aumenta consideravelmente os riscos. Algumas proposições são tão perigosas que talvez seja ético matar quem nelas acredita. Essa pode parecer uma afirmação extraordinária, mas apenas enuncia um fato corriqueiro relativo ao mundo em que vivemos".

Deixemos de lado os problemas metafísicos que essas três declarações suscitam. Para Harris, a questão mais importante relacionada ao genocídio parece ser: "Quem está matando quem?". Fazendo uma leve adaptação de Dostoiévski, da razão universal eu chego à loucura universal.

Subjacente a todos os livros neoateus se encontra uma espécie de historiografia que muitos de nós adotávamos numa adolescência fustigada pelos hormônios, furiosos com a descoberta de que nossos pais às vezes mentiam e violavam os próprios preceitos e regras. Ela pode ser resumida na insistência de Christopher Hitchens em *Deus Não É Grande*: "A religião estraga tudo".

Como assim? E a *Paixão Segundo São Mateus*? E a Catedral de Chartres? Ao que parece, nesses livros o religioso emblemático é o homem-bomba do Aeroporto de Glasgow – um tipo que não representa sequer os muçulmanos, quanto mais os que comungam na pobre e velha Igreja da Inglaterra. Decerto não é novidade – exceto para alguém tão ignorante que provavelmente não se interessaria por esses livros – que os conflitos religiosos são muitas vezes sanguinários e que os religiosos cometeram atrocidades abomináveis. O mesmo, porém, foi perpetrado por secularistas e ateus; embora tivessem menos tempo para demonstrar seu entusiasmo nessa área, eles o fizeram abundantemente. Em palavras brandas: se crença religiosa não equivale a bom comportamento, a mesma coisa se verifica com a falta de crença.

Com efeito, é possível escrever a história do que quer que seja como uma crônica de crimes e tolices. A ciência e a tecnologia estragam tudo; sem os trens e a IG Farben, não haveria Auschwitz; sem os transistores e facões produzidos em massa, nada de genocídio em Ruanda. Primeiro você decide o que odeia e depois coleta provas que dão respaldo a esse ódio. Uma vez que o homem é uma criatura caída (uso o termo metaforicamente, e não em seu sentido religioso), há sempre muito a ser descoberto.

A debilidade do neoateísmo se torna manifesta em sua abordagem de nossa civilização, que até pouco tempo atrás era completamente religiosa. Deplorar a religião é, na verdade, deplorar nossa civilização e seus monumentos, conquistas e legados. Aos meus olhos, ademais, a ausência de fé religiosa – contanto que não se trate de uma fé sanguinariamente intolerante – pode ter efeito deletério sobre o caráter e a personalidade do homem. Ao esvaziarmos o mundo de todo propósito e resumi-lo a uma mera realidade bruta, nós também o esvaziamos (ao menos para um grande número de pessoas) de qualquer motivo para gratidão, sentimento que se faz necessário tanto para a felicidade quanto para o decoro. Com efeito, o que logo substituirá a gratidão, e com muita facilidade, é o sentimento de que temos muitos direitos. Sem gratidão, é difícil estimarmos ou nos contentarmos com o que temos, e desse modo a vida se torna uma farra consumista que nenhum produto satisfaz.

Alguns anos atrás, a National Gallery organizou uma exposição de naturezas-mortas espanholas. Um dos quadros exercia sobre as pessoas que ali passavam um efeito físico; fazia-as cessar os passos; algumas chegavam até a arfar. Jamais vi uma imagem exercer tanto impacto. O quadro, pintado por Juan Sánchez Cotán, encontra-se hoje no Museu de Arte de San Diego. Nele figuram quatro frutas e legumes, dois deles suspensos por uma corda, que formam uma parábola sobre uma janela de pedra cinza.

Ainda que ignorássemos que Sánchez Cotán foi um padre espanhol do século XVII, seria possível dizer que o pintor era religioso: sua imagem, afinal, é um testemunho visual de gratidão pela beleza de tudo o que nos sustenta. Se nela fixarmos o olhar e concentrarmos a atenção, jamais tomaremos como corriqueira a existência do humilde repolho – ou de qualquer outra coisa; antes, enxergaremos sua beleza e seremos gratos. Sua pintura é um convite permanente para contemplar o sentido da vida humana, e como tal atraía pessoas que, suspeito eu, não eram muito dadas à contemplação serena.

O mesmo se aplica à obra dos grandes pintores holandeses de naturezas-mortas. Segundo a perspectiva do neoateísmo, o vínculo entre a Espanha católica e a Holanda protestante se resume tão somente ao conflito, à guerra e ao massacre. Certamente é impossível negar essa história; não obstante, há algo mais. Como no caso de Sánchez Cotán, somente uma reverência profunda, a capacidade de não tomar a existência como algo corriqueiro, poderia fazer da representação de um arenque sobre uma bandeja de peltre um objeto de beleza transcendente, digna de reflexão séria.

Recentemente, tive a oportunidade de comparar os escritos dos neoateus com os escritos dos teólogos anglicanos dos séculos XVII e XVIII.

Visitava eu alguns amigos numa casa de campo inglesa, e nela havia uma biblioteca repleta de volumes antigos; como a família dos antigos moradores tivera em cada geração um clérigo, muitos daqueles livros eram religiosos. Em minha época de neoateu, eu teria desprezado aquelas obras, visto que diriam respeito a um ente inexistente e não conteriam nada de valor. Eu teria tratado seus autores como homens enganados que procuravam enganar os outros pelas mesmas razões que Marx havia enumerado.

Ao examinar, porém, as obras do bispo Joseph Hall, senti-me tocado; muito mais tocado, não preciso dizer, do que por qualquer obra dos neoateus. Hall foi bispo de Exeter e, depois, de Norwich; embora fosse puritano moderado, tomou partido dos realistas na guerra civil inglesa e perdeu sua sé, morrendo em 1656 enquanto Cromwell ainda era lorde protetor.

Hall continua sendo, hoje, alguém de que praticamente ninguém se recorda, exceção feita aos especialistas. Eu abri de maneira aleatória um de seus volumes, o *Contemplations Upon the Principal Passages of the Holy Story*. Eis sua reflexão sobre a doença de Ezequias:

> Ezequias viu-se liberto do cerco dos assírios, mas surpreendido por uma enfermidade. O que o livrara das mãos dos inimigos castigava-o com uma doença. Deus não nos alivia de todas as aflições ao nos redimir de uma.
>
> Achar que Ezequias não foi grato o suficiente por sua libertação, ou que esteve demasiadamente inflado pela glória de receber tão miraculoso favor, é compreensão equivocada e insultuosa da mão de Deus, bem como uma censura pouco caridosa desse santo príncipe; de fato, embora nenhum corpo e nenhum sangue possam evitar o justo deserto do castigo corporal, Deus nem sempre ataca mediante a intuição do pecado: ele às vezes tem diante dos olhos as vantagens de nossas provações; noutras ocasiões, a glória de sua misericórdia em nossa cura.

O que Hall decerto deseja é nos fazer perceber que tudo o que nos acontece, por mais desagradável que seja, tem um sentido e um propósito, e isso nos permite suportar os pesares com mais dignidade e menos sofrimento. Ademais, é parte da realidade existencial da vida humana o fato de sempre necessitarmos de consolo, qualquer que seja o nosso progresso. Hall continua:

> Quando ainda não tinha nada senão o consolo de um filho que o sucederia, teu profeta lhe é enviado com a pesarosa mensagem de tua morte: "Põe tua casa em ordem, pois vais morrer, não te recuperarás". Não é pouca a misericórdia de Deus ao alertar-nos de nosso fim. [...] Alma alguma deseja que coisas importantes sejam ordenadas para se dissolverem no fim.

Essa não é a linguagem dos direitos e das reivindicações, mas de algo muito mais profundo. Trata-se de um respeito universal pela condição humana.

Para Hall, a vida é um instinto repleto de significado – um significado capaz de controlar o orgulho do homem quando de sua prosperidade e de consolá-lo quando de seus reveses. Eis um excerto de seu *Characters of Virtues and Vices*:

> Trata-se de um homem feliz, um homem que aprendeu a ler a si mesmo mais do que a todos os livros e que de tal maneira assimilou sua lição que já não é capaz de esquecê-la; é um homem que conhece o mundo e não lhe dá valor; que, após demorar-se em pensamentos, descobre o que é digno de confiança; é alguém que permanece igualmente preparado para todos os acontecimentos. De tal maneira tem o domínio de seu lar que pode fazer valer sua vontade sem nenhuma oposição, satisfazendo-a sem tornar-se libertino. Trata-se de um homem que, nas coisas mundanas, nada mais deseja que a natureza; nas coisas espirituais, é sempre e graciosamente ambicioso. É homem que, por sua condição, caminha com as próprias pernas, sem que lhe seja necessário depender dos poderosos. Pode adaptar seus pensamentos a seu estado, de modo que, ao ter pouco, não deseja o abundante porque está livre do desejo; no momento oportuno rompeu o determinado ócio da prosperidade e agora é capaz de administrá-la a seu bel-prazer. Sobre ele, as cruzes menores

pesam quais pedras de granizo sobre o telhado; e, quando das maiores calamidades, encara-as como tributos da vida e sinais do amor. Caso sua embarcação se agite, sua âncora é ágil. Se possuísse todo para si o mundo, não seria diferente do que é; não se satisfaria mais consigo mesmo, não se colocaria acima; afinal, sabe que o contentamento não jaz nas coisas que tem, e sim no espírito que as valoriza.

Embora eloquente, esse apelo à moderação como chave da felicidade não é original; todavia, essa moderação é muito mais natural para o homem que acredita em algo não só maior do que ele mesmo, mas também maior que toda a humanidade. Com efeito, ainda que em demasia, os maiores gozos das coisas deste mundo podem parecer racionais quando as coisas deste mundo são tudo o que existe.

Em *Occasional Meditations*, Hall toma algumas cenas perfeitamente comuns — comuns, é claro, para a sua época — e tira delas sentido. Eis sua meditação "Sobre as Moscas Reunidas sobre um Cavalo Esfolado":

> Como enxameiam essas moscas a parte esfolada do pobre animal, lá permanecendo e alimentando-se da pior porção de sua carne, sem sequer tocar nas partes sãs de sua pele! Assim age também a língua maliciosa dos detratores: se um homem tem em sua pessoa ou ações alguma enfermidade, eles certamente se reunirão ali e ali demorarão; enquanto isso, suas partes recomendáveis e seus méritos são ignorados sem que a eles seja feita nenhuma menção, nenhuma consideração. A justificar essa disposição daninha nos homens estão um amor-próprio invejoso e uma crueldade vil; por ora, é apenas isto o que conquistaram: criaturas necessariamente desprezíveis, não se alimentam de nada que não seja corrupção.

Decerto Hall não está sugerindo (ao contrário de Dennett, em seus momentos de deslize) que o objetivo biológico das moscas é alimentar-se de cavalos feridos; o que ele sugere é que a visão de algo na natureza pode ser uma oportunidade para refletirmos imaginativamente sobre nossa moralidade. Ele não está formulando uma teoria biológica sobre as moscas que se distingue da teoria da evolução, e sim pensando moralmente na existência do homem. É bem verdade que ele diria que tudo é parte da Providência de Deus, mas isso, repito, não é mais (nem menos) uma crença metafísica do que a crença na seleção natural como princípio capaz de explicar todas as coisas.

Comparemos a reflexão de Hall "Sobre a Visão de uma Prostituta na Carruagem" com a declaração, feita por Harris, de que algumas pessoas talvez devam ser mortas em virtude de suas crenças:

> Com que ruídos, com que tumulto, com que zelo pela justiça solene esse pecado não é punido! As ruas se encontram tão cheias de espectadores como de clamores. Cada qual se esforça para expressar o quanto é repugnante o fato, ostentando nisso algum indício de vingança: um arremessa lama sobre a criminosa miserável; outro, água; um terceiro, ovos podres – e ela sequer merece menos. Todavia, naquele momento homem nenhum olha para si mesmo. Não é falta de caridade dizer que, nesse julgamento, muitos dos que insultavam mereciam mais. [...] Os pecados públicos trazem mais vergonha; os privados talvez tragam mais culpa. Se o mundo não pode me culpar por aqueles, basta que eu possa acusar minha alma de coisa pior. Que os outros rejubilem nessas execuções públicas; a mim caiba ter piedade dos pecados alheios e humilhar-me sob a consciência dos meus.

Quem soa mais caridoso, mais generoso, mais justo, mais profundo, mais honesto e mais humano: Sam Harris ou Joseph Hall, futuro bispo lorde de Exeter e Norwich?

Muito o ajuda, sem dúvida, o fato de Hall ter vivido numa época em que a prosa era sonora, prosa que só pela sonoridade nos ressoa na alma – prosa de um gênero que jamais, dado o tempo em que vivemos, poderíamos igualar. No entanto, estilo é algo que se aplica ao pensamento tanto quanto à prosa, e eu prefiro a caridade de Hall à intolerância de Harris.

2007

O casamento da razão e do pesadelo

Não obstante nossa inédita prosperidade, nós britânicos não somos tão felizes quanto deveríamos ser, ao menos se as causas da felicidade humana forem majoritariamente econômicas. Acontece, porém, que consumo crescente não é o mesmo que satisfação crescente. Ainda assim, ninguém sabe ao certo o que mais seria necessário. Antidepressivos nos reservatórios de água, talvez? A vida urbana – e, no mundo moderno, a maior parte da vida é urbana – tem um lado desagradável na Grã-Bretanha, ainda que em meio à abundância. Nós mal nos atrevemos a olhar um estranho nos olhos, com medo de que ele se sinta violentamente ofendido; os jovens, tanto os pobres quanto os prósperos, obrigam os idosos a se recolher ao escurecer, o que a todos se estende nas noites de sexta e sábado; a idade em que os cidadãos passam a causar medo se reduz cada vez mais, e de tal modo que evitamos aglomerações de crianças de oito anos como se elas fossem piranhas num rio selvagem.

O Estado britânico, por sua vez, graças à sua tecnologia, é capaz de intimidar e regular tanto quanto lhe aprouver, mas só parece fazê-lo como um fim em si, e não com vistas a um objetivo mais elevado. A privatização da moralidade é tão plena que nenhum código de conduta é aceito por todos, salvo aquele segundo o qual você deve fazer tudo aquilo de que pode se safar depois; a cada dia basta seu prazer. Em lugar algum do mundo desenvolvido a civilização regrediu tanto e tão rápido, pelo menos na medida em que a civilização é composta das pequenas mudanças e amenidades da vida.

Nenhum autor britânico de hoje captura nosso mal-estar como J. B. Ballard. Escritor cuja carreira já tem mais de meio século, ele explorou com agudeza, de seu ninho num respeitável lar suburbano nas imediações de Londres, as angústias da existência moderna – daquilo a que deu o nome de casamento da razão com o pesadelo. A razão é nosso avanço tecnológico; o pesadelo, o uso a que o submetemos.

Muito na biografia de Ballard explica sua sensibilidade para os aspectos da decomposição moderna que escapam aos observadores mais superficiais. Uma biografia, porém, não justifica tudo: como certa feita afirmou Pasteur, o acaso só favorece a mente preparada. Não é apenas a experiência, portanto, o que faz o escritor, mas também a reflexão sobre ela. Uma jazida de minério nada vale sem a vontade e a capacidade de explorá-la.

O minério de Ballard é sua infância. Nascido em Xangai em 1930, filho de pais britânicos abastados, ele só veio a conhecer a Grã-Bretanha aos dezesseis anos. A experiência que definiu sua vida, dando também cor a todos os seus escritos, foi seu confinamento pelos japoneses, aos treze anos, num campo de internamento durante a Segunda Guerra Mundial. Não foi apenas esse confinamento, porém, o que o marcou, mas também o contraste entre aquilo e sua vida pregressa. "Todo aquele que viu a guerra em primeira mão sabe que ela vira de ponta-cabeça toda e qualquer ideia convencional acerca do que constitui a realidade do dia a dia", observou. "Você nunca se sente o mesmo novamente. É como se distanciar de um acidente de avião. O mundo muda aos seus olhos para sempre."

O protagonista de O *Império do Sol*, romance autobiográfico de 1984, é Jim, menino britânico que é também confinado pelos japoneses perto de Xangai. Jim levava uma vida privilegiada numa casa luxuosa, com nove empregados que conhece não pelo nome, e sim pela função ou posição: Ama, Menino Número Um e Menino Número Dois. Para Jim, os empregados não são seres humanos plenos, mas objetos animados cujo objetivo é satisfazer suas vontades. Não sendo nem especialmente bom nem especialmente mau, mas somente um garoto normal e descuidado, ele herda o costume de dar ordens e julga natural seu modo de vida privilegiado. Não é que seja incapaz de perceber a diferença entre a sua situação e a situação da maioria dos que estão ao seu redor; pelo contrário, ele tem desejo de saber como é a vida fora do território europeu. Todavia, essa diferença é para ele uma realidade bruta acerca da constituição do Universo.

Com a eclosão da guerra, tudo se altera. Os japoneses afundam uma embarcação britânica e capturam outra americana, derrubando assim a hierarquia racial. Uma ama estapeia o rosto de Jim sem que houvesse provocação. Ele de repente percebe duas coisas sobre aquela mulher que poderia ter descoberto antes caso tivesse parado para pensar: nota, em primeiro lugar, que sua vida de constante labuta fizera dela uma mulher consideravelmente forte; depois, que a obediência passiva de outrora não advinha nem da anuência nem da ausência de sentimento, e sim do medo, da coerção e da falta de alternativas. Naquele tapa estavam concentrados todo o ressentimento, toda a humilhação e todo o ódio que um adulto posto sob as ordens de uma criança privilegiada e mimada passa a sentir; desse modo, a vitória japonesa é também uma lição moral irreversível para Jim. Não lhe será possível voltar a conceber o mundo como se fosse feito apenas para a sua conveniência.

Não é somente a hierarquia racial que se transforma. Na luta pela sobrevivência que acompanha a ocupação japonesa de Xangai, Jim descobre muitas coisas: que a conduta civilizada não passa de um verniz que as dificuldades fazem descascar; que pessoas de destaque podem se tornar insignificantes em novas circunstâncias; que o orgulho da raça, da nação e do próprio prestígio não oferece proteção contra a desmoralização; e que a crueldade é comum, e o autossacrifício raro. Em suma, ele descobre que tudo o que supunha acerca do mundo estava errado.

Em *O Império do Sol*, Ballard descreve paisagens da infância que devem afetar para sempre a visão de mundo de quem as vê: "A quarenta metros, o corpo de uma jovem chinesa flutuava entre as sampanas, os calcanhares ao redor da cabeça como se não soubessem, naquele dia, a que direção apontar". A caminho do campo de internamento em que seria confinado, com a doença e a morte já abatendo os outros prisioneiros, Jim examina o que há ao redor: "Duas missionárias, no chão, pareciam quase mortas, com os lábios pálidos e os olhos como os de um rato envenenado. Moscas lhes enxameavam o rosto, entrando nas narinas e saindo. [...] Os maridos sentavam-se lado a lado e as observavam resignados, como se o gosto por deitar no chão fosse uma pequena excentricidade partilhada pelas esposas".

Jim descobre que o instinto de sobrevivência solapa facilmente a maioria das formas de solidariedade humana. Desesperado, seu grupo de prisioneiros chega a um acampamento em que um oficial britânico, a quem claramente restava algum poder e discrição, recusa-lhes a entrada, temendo que espalhem doenças. Eles precisam encontrar outro acampamento; mais prisioneiros morrem no caminho.

O campo de internamento em que Jim enfim se encontra fomenta nele uma terrível perda de compunção moral; isso, porém, traz consigo suas recompensas. Ele forma uma aliança de conveniência com o jovem Basie, americano trapaceiro e oportunista que costuma se dar bem em situações como aquela. Ballard contrasta Basie com o pai de Jim, figura que, embora distante, é austera e correta. "Em casa, se porventura fizesse algo de errado, as consequências pareciam sobrepor-se a tudo o mais durante dias", escreve Ballard. "Com Basie, elas se esvaíam instantaneamente. Pela primeira vez em sua vida, Jim sentia-se livre para fazer o que bem entendesse."

Em outras palavras, o colapso da ordem social formalizada, bem como sua substituição por uma ordem baseada em regras mais impiedosas, informais e espontâneas, pode em certo sentido ser libertador, visto permitir o que até então fora inadmissível. Em termos freudianos, o id escapa do poder do superego; o que disso resulta tanto repugna quanto atrai. Essa lição Ballard jamais esqueceu.

Ballard chegou à Inglaterra durante os austeros anos do pós-guerra – austeridade prolongada por uma política governamental que via naquilo a oportunidade de realizar uma engenharia social inspirada ideologicamente. (Mesmo hoje, nos periódicos médicos, às vezes identificamos certa nostalgia da época do racionamento, quando uma dieta cientificamente aprovada era imposta à população.) Ballard começou a estudar medicina, mas largou a disciplina após dois anos a fim de tornar-se escritor. Jamais perdeu, porém, o interesse pela área, e é digno de nota que os médicos sejam figuras importantes em seus romances, publicados desde 1962.

Todos os romances de Ballard têm um tema que evoca Robinson Crusoé: o que acontece com o homem quando os sustentáculos da civilização lhe são retirados – como facilmente acontece – por alguma circunstância externa, pela ação de seus desejos secretos ou pela concatenação de ambos? O passado de Ballard o fez ciente da fragilidade das coisas, até das que parecem mais sólidas; e, na introdução à sua compilação de contos, ele nos revela estar interessado "no futuro real que eu via se aproximando". Seu método: extrapolar algo – uma tendência, um sentimento de desgosto – detectado no presente, exagerá-lo e, por fim, examinar suas consequências. Ele é aquele que registra o que chama de "presente visionário"; é um Swift sociológico que afirma (em parte equivocadamente, creio) não escrever com um propósito moral, e sim na condição de "explorador que é enviado com antecedência para verificar se a água é potável ou não".

Nos primeiros romances de Ballard, a decomposição da sociedade resulta, em grande parte, de processos naturais. No livro de estreia, *O Mundo Submerso*, a terra passara por um aquecimento extremamente veloz. (Ballard tem a estranha capacidade de antecipar angústias futuras.) Esse aquecimento, contudo, não é consequência da atividade do homem, e sim de manchas solares gigantescas. O mar subira, inundando quase tudo. Londres está submersa: apenas o cimo dos prédios mais altos é visível sobre a superfície. A maior parte da população se refugiou no círculo ártico, mais frio, enquanto a vegetação tropical domina as faixas de terra remanescentes; rapidamente, a fauna começa a retornar ao período triássico.

Nessas circunstâncias, observa o doutor Bodkin, um dos personagens do livro, não é apenas o ambiente físico que se altera. "Quantas vezes a maioria de nós não teve uma sensação de *déjà vu*, de já ter visto tudo isso antes – na verdade, de estar relembrando com clareza esses pântanos e lagoas", observa. "Por mais seletiva que a mente consciente possa ser, a maior parte das memórias biológicas é desagradável; são ecos de perigo e terror. Nada dura tanto quanto o medo." E ele acrescenta: "Assim como a psicanálise reconstrói a situação traumática original a fim de liberar o conteúdo reprimido, também nós, agora, estamos mergulhando no passado arqueopsíquico, desvelando os velhos tabus e impulsos que estiveram dormentes por eras".

Nos trabalhos posteriores de Ballard, como no romance *Ilha de Concreto*, de 1973, a causa do regresso aos primórdios se torna humana. "Pouco depois das três horas da tarde do dia 22 de abril de 1973", começa a narrativa, "um arquiteto de 35 anos chamado Robert Maitland estava dirigindo por uma pista de alta velocidade em Londres." O pneu de seu carro estoura quando o veículo se encontra a 110 quilômetros por hora e ele se precipita por trinta metros até parar em um aterro. Maitland se encontra num pequeno trecho de um descampado, do qual a única saída é o aclive que conduz à rodovia. Ele o escala e tenta chamar atenção, mas "seu casaco e suas calças estavam manchados de suor, lama e graxa; ainda que o notassem, poucos motoristas estariam dispostos a lhe oferecer carona. Além disso, seria quase impossível diminuir a velocidade e parar. A pressão do tráfego intenso [...] os forçava a seguir adiante implacávelmente".

Um taxista o vê e dá tapinhas na própria cabeça, sinalizando que Maitland deve ser louco. A situação daquele pária é uma visão do inferno: "Buzinas ressoavam sem cessar à medida que as três faixas de veículos, com as luzes traseiras refulgindo, se aproximavam daquele cruzamento. Postado debilmente à beira da via e acenando com uma mão cansada, parecia a Maitland que todo veículo de Londres havia passado e repassado por ele dezenas de vezes, com os motoristas e passageiros ignorando-o de propósito numa grande e espontânea conspiração". Quando tenta cruzar a pista, ele é ferido e arremessado mais uma vez para o descampado. Maitland não consegue escapar daquele terreno isolado, rodeado por um aglomerado de milhões de pessoas. Ele deve agora viver por conta própria, arrancando daquela terra desolada todo sustento que conseguir.

É relevante que Maitland seja arquiteto, visto terem sido os arquitetos, com seus sonhos modernistas de criar o mundo do zero segundo princípios implacavelmente abstratos, os responsáveis por criar aquela área deserta. Ballard registra a natureza socialmente isolante da arquitetura moderna – bem como do modo de vida moderno que a acompanha – com enorme vigor simbólico. O motorista de táxi, encapsulado em sua jaula de aço prensado, só consegue ver em Maitland um lunático com quem não partilha nenhuma humanidade. Os outros motoristas perderam a capacidade de escolher: uma vez na estrada, devem seguir adiante inexoravelmente. Eles não controlam a situação; a situação é que os controla. Aquilo que deveria libertar — o carro, com sua suposta capacidade de nos levar para onde quisermos e quando bem entendermos — se torna desumanizante.

Naquele mesmo ano, Ballard publicou seu livro mais controverso: *Crash*, título que veio a ser transformado por David Cronemberg num filme igualmente desconcertante. A obra é uma espécie de *reductio ad absurdum* visionária daquilo que Ballard acredita ser a falta de sentido da abundância material moderna, na qual o sensacionalismo erótico e violento substitui o objetivo transcendente. Os personagens acorrem a locais onde houve acidentes de automóvel no intuito de ter relações sexuais com corpos agonizantes e metais retorcidos. O método de Ballard é o mesmo de Swift, embora seu alvo seja menos genérico. Objetar que Ballard exagera a desagradável condição existencial da classe média é compreendê-lo mal, tanto quanto objetar que Swift exagera a absurdez, as pretensões e a maldade do homem é compreendê-lo mal.

Em seu livro seguinte, *Arranha-Céu*, publicado em 1975, Ballard prepara uma pequena guerra civil num prédio de luxo de quarenta andares, no qual "o regime de disputas e irritações triviais [...] constituía a única vida coletiva" de seus dois mil habitantes. Robert Laing, como todos os protagonistas de Ballard, é um médico divorciado. "Aquela cela cara, encaixada de forma quase arbitrária na superfície do prédio", escreve o autor, "fora por ele adquirida, após o divórcio, especialmente em virtude de sua paz, de sua quietude e de seu anonimato." Parece ser parte integrante da condição moderna o fato de as pessoas acharem difícil conviver com outrem, preferindo, antes, um isolamento em que o contato humano se torna superficial, fugaz e, sobretudo, sujeito a necessidades ou desejos imediatos.

Nos locais onde as pessoas vivem próximas não obstante seus poucos vínculos afetivos, a possibilidade de conflitos é enorme. Embora todos os seus residentes sejam abastados, uma versão da guerra de classes eclode no arranha-céu, opondo os moradores dos andares de cima — aqueles que pagaram mais por seus apartamentos — aos moradores dos andares inferiores. O tédio e a ausência de um objetivo comum provocam agressões; a autodestruição se segue. A prosperidade não basta.

Se algo ocorreu, foi o obscurecimento da visão de Ballard. Vinte anos após o *Arranha-Céu*, quando a prosperidade já havia aumentado consideravelmente, o autor publicou *Noites de Cocaína*, um ataque à própria ideia de boa vida que a sociedade de consumo britânica engendrava. O romance se ambienta na costa mediterrânea espanhola, em enclaves imaginários, expatriados e ricos, cidades "sem centro ou subúrbios, que quase não parecem passar de áreas de dispersão para campos de golfe e piscinas". Como afirma um dos personagens: "Este é o futuro da Europa. Em breve, todos os lugares serão como aqui".

A absoluta vacuidade da vida abundante que os residentes haviam se empenhado para conquistar – que lhes permitia se aposentar antes dos cinquenta anos – se reflete na arquitetura dos enclaves e na atmosfera social. "Olhei para baixo e vi uma interminável paisagem de janelas panorâmicas, pátios e piscinas em miniatura", relata o protagonista, um escritor viajante.

> Juntos, exerciam um efeito tranquilizante, como se aqueles complexos residenciais não passassem de uma série de currais psicológicos que amansavam e domesticavam [...]. Nada poderia ocorrer naquele reino impassível, em que uma corrente entrópica acalmava as superfícies de mil piscinas.
>
> Em toda parte, parabólicas se elevavam aos céus como tigelas de mendigos. Os moradores haviam retornado para suas salas sombrias, para seus *Bunkers* com vista, precisando apenas daquela parte do mundo exterior que as parabólicas extraíam do céu.

Os moradores são refugiados de um mundo desordenado: "É excelente a segurança, e não há traços de pichação em lugar algum. Para muitos, é o que se chama hoje de paraíso". Livres da angústia econômica, eles são também "refugiados do tempo": com efeito, "haviam viajado para os recônditos do tédio" e agora se viam "desesperados atrás de novos vícios".

Crawford, jovem instrutor de tênis responsável por organizar a vida social dos enclaves, chega à conclusão de que o crime é a solução para o tédio predominante. Sem saber, ele recapitula a visão do sociólogo Émile Durkheim, para quem os criminosos desempenham uma importante função social por fornecerem ao resto da população uma causa com a qual se solidarizar: afinal, só é possível praticar a solidariedade em oposição a alguém e alguma coisa. "Como dar ânimo às pessoas, algum sentimento de comunidade?", pergunta Crawford. A política é entediante, a religião exige demais. "Só resta uma coisa capaz de estimular as pessoas, de ameaçá-las diretamente e forçá-las a agir em conjunto [...]. O crime e o comportamento transgressor. [Eles] nos estimulam e criam em nós a necessidade de emoções fortes, aceleram o sistema nervoso e ativam as sinapses adormecidas pelo ócio e pela falta de ação." E conclui: "Certo nível de criminalidade é parte da necessária aspereza da vida. Segurança completa é doença de privação".

Ao garantir que crimes fossem cometidos aleatoriamente, incluindo um incêndio proposital que acabou por matar cinco, Crawford dá novo ânimo aos enclaves, inclusive à sua vida cultural. Os moradores começam a tocar música e a participar de produções teatrais. Em vez de viverem num isolamento solipsista, eles agora se encontram regularmente. Ballard não está sugerindo que a imolação de pessoas seja um preço válido quando as pessoas passam a apreciar violinos e as luzes do palco. Antes, o que ele dá a entender é que, na falta de um objetivo transcendente, a abundância material não basta; ela pode levar ao tédio, à perversidade e à autodestruição.

Em seus dois romances mais recentes, *Terroristas do Milênio* e *O Reino do Amanhã*, Ballard trata a Inglaterra como um país tomado por uma febre de consumo, uma nação que, por estar parcialmente ciente de que algo mais se faz necessário para uma vida humana tolerável, se vê suscetível a um revolucionarismo incipiente, cuja inspiração é em parte fascista, em parte socialista. Como de costume em Ballard, os personagens de ambos os livros são pessoas educadas, de classe média; em suas páginas jamais há membros de classe baixa. Isso não se dá sem motivos. É a classe educada que se faz essencial à administração do país e que dá a ele seu tom moral; protegida, porém, "por *shoppings* benevolentes", escreve Ballard em *O Reino do Amanhã*, ela "aguarda pacientemente os pesadelos que a despertarão num mundo mais apaixonado". Sem acreditar em nada e materialmente satisfeita, ela é capaz de tudo para escapar do tédio.

Essa é uma descoberta importante. Quando trabalhei, por breve período, como uma espécie de correspondente de vulgaridades para um jornal britânico – eu era enviado a todos os lugares em que os britânicos se reuniam para se comportar mal –, descobri, para minha surpresa, que em grupo as pessoas da classe média se comportavam com a mesma desinibição ameaçadora dos que lhes eram supostamente inferiores em posição social e educação. Eles xingavam, ofendiam, faziam gestos fascistas e urinavam nas ruas com o mesmo abandono que atribuíam aos proletários. Foi Ballard o primeiro a identificar que a burguesia desejava proletarizar a si própria sem perder os privilégios econômicos e o poder político.

Em *Terroristas do Milênio*, os moradores de um abastado conjunto habitacional de nome Chelsea Marina "se puseram a desmantelar seu mundinho de classe média. Eles colocavam fogo em livros e pinturas, brinquedos e vídeos educacionais. [...] Haviam descartado serenamente o próprio mundo tal qual estivessem jogando fora suas quinquilharias para a coleta. Em toda a Inglaterra, uma classe profissional inteira rejeitava tudo o que batalhara para conseguir".

Essa me parece ser uma sugestiva metáfora de muito do que vem ocorrendo nas últimas quatro décadas, não somente na Inglaterra (embora de modo especial aqui), mas também em outras partes da sociedade ocidental. Nós nos entediamos com aquilo que nos foi legado – com aquilo a que, por pura falta de talento, demos uma contribuição humilhantemente parca. Ballard compreende, satirizando-o em *Terroristas do Milênio*, o porquê de as pessoas educadas, assombradas pela falta de sentido de sua vida, sentirem a necessidade de protestar. O psicólogo que protagoniza o livro se infiltra no crescente movimento revolucionário da classe média e se faz presente, na companhia da revolucionária Angela, num protesto contra uma exposição de gatos:

> Angela encarava o outro lado da via com os olhos comprimidos e toda a capacidade de indignação moral típica dos moradores do subúrbio. Passeando pela mostra duas horas antes, impressionou-me seu inabalável compromisso com o bem-estar daqueles exuberantes animaizinhos. As reuniões de protesto em que eu recentemente estivera, contra a globalização, a energia nuclear e o Banco Mundial, haviam sido violentas, mas muito bem organizadas. Aquela manifestação, por sua vez, parecia encantadoramente quixotesca em seu afastamento da realidade. Tentei explicar isso a Angela à medida que caminhávamos ao longo da fileira de jaulas.

– Angela, eles parecem tão felizes [...]. Estão muito bem cuidados. Estamos tentando resgatá-los do paraíso.

Angela jamais alterava seus passos.

– E como você sabe disso?

– Observe. – Nós paramos diante de uma fileira de abissínios tão imersos no luxo de ser eles mesmos que mal percebiam a multidão que os admirava. – Não dá para dizer que estão infelizes. Se estivessem, andariam de um lado para o outro das jaulas tentando escapar.

– Estão drogados. – Ângela franziu o cenho. – Nenhuma criatura deveria viver enjaulada. Isto não é uma exposição de gatos, e sim um campo de concentração.

– Ainda assim, eles estão bastante vistosos.

– Eles são criados para a morte, e não para a vida. O resto da cria é afogado logo ao nascer. Esse é um experimento eugênico cruel, o tipo de coisa que o doutor Mengele fazia.

Não faz muito tempo que a imprensa fez circular os obituários de Peter Cadogan. Certo jornal chamou-o de "manifestante profissional"; outro escreveu que Cadogan "passou cinquenta anos numa longa tentativa de resistir às injustiças globais". Ele parecia inseparável de um megafone, e homem algum se mostraria mais decepcionado caso um dia acordasse num mundo livre de injustiças. Ao que parece, alguém leu para ele, em seu leito de morte, os poemas de protesto de William Blake, os quais o teriam retirado temporariamente do coma. O protesto dava sentido à sua vida. Suas últimas palavras evocaram Blake: "Viva diferente". Não melhor, mas diferente.

Essa mentalidade pode resultar na violência que, como Ballard muito cedo descobriu, está sempre a um fio de distância de nós, por mais sólido que nosso conforto possa parecer. A fragilidade da civilização não a torna irreal ou insignificante – muito pelo contrário. E, embora me pareça que Ballard não gostaria de ver conclusões conservadoras retiradas de sua obra, elas sem dúvida estão lá.

2008

POLÍTICA E CULTURA

Os caminhos da servidão

Os britânicos que sobreviveram à Segunda Guerra Mundial não se recordam dela com o horror que poderíamos esperar. Com efeito, muitas vezes a relembram como a melhor época de sua vida. Ainda que se leve em consideração a tendência da época de revestir memórias desagradáveis com uma pátina de romance, isso é extraordinário. A guerra, afinal, foi uma época de escassez material, de terror e de perdas: o que poderia haver de bom nela?

A resposta, é claro, está em que ela oferecia um sentido e um propósito existencial poderosos. A população sofria nas mãos de um inimigo externo facilmente identificável, e frustrar as intenções perversas desse inimigo se tornou o objetivo prioritário de toda a nação. Um propósito nacional unificado e preeminente deu fim à cacofonia de lamentações, às briguinhas e à divisão social dos tempos de paz. Além disso, a privação que é levada a cabo com um determinado objetivo traz consigo seu próprio contentamento.

Tendo a guerra suscitado instantaneamente a saudade do senso de unidade e de um objetivo transcendente, a população, como era de esperar, questionou por que uma tal atmosfera não poderia continuar no período de paz que se seguiu. Por que a dedicação de milhões de pessoas, coordenadas centralizadamente pelo governo – uma dedicação coordenada que havia produzido quantidades inéditas de aeronaves e munições –, não poderia ser adaptada a fim de derrotar o que William Beveridge, diretor da London School of Economics, chamou, no relatório de guerra sobre os serviços sociais que levariam a Grã-Bretanha a um Estado de bem-estar social pleno, de "os cinco gigantes no caminho da reconstrução": a Pobreza, a Doença, a Ignorância, a Imundície e a Desocupação?

Em 1942, quando Beveridge publicou seu relatório, a maioria dos intelectuais acreditava que o governo, e somente o governo, era capaz de alcançar os objetivos almejados. De fato, isso parecia tão simples que apenas a concupiscência e a estupidez dos ricos haviam impedido, até então, sua concretização. O Relatório Beveridge declara, por exemplo, que a pobreza "poderia ter sido abolida da Grã-Bretanha antes da guerra presente" e que "a renda à disposição do povo britânico era grande o suficiente para isso". Tudo se resolveria com uma taxação redistributiva que dividisse o bolo da renda nacional em fatias mais equitativas. Existindo vontade política, existiriam também os meios; não era preciso se preocupar nem com seu impacto sobre a geração de renda, nem com nenhum outro efeito colateral.

Para George Orwell, que escreveu um ano antes do Relatório Beveridge, as coisas eram igualmente fáceis de entender: "O socialismo é geralmente definido como a 'propriedade comum dos meios de produção'. Dito mais claramente: o Estado, representando toda a nação, é dono de tudo, e todos são funcionários estatais. [...] O socialismo [...] pode resolver os problemas da produção e do consumo. [...] O Estado apenas calcula que bens serão necessários e se esforça ao máximo para produzi-los. A produção só é limitada pela quantidade de mão de obra e de matéria-prima".

Poucas e simples medidas ajudariam a criar uma sociedade melhor, mais justa e igualitária. Orwell recomendava "i) a nacionalização da terra, das minas, das ferrovias, dos bancos e das grandes indústrias"; "ii) a limitação da renda, de modo que a mais alta não supere a mais baixa em mais de dez vezes"; e "iii) a reforma do sistema educacional de acordo com parâmetros democráticos". Por essa reforma, Orwell entendia a proibição completa da educação privada. A seus olhos, a cultura – por ele estimada, mas ainda assim fruto do sistema por que nutria desgosto – cuidaria de si mesma.

Dificilmente seria exagero se disséssemos que, na época em que Orwell escreveu, sua filosofia coletivista constituía a ortodoxia intelectual de que quase ninguém na Grã-Bretanha ousaria discordar, ao menos de maneira muito veemente. "Hoje, somos todos socialistas", declarou Bernard Shaw quarenta anos antes de Orwell formular essas modestas propostas. Antes dele, Oscar Wilde, em *A Alma do Homem sob o Socialismo*, tinha como incontestável – para ele o fato era tão verdadeiro que nem valia a pena apresentar provas ou argumentos em seu favor – que a pobreza era consequência inevitável da propriedade privada e que a riqueza de um homem exigia a miséria de outro. Antes de Wilde, ademais, John Ruskin afirmara, em *Unto This Last*, que o mercado de trabalho era desnecessário e gerador de miséria. Afinal, declarou ele, se muitos salários eram definidos segundo uma concepção abstrata (isto é, moral) do valor da atividade, por que todas as remunerações não poderiam ser definidas da mesma maneira? Isso não evitaria as variações injustas, irracionais e frequentemente duras a que o mercado de trabalho expunha as pessoas?

Ruskin estava certo ao dizer que há trabalhos cuja remuneração é fixada por uma noção aproximada de decência moral. O salário do presidente dos Estados Unidos não é estabelecido de acordo com as excentricidades do mercado; tampouco o número de candidatos para o cargo mudaria consideravelmente caso o valor caísse pela metade ou duplicasse. No entanto, se toda remuneração nos Estados Unidos fosse determinada da mesma forma, os salários logo deixariam de significar tanto. A economia se desmonetizaria, o instrumento impessoal que é o dinheiro seria substituído, na partilha de bens e serviços, pela influência pessoal e pelas relações políticas – precisamente o que ocorreu na União Soviética. Toda transação econômica se tornaria expressão do poder político.

O crescente espírito do coletivismo na Grã-Bretanha dos tempos de guerra fez com que Friedrich A. von Hayek, economista austríaco que lá se refugiara, escrevesse uma polêmica reação a essa tendência. *O Caminho da Servidão*, publicado em 1944, teve lançadas seis tiragens em seu primeiro ano, mas sua influência sobre as opiniões da maioria foi durante muito tempo insignificante. Hayek acreditava que, embora os intelectuais das democracias esquerdistas modernas – intelectuais que ele, com bastante desprezo, dizia serem comerciantes de ideias de segunda mão – não costumassem ter acesso direto ao poder, as teorias que difundiam entre a população acabavam por exercer uma influência profunda, e até mesmo determinante, sobre a sociedade. Os intelectuais têm muito mais importância do que parece.

Hayek, portanto, assustou-se ao ver a aceitação geral dos argumentos – ou pior, das suposições – coletivistas por parte de intelectuais britânicos de todas as classes. Ele já havia visto aquilo, ou ao menos assim acreditava, no mundo de língua alemã de onde viera; temia, portanto, que também a Grã-Bretanha trilhasse o caminho do totalitarismo. Na época em que escrevia, ademais, o "sucesso" das duas grandes potências totalitárias da Europa, a Alemanha nazista e a Rússia soviética, parecia justificar a opinião de que era necessário um plano que coordenasse a atividade humana rumo a um objetivo escolhido de maneira consciente. Para George Orwell, a diferença entre as duas tiranias era uma diferença de finalidades, e não de meios: ele via a Alemanha nazista como exemplo de eficiência econômica suscitada pelo planejamento central, mas deplorava os fins que essa eficiência almejava. Se a ideia por trás do nazismo era "a desigualdade humana, a superioridade dos alemães sobre todas as outras raças e o direito que a Alemanha tinha de dominar o mundo", o socialismo (do qual, é claro, a União Soviética era o único exemplo até então) ansiava por "um Estado mundial formado por seres humanos livres e iguais". Mesmos meios, diferentes fins. Nesse ponto de seu desenvolvimento intelectual, contudo, Orwell não viu nada que fosse intrinsecamente questionável nos meios, assim como também não percebeu que eles inevitavelmente conduziriam à tirania e à opressão, quaisquer que fossem os fins a que serviam.

Contra os coletivistas, Hayek empregou argumentos poderosos – e também óbvios, ao que me parece –, mas nem um pouco novos ou originais. Não obstante, muitas vezes – quiçá quase sempre – é mais importante recordar às pessoas antigas verdades do que apresentar-lhes verdades novas.

Hayek assinalou que a existência de um objetivo único em tempos de guerra era atípico; em épocas mais normais, as pessoas tinham propósitos muito mais variados – uma variedade infinita, na verdade –, e todo aquele que tivesse o poder de julgá-los em nome de um plano nacional consciente, permitindo alguns, mas proibindo a grande maioria, exerceria poder muito maior do que o mais abastado plutocrata das propagandas socialistas numa sociedade de livre mercado.

A afirmação de Orwell, para quem o Estado simplesmente calcularia o que se fizesse necessário, negligenciava graciosamente tanto as dificuldades do tema quanto as consequências que sua proposta traria para a liberdade. Os "cérebros dirigentes", como Orwell os chamou, teriam de decidir quantos pregadores de cabelo e quantos cadarços eram "necessários" à população sob seu domínio. Eles teriam de tomar milhões de decisões assim, coordenando ainda a produção dos componentes de cada um desses produtos com base em noções arbitrárias daquilo que seus concidadãos precisavam. O objetivo de Orwell, portanto, era uma sociedade em que as autoridades racionavam tudo de maneira rígida; para ele, assim como para incontáveis intelectuais semelhantes, somente o racionamento era racional. Não precisamos divagar muito para percebermos o que esse controle acarretaria para o exercício da liberdade. Entre outras coisas, às pessoas seriam conferidos trabalhos sem que suas preferências fossem levadas em consideração.

Segundo Hayek, o pensamento coletivista nascera da impaciência, da falta de perspectiva histórica e de uma arrogante crença no fato de que, por termos alcançado grau tão grande de progresso tecnológico, tudo deve estar suscetível ao controle humano. Embora passemos a considerar natural o progresso tão logo ele ocorra, nós acreditamos que os problemas sociais remanescentes são inéditos e anômalos, e assim propomos soluções que na verdade tornam mais difíceis novos progressos semelhantes àqueles que esquecemos já terem ocorrido. Ainda que todos percebessem a miséria causada pela Grande Depressão, por exemplo, poucos notaram que o padrão de vida continuou a aumentar para a grande maioria das pessoas. Se vivermos inteiramente no presente, como se o mundo tivesse sido criado do modo como hoje o encontramos, estaremos fadados a oferecer soluções que trazem consigo problemas ainda piores.

Em resposta ao desemprego desenfreado da década que precedeu a guerra e que W. H. Auden denominou "vil e desonesta", o Relatório

Beveridge sugeriu que era função do governo maximizar a segurança da renda e do emprego. Essa proposição seria necessariamente atraente àqueles que se lembravam do desemprego em massa e do colapso dos salários, mas, por mais nobre e generosa que pudesse parecer, estava equivocada. Hayek assinalou que dar trabalho a todos sem levar em consideração a demanda necessariamente estimularia uma grave inflação. Além disso, não é possível proteger o salário de determinado grupo de trabalhadores das flutuações do mercado sem penalizar outro grupo, do mesmo modo como é impossível discriminar positivamente aquele sem discriminar negativamente este. As coisas são assim, e não há quem tenha controle para mudá-las. Por conseguinte, não existe planejamento que possa tornar possíveis os objetivos de Beveridge, independentemente do quão desejáveis eles sejam em teoria.

No entanto, o fato de um objetivo ser logicamente impossível não significa que ele não influencie as ações dos homens. Como muito bem demonstra, talvez mais do que qualquer outra, a história do século XX, os objetivos impossíveis exerceram sobre a existência humana uma influência que é no mínimo tão grande quanto a influência de objetivos mais limitados e possíveis.

O aspecto mais interessante do livro de Hayek, porém, não é a refutação das ideias coletivistas – refutação que, por mais necessária que se fizesse no momento, não era de modo algum original. Antes, são suas observações acerca dos efeitos morais e psicológicos do ideal coletivista que, sessenta anos depois, ainda chamam atenção – pelo menos a minha.

Hayek acreditava ter observado, como resultado de suas aspirações coletivistas e das medidas coletivistas que já haviam sido sancionadas, uma importante mudança no caráter do povo britânico. Ele notou, por exemplo, que o *locus* do interesse moral das pessoas havia se alterado. Cada vez mais, era o estado da sociedade ou do mundo, e não suas próprias condutas, o que servia de estímulo para suas paixões morais. "É mais do que duvidoso, porém, que um avanço de cinquenta anos rumo ao coletivismo tenha elevado nossos padrões morais; talvez a mudança tenha se dado, antes, na direção oposta", escreveu. "Embora tenhamos o costume de nos orgulhar de uma consciência social mais sensível, esse orgulho não é justificado de modo algum por nossas condutas individuais." Na verdade, "talvez [...] a paixão pela ação coletiva seja uma forma de cedermos coletivamente, e sem remorsos, àquele egoísmo que havíamos aprendido a refrear um pouco como indivíduos".

Recorrendo a um exemplo trivial, é dever da prefeitura manter as ruas limpas. Por conseguinte, minha própria conduta nesse âmbito só pode ser moralmente irrelevante – o que sem dúvida explica por que tantos jovens bretões deixam hoje um rastro de lixo por onde passam. Se as ruas estão sujas, é da prefeitura a culpa. Na verdade, se alguma coisa está errada – minha dieta nada saudável, por exemplo –, a culpa é de outrem, sendo tarefa do poder público corrigi-la. Hayek, da perspectiva de um estrangeiro que adotara a Inglaterra como lar, pôde perceber ainda outra tendência que havia se tornado muito mais saliente desde então: "Há um aspecto da mudança dos valores morais suscitada pelo coletivismo que hoje desconcerta de modo especial: as virtudes cada vez menos estimadas, portanto mais raras, são precisamente aquelas de que o povo britânico com razão se orgulhava e nas quais todos acreditavam sobressair. As virtudes que os britânicos tinham em maior grau que grande parte dos outros povos [...] eram a independência e a autoconfiança, a iniciativa individual e a responsabilidade local [...], a não interferência em assuntos alheios, a tolerância para com os diferentes e excêntricos, o respeito pelos costumes e pela tradição, tal como uma saudável desconfiança do poder e da autoridade".

Hayek poderia ter acrescentado o senso de ironia – e, portanto, das limitações inerentes à existência – que antes prevalecia e impedia a população britânica de se deixar encantar por sonhos utópicos e expectativas pouco realistas. Além disso, as virtudes que Hayek observava nela, virtudes imortalizadas nas páginas de Jane Austen e Charles Dickens, eram precisamente as que minha mãe e sua prima observaram na Grã-Bretanha quando aí chegaram da Alemanha, em 1938, como refugiadas. Orwell também as via (e valorizava), mas, ao contrário de Hayek, não questionava de onde vinham; ele devia achar que essas virtudes eram uma essência nacional indestrutível, fornecida não pela história, mas pela geografia.

Os britânicos pouco mudaram desde a descrição que Hayek lhes dedicou. O senso de ironia é a primeira vítima dos sonhos utópicos.

A tolerância britânica para com a excentricidade também se esvaiu; uniformidade é o que agora deseja a população, que está informalmente preparada para impô-la. Os britânicos não toleram nenhum gosto ou aparência que difiram dos seus; decerto, nos recônditos mais baixos da sociedade, aqueles que são acentuadamente diferentes – seja em aparência, graças aos caprichos da natureza, seja em comportamento, graças a um possível gosto incomum, em especial no âmbito do refinamento – são impiedosamente ridicularizados, sofrem intimidações e até agressões físicas. É como se as pessoas achassem que a uniformidade na aparência, no gosto e no comportamento justificasse sua própria vida e que todo desvio trouxesse consigo uma censura implícita, quiçá até uma declaração de hostilidade. Um jovem paciente meu que desgostava do barulho, da vulgaridade e da subjacente violência dos clubes noturnos em que seus colegas de classe passavam as noites de sexta e sábado foi desprezado e ridicularizado até conformar-se: era difícil demais resistir. A pressão para que nos conformemos com os cânones do gosto popular – da falta de gosto, para sermos mais precisos – nunca foi tão forte. Os que não se interessam por futebol quase não ousam mencionar esse fato em público, uma vez que não querem ser tratados como inimigos do povo. Uma desalentadora uniformidade de caráter se consolidou numa terra que um dia foi mais rica em excêntricos do que qualquer outra. Basta de Edward Lears: nós hoje preferimos a notoriedade à excentricidade.

Os britânicos também deixaram de ser indivíduos firmemente independentes. Ao contrário do que aconteceria no passado, hoje eles não sentem vergonha ou desconforto algum em aceitar esmolas do governo. Com efeito, 40% deles as recebem atualmente: cada pai não tem direito apenas a um abatimento fiscal, mas também a receber determinada quantia, independentemente do estado de suas finanças. Quanto àqueles que, embora sadios e em plena condição de trabalhar, dependem completamente do Estado para sobreviver, estes se dão por satisfeitos quando recebem sua pensão no "dia do pagamento". Não veem diferença entre trabalho e parasitismo. "Receberei hoje", dizem, tendo não apenas aceitado, mas internalizado por completo a doutrina proposta pelo Relatório Beveridge segundo a qual é dever do Estado assegurar a todo cidadão um padrão de vida minimamente decente, independentemente de sua conduta. O fato de respirar dezesseis vezes por minuto, 24 horas por dia, é suficiente para garantir a cada um o seu mínimo – e, curiosamente, Hayek não viu risco nenhum nisso, chegando a endossar a ideia. Ele não percebeu que garantir um padrão de vida minimamente decente não desmoralizaria apenas aqueles que o aceitam, mas também aqueles que trabalham em ocupações mais subalternas e cuja remuneração lhes possibilita apenas um padrão de vida um pouco melhor do que o minimamente decente garantido aos outros apenas porque respiram.

De todo modo, Hayek não compreendeu muito bem a fonte da podridão coletivista na Grã-Bretanha. É verdade, claro, que uma sociedade individualista necessita de um mercado livre, ou ao menos quase livre; todavia, condição necessária não é condição suficiente. Não surpreende que Hayek tenha enfatizado os perigos da economia de planejamento central numa época em que uma figura tão proeminente quanto Orwell – amigo genuíno da liberdade pessoal, alguém que valorizava as peculiaridades da vida inglesa e que escreveu, de maneira comovente, sobre excentricidades nacionais, como o gosto por cartões-postais de praias vistosas e o amor por narrativas escolares – pudesse ignorar as pré-condições da liberdade individual inglesa, e de tal forma que chegou a escrever, apenas três anos antes da publicação do livro de Hayek: "A liberdade do indivíduo recebe quase o mesmo crédito que recebia no século XIX. Isso, porém, nada tem a ver com liberdade econômica, com o direito de explorar os outros por lucro".

É triste ver um homem como Orwell igualar lucro à exploração. Além disso, é bem verdade que após a guerra a Grã-Bretanha ignorou Hayek e, por um período, pareceu inclinada ao controle estatal daqueles que eram então chamados de "setores-chave da economia". O Partido Trabalhista não nacionalizou somente o sistema de saúde, mas também a extração de carvão, o fornecimento de eletricidade e gás, as ferrovias, os transportes públicos (incluindo as companhias aéreas), as telecomunicações e até grande parte da indústria automobilística. Não obstante, em momento algum se poderia dizer que a Grã-Bretanha estava trilhando o caminho totalitário.

O verdadeiro perigo era muito mais insidioso, e Hayek só o entendeu em parte. Ao contrário do que acreditava, a destruição do caráter britânico não vinha da nacionalização ou do planejamento central realizado à maneira nazista ou soviética. Com efeito, no fim das contas o coletivismo não se mostrou nem incompatível com um mercado livre ou quase livre, nem diametralmente oposto a ele.

Já em 1912, no livro O *Estado Servil*, Hilaire Belloc pressagiou exatamente essa forma de coletivismo. Como a maioria dos intelectuais da época, o autor censurava o capitalismo porque o julgava responsável pela pobreza e pela miséria encontradas nos bairros pobres de Londres. Sua visão era estática, e não dinâmica: ele não percebeu que o esforço poderia – e conseguiria – tirar as pessoas da pobreza, portanto defendia que o Estado liberal e adepto do *laissez-faire* – "mera anarquia capitalista", em suas palavras – não poderia nem deveria continuar. Belloc previu três resultados possíveis.

Sua solução favorita era mais ou menos a mesma que Carlyle propusera meio século antes: um retorno ao mundo medieval, supostamente estável e feliz, dos direitos e deveres recíprocos. Haveria guildas de artesãos e mercadores nas cidades, fornecendo sobretudo bens manufaturados uns para os outros e também para os fazendeiros do campo, que por sua vez lhes ofereceriam comida. Todos possuiriam ao menos uma propriedade, portanto certo grau de independência; ao mesmo tempo, não haveria nem plutocratas nem pobres. No entanto, por mais desejável que fosse, até Belloc sabia que essa solução era fantasiosa.

A segunda solução possível era a socialista: a expropriação total dos meios de produção acompanhada de sua posse pelo Estado, que supostamente os administraria segundo os interesses de todos. Belloc não sabia dizer se aquilo funcionaria, pois em sua opinião tratava-se de algo muito improvável: os proprietários dos meios de produção ainda eram fortes demais.

Só restava, portanto, a terceira solução, também a mais plausível. O efeito do pensamento coletivista sobre a sociedade capitalista não seria o socialismo, e sim algo bastante distinto, cujo esboço ele acreditava ter discernido no seguro-desemprego compulsório que haviam acabado de criar. Os meios de produção ainda estariam em mãos privadas, mas o Estado ofereceria aos trabalhadores certos benefícios para que se acalmassem e concordassem em não criar tumultos para cobrar a expropriação completa exigida pela propaganda socialista.

Ao contrário de Orwell e Beveridge, porém, Belloc percebeu que esses benefícios cobrariam seu preço: "Um homem tem sido obrigado pela lei a separar parte de seus salários como seguro contra o desemprego. No entanto, ele não é mais o juiz que decide como essas somas serão usadas. Elas não estão em sua posse; sequer estão nas mãos de alguma sociedade que ele possa controlar. A quantia cabe ao governo oficial. 'Ofereço-lhe este trabalho a 25 xelins por semana. Caso o recuse, não terá direito ao dinheiro que vem sendo obrigado a reservar. Aceitando-o, a soma estará à sua disposição, e quando julgar que seu desemprego não se deve à sua recalcitrância e à sua recusa em trabalhar, permitirei que recupere parte do valor; caso contrário, não a terá'".

Belloc intuiu que aquilo que se aplicava ao seguro-desemprego também se aplicaria às outras esferas em que o governo interferisse, e assim todos os benefícios que o Estado conferia, financiados pelos tributos compulsórios do contribuinte, na verdade retirariam o poder de decisão das mãos do indivíduo e o transfeririam às mãos do funcionário público. Embora os benefícios oferecidos pelo governo ainda fossem poucos na época em que Belloc escrevia, ele previu a existência de um Estado em que "toda a mão de obra é mapeada e controlada". Aos seus olhos, "o futuro da sociedade industrial, de modo particular o da sociedade inglesa, [...] é um futuro em que a subsistência e a segurança estarão garantidas para o proletariado, o que porém só se dará [...] mediante a fixação desse proletariado numa condição que, embora não seja assim nomeada, é na verdade uma condição servil". As pessoas perdem "a tradição da [...] liberdade, tornando-se assaz inclinadas a aceitar [sua condição servil] em virtude dos benefícios que ela confere".

Foi precisamente isso o que ocorreu com a enorme fração da população britânica que tem dependido do Estado de bem-estar social.

A ação estatal que deveria culminar na eliminação dos cinco gigantes de Beveridge – a Pobreza, a Doença, a Ignorância, a Imundície e a Desocupação – fez com que os habitantes da Grã-Bretanha de hoje só tenham ingerência em pouquíssimas coisas relevantes, até mesmo na esfera privada. Eles são educados pelo Estado (ao menos nominalmente), assim como seus filhos; o Estado os sustenta na velhice, tornando o ato de poupar desnecessário ou, em alguns casos, pouco econômico; o Estado lhes fornece tratamento e remédios quando doentes; se não forem capazes de ter uma casa decente, ganham moradia. Suas escolhas se resumem apenas ao sexo e às compras.

Não nos impressiona o fato de o caráter dos britânicos ter se alterado, de sua vigorosa independência ter sido substituída pela passividade, pelas lamúrias ou até mesmo, nas camadas mais baixas da sociedade, por um ressentimento rabugento, motivado pela sensação de que o suficiente ainda não foi nem está sendo feito em favor deles. Para os que se encontram em posição inferior, o dinheiro que recebem se assemelha a uma mesada, ao dinheiro que as crianças ganham de seus pais e que é reservado à satisfação de seus caprichos. Como resultado, eles se infantilizam. Quando se comportam irresponsavelmente – abandonando seus filhos, por exemplo, sempre que se tornam pais –, é porque as recompensas pelo comportamento responsável e as penas pelo comportamento irresponsável não existem mais. Essas pessoas acabam por viver num limbo no qual nada há que possam esperar e almejar nem temer e perder. A propriedade privada e o consumismo coexistem com o coletivismo, e para muitos, hoje, liberdade significa pouco mais que a capacidade de escolher entre alguns bens. O livre mercado floresceu ao lado do coletivismo que se justificava – e ainda se justifica, após anos de propaganda – pela necessidade de eliminar os cinco gigantes. Para a maioria da população britânica atual, a noção de que as pessoas poderiam resolver muitos dos problemas da sociedade sem a *Gleichschaltung* governamental – termo que os nazistas usavam para indicar a coordenação geral – é inteiramente estranha.

A grande maioria dos bretões, é claro, ainda não depende diretamente do Estado. "Apenas" um terço deles o faz: os 25% dos trabalhadores que são funcionários públicos (o governo aumentou esse número em quase um milhão desde 1997, decerto para elevar suas chances eleitorais) e os 8% da população adulta que está desempregada ou registrada como incapaz, dependendo inteiramente, portanto, das esmolas do governo.

O Estado, porém, se faz por demais presente em nossa vida – e não apenas em suas interferências, mas também em nossos pensamentos: afinal, nós bebemos de tal maneira nos poços do coletivismo que sempre vemos o Estado como a solução para todos os problemas, e nunca como um obstáculo a ser superado. É possível medir o quanto o coletivismo tomou conta de nossa alma – de modo que somos agora um povo do governo, para o governo e pelo governo – à luz de uma expressão estranha, mas caracteristicamente britânica. Nas raras vezes em que nosso ministro da Fazenda reduz um imposto, nós dizemos que ele "abriu mão do dinheiro". Em outras palavras, todo o dinheiro lhe pertence e tudo o que temos no bolso não passa daquilo que ele, por misericórdia e generosidade, nos concedeu.

Pai nosso, que estás na Downing Street...

2005

Como não agir

Não faz muito tempo que o governo britânico anunciou – tendo a oposição no Parlamento o forçado a isso – que em apenas um ano setenta prisioneiros, incluindo três assassinos e um número não revelado de ladrões, traficantes e detentores de passaportes falsos, haviam fugido de uma prisão de segurança mínima. Vinte e oito deles ainda se encontravam foragidos.

Que tantos tenham fugido sugeria que aquelas não eram as pessoas reformadas que justificavam níveis mais baixos de segurança; no entanto, como costuma acontecer na Grã-Bretanha, o embaraço temporário logo resvala num profundo esquecimento. O fato é que todo o episódio se encaixa no que esperamos de nossa administração pública, sem haver nele nada de extraordinário.

Na mesma semana, meus antigos colegas, médicos veteranos do hospital em que trabalhei até minha recente aposentadoria, receberam, junto com o contracheque mensal, um folheto que lhes oferecia, assim como a todos os outros empregados, aulas de alfabetização. Um pouco tarde, poderíamos dizer, em sua carreira na medicina.

Os médicos veteranos tinham a opção de frequentar até trinta horas de aulas gratuitas a fim de aprimorar sua capacidade na escrita e na matemática – aulas durante o horário de trabalho, claro. Nesses cursos, eles aprenderiam a soletrar ao menos algumas palavras, pontuar, somar, fazer frações e ler gráficos.

"Você tem um perfil IREGULAR [sic]?", perguntava o folheto, que então explicava: "Perfil iregular é o de quem é bom em ortografia, mas não sabe matemática e vise-versa [sic]". Caso desejasse frequentar as aulas, o leitor poderia se dirigir a ninguém menos que quatro membros da equipe do hospital, "contatos" que incluíam o coordenador de instrução vocacional e o coordenador de instrução não vocacional. Se porventura ninguém atendesse às ligações ou respondesse aos *emails*, o leitor poderia contatar uma das três agências centrais do governo que lidam com o problema dos funcionários iletrados e incapazes de fazer contas.

Esse era de fato um caso de lunáticos tomando conta do hospício, mas havia mais ignorância e incompetência naquele panfleto do que os olhos podiam ver. Essa ignorância e essa incompetência se mostram hoje tão sistemáticas e difundidas no serviço público britânico que, se não são fruto de uma política pensada, poderiam muito bem sê-lo. Com efeito, vemos hoje uma relação profundamente catalítica entre a corrupção intelectual, moral e econômica do serviço público britânico e a degeneração do caráter moral nacional. Qual de seus vários fatores teve precedência, sendo portanto a causa primeira, não é algo fácil de ser descoberto; como sempre, desconfio de que o erro intelectual esteja na raiz da maioria dos males. No entanto, o porquê de um erro assim ter encontrado aceitação tão imediata levanta o espectro de uma explicação regressiva infindável, a qual talvez só possamos evitar evocando uma abordagem dialética.

Três livros recém-publicados nos fazem discernir a natureza da corrupção suscitada pela crescente extensão da responsabilidade que o governo britânico arroga para si, ao mesmo tempo que esclarecem o impacto dessa expansão governamental sobre a população. Ao terminar de lê-los, não sabemos ao certo se é Gogol, Kafka ou Orwell quem melhor compreende a realidade britânica de hoje. Gogol registra muito bem sua absurdez; Kafka entende a angústia causada pela percepção de que há forças sinistras, mas não identificáveis, por trás do que está ocorrendo; e Orwell nos ajuda a avaliar, e às vezes até admirar, a audácia com que o oficialismo deforma a linguagem, levando-a a significar o oposto do que significava antes.

Dois desses livros foram escritos por homens que trabalham na linha de frente do serviço público: um, na força policial; o outro, na educação.

Como eu, escondem-se atrás de um pseudônimo. Ao relatar cada um sua rotina, o policial David Copperfield e o professor Frank Chalk demonstram como o Estado britânico funciona – ou melhor, opera – hoje, exercendo sobre o caráter britânico um impacto devastador.

Copperfield, cujo livro tem como título *Wasting Police Time* e cujo *website* é de tal maneira inoportuno para os políticos no poder que eles se sentem obrigados a depreciá-lo no Parlamento, é um condestável comum que trabalha numa cidade britânica igualmente comum. Tal qual esclarece no livro, muito pouco do seu tempo é gasto em atividades capazes de impedir crimes, de descobrir quem os havia cometido ou de levá-los à justiça. Sua iniciação na cultura da incompetência burocrática politicamente correta se deu logo quando de seu ingresso: ingênuo, ele supusera que o principal objetivo de seu trabalho seria proteger o público mediante a supressão de transgressões, e não, como acabou por descobrir, "mudar o mundo racista, homofóbico e misógino em que vivíamos". Seus primeiros três dias de treinamento foram dedicados ao preconceito e à discriminação – tratava-se, em suma, de um "treinamento sobre a diversidade". Jamais houve um treinamento dedicado à investigação de crimes, parte menor e secundária do trabalho policial na Grã-Bretanha moderna.

Obrigatória e de inspiração política, a obsessão pelo racismo se faz manifesta no discurso servilmente embaraçoso e complacente que Clive Wolfendale, o vice-chefe dos condestáveis (vice-chefe da polícia) do norte de Gales, proferiu na reunião inaugural da Associação de Policiais Negros da região. Copperfield revela que ele decidira falar aos oficiais negros usando versos de *rap*, o que é tão educado quanto dirigir-se a Nelson Mandela em *pidgin*. Eis um dos trechos do discurso:

> *Ponham as câmeras e os cadernos para lá.*
> *Tem uma história que preciso te contar.*
> *Ser tira pro negão não é moleza.*
> *Se não se emenda, eles pedem sua cabeça.*
> *É melhor ficar de boa e indiferente,*
> *Em Colwyn Bay ainda não tem lugar pra gente.*

Isso deve ter encorajado bastante os oficiais negros: se o vice-chefe (branco) dos condestáveis, em sua desastrada tentativa de demonstrar-lhes alguma afeição, os tivesse chamado de bando de macacos, dificilmente teria sido mais claro. Seu discurso revela algo de que eu já suspeitava fazia tempo: o antirracismo é o novo racismo.

Trata-se, também, de uma oportunidade de emprego e de uma forma de evitar o trabalho. Copperfield relata que, em 1999, um policial disse a um motorista negro que não quis responder a uma pergunta: "Certo, então você, além de negro, é surdo". O relatório da investigação oficial que se seguiu à queixa tinha 62 páginas de anexos, vinte páginas com declarações de testemunhas e 172 páginas de entrevistas transcritas. Dezenove meses se passaram até que os procedimentos legais e disciplinares tivessem fim.

Nesse ínterim, enquanto a polícia dedica grandes energias (e somas) a incidentes assim, crimes como roubos e assaltos continuam a crescer inexoravelmente, transformando grande parte do país numa área proibida a todos, menos aos bêbados ou aos que têm propensão à violência.

Copperfield, que ingressara na polícia repleto de idealismo, logo percebeu (como não o faria?) que concluir procedimentos burocráticos é hoje mais importante para a polícia que qualquer outra coisa. Tudo está em ordem quando os formulários são preenchidos corretamente. Tão numerosos e variados são eles que, para processar uma única prisão, até seis horas se fazem necessárias. Copperfield nota que, em sua delegacia, há mais não policiais do que oficiais uniformizados; destes últimos, a grande maioria fica presa às suas mesas. O estacionamento da delegacia permanece cheio durante todo o horário do expediente, de segunda a sexta, enquanto só há três ou quatro policiais para patrulhar as ruas de toda a cidade – em carros, é claro, jamais a pé.

O autor descreve a corrupção intelectual e moral que toda essa burocracia traz consigo. Vejamos, por exemplo, a chamada investigação administrativa, a qual permite que a polícia e seus mestres políticos enganem o público quanto à seriedade e à eficiência com que as autoridades enfrentam a criminalidade. Eis como ela funciona: alguém chama a polícia para resolver uma briga insignificante – um vizinho que acusa o outro de comportamento agressivo, por exemplo, o qual por sua vez acusa o acusador.

Os policiais registram as duas queixas como crimes e recolhem declarações de cada testemunha possível. Isso, é claro, pode tomar muito tempo, visto que todas as testemunhas provavelmente já terão se dispersado quando da chegada dos oficiais. É preciso encontrá-las e contatá-las, e, uma vez que a polícia de hoje é tão sensível aos desejos do público, horários mutuamente convenientes devem ser agendados para a coleta das declarações.

Depois de a polícia ter enfim reunido todas as informações, os policiais as redigem; obviamente, porém, acusação nenhuma se segue, visto que nessa altura os queixosos já terão retirado sua queixa; além disso, as autoridades responsáveis pela acusação veem tudo isso como trivial demais para valer um julgamento. Não obstante, registram-se os dois crimes como resolvidos. E, uma vez que os políticos no poder julgam o desempenho policial de acordo com a proporção de casos solucionados, os policiais não dão muita atenção à maioria dos crimes reais, pois a investigação é difícil e o sucesso bastante incerto.

A inutilidade de uma força policial que outrora suscitava admiração no mundo inteiro é hoje reconhecida por todo bretão que só chama a polícia para conseguir um número que possa enviar à seguradora, e não na crença – nem na esperança – de que algum esforço será feito para investigar o crime. Isso não acontece porque todo policial é preguiçoso, mal-intencionado, corrupto ou tolo, embora isso também seja possível; com efeito, o sistema em que ele trabalha lhe impõe todos os efeitos (ou defeitos) das mesmas qualidades. O policial Copperfield é claramente um homem que deseja fazer um bom trabalho, a exemplo de todos os policiais que já conheci; o sistema, porém, o impede de maneira ativa e deliberada.

Certa feita, dois policiais à paisana perceberam que, enquanto esperava na sala de espera para entrevistar um homem na prisão, eu tinha o livro de Copperfield diante dos olhos. Eles haviam lido a obra, e então lhes perguntei se o que Copperfield escrevera era verdade. "Tim-tim por tim-tim", responderam.

O livro de Frank Chalk *It's Your Time You're Wasting* conta essencialmente a mesma história, desta vez no âmbito da educação. Decerto exige explicações o fato de, num país que gasta 5.200 libras por ano, durante onze anos, com a educação de cada criança, um quinto delas deixar a escola praticamente incapaz de ler ou escrever, quanto mais de fazer simples cálculos aritméticos. É necessária uma organização considerável para alcançar tão pouco, em especial quando os meios pelos quais quase todas as crianças aprendem a ler em alto nível são muito bem conhecidos. Apesar de sua população estar entre as mais pobres da Escócia, a pequena jurisdição educacional de West Dumbarton praticamente eliminou o analfabetismo das crianças, valendo-se para isso de métodos simples e gastando exatamente 25 libras por aluno.

A corrupção intelectual do sistema educacional inglês está quase completa (o sistema escocês é um pouco melhor). Temos, por exemplo, uma inspetoria escolar incumbida de manter os padrões. Todavia, com semanas de antecedência notifica cada escola que irá visitar da inspeção iminente, dando muito tempo para que até os administradores mais torpes construam uma aldeia Potemkin. Além disso, ela critica tudo o que não deve: os inspetores censuram Frank Chalk, por exemplo, por ter obrigado sua turma à disciplina e, assim, refreado a espontaneidade e a criatividade das crianças — as quais, nas circunstâncias da escola de baixa renda em que leciona, se expressam sobretudo por meio do vandalismo. A inspetoria escolar, portanto, parece acreditar na veracidade da máxima proferida pelo anarquista Bakunin: a força destrutiva é também força criativa.

Como epígrafe do livro, Chalk cita o vice-primeiro-ministro britânico John Prescott. Nas imortais palavras desse grande homem, que nos revelam tudo o que há para ser revelado a respeito do calibre do governo britânico: "Se você constrói uma escola e ela se torna boa, corre o grande risco de todo mundo querer estudar lá". E isso jamais funcionaria.

No mundo de ponta-cabeça da atual administração pública britânica, nada é tão bem-sucedido quanto o fracasso, pois o fracasso cria trabalhos para ainda mais funcionários e confere ao governo papel ainda mais providencial. Um pequeno que não aprende a ler como deveria muitas vezes se comporta mal na escola e, assim, fica sujeito (ou seria objeto?) a investigações de psicólogos da educação e assistentes sociais. Na descrição de Chalk, eles sempre acreditam que a criança sofre de baixa autoestima e, portanto, só deveria frequentar as aulas para as quais se sente preparada.

A chamada equipe de gerenciamento sênior — formada por professores que se refugiaram num papel amplamente administrativo — lida com todos os problemas disciplinares por meio do apaziguamento, visto não ter à disposição nenhum outro método que lhe seja permitido.

Impera em toda parte uma ideologia perversa na qual não há espaço para a verdade e para probidade. Ao avaliar o trabalho das crianças, Chalk deve tecer apenas comentários favoráveis, destinados a massagear-lhes o ego em vez de melhorar seu desempenho. Os exames públicos não têm mais como objetivo avaliar os feitos educacionais de acordo com um padrão invariável, e sim fornecer ao governo estatísticas que revelem resultados cada vez melhores. Em busca dessa excelência, não apenas os exames exigem menos das crianças; também os trabalhos escolares, que na verdade podem ser feitos pelos pais ou até pelos professores, desempenham papel importante nas avaliações que as crianças recebem — estas, por sua vez, são avaliadas pelos mesmos professores julgados nas avaliações de seus alunos. O resultado, claro, é um pântano de corrupção. Arrastando-se nele, os professores se tornam extremamente cínicos e oportunistas, privados de respeito por si próprios.

Um emblema perfeito do caráter gogoliano, kafkiano e orwelliano da administração pública britânica é o termo "inclusão social" tal qual aplicado na área da educação. As escolas não podem mais excluir os alunos que tumultuam o ambiente — o que seria o oposto da inclusão social —, de modo que um punhado de crianças assim pode inutilizar centenas, milhares até, de horas de instrução para uma grande quantidade de colegas que, por conseguinte, têm menos chances de ser bem-sucedidos na vida. Professores como Chalk são forçados a lecionar para classes mistas, as quais podem incluir até os deficientes mentais (tendo sido fechadas, em nome da inclusão social, as escolas especiais que lhes eram dedicadas). As crianças mais inteligentes da turma se enchem de tédio enquanto o professor luta incessantemente para infundir, na cabeça dos menos inteligentes, aquilo que os alunos inteligentes há muito já assimilaram. Ninguém ensina aos inteligentes o que eles poderiam aprender, ao mesmo tempo que aqueles que não o são recebem o que não conseguem assimilar. Como resultado, temos o caos, o ressentimento, o desafeto e o desespero.

A Grã-Bretanha tem, hoje, mais burocratas da educação do que professores, assim como tem mais administradores no sistema de saúde do que leitos hospitalares. Nenhum fracasso autoevidente ou completamente previsível, nenhuma catástrofe suscitada sob as ordens de seus mestres políticos jamais lhes afetam a carreira, e isso se dá, em parte, porque eles pulam de cargo em cargo com tal velocidade que ninguém nunca é responsabilizado por nada. O hospital público em que minha esposa trabalhou como médica antes de sua recente aposentadoria construiu uma extensão de 28 milhões de libras, mas aquilo que se fazia imperativamente necessário para a saúde da população local seis anos antes tornou-se proporcionalmente supérfluo quatro anos depois: a extensão precisou ser fechada com urgência embora os burocratas no comando dessem garantias públicas de que estavam "fervorosamente" comprometidos com o bem-estar dos munícipes. Como era de esperar, ninguém jamais foi responsabilizado por esse custoso fiasco, que refletia a absurdez retratada por Gogol, os perigos evocados por Kafka (os empregados, como um todo, receavam demais por sua carreira para falar abertamente) e a mendacidade dramatizada por Orwell.

O porquê de fracassos dispendiosos terem importância vital para o governo britânico – na verdade, para qualquer governo que se declare responsável por quase tudo, da dieta nacional ao modo como as pessoas pensam – é vislumbrado em *Plundering the Public Sector*, último livro do consultor empresarial David Craig. Craig cataloga o que à primeira vista parece ser uma incompetência quase incrível, por parte do governo britânico, de "modernizar" a administração pública. No âmbito da tecnologia da informação, por exemplo, nenhum projeto em larga escala instituído pelo governo deu certo. O Serviço Nacional de Saúde gastou 60 bilhões de libras num sistema unificado de tecnologia da informação, mas não há parte dele que de fato funcione. Projetos são cancelados dia após dia mesmo depois de terem sido gastas quantias que vão de 400 milhões a 500 milhões de libras. No setor público britânico, modernização nada mais é do que atraso e ineficiência obtidos a custos colossais.

Como explicar isso? Aprendi uma ótima lição vinte anos atrás, enquanto trabalhava na Tanzânia. Esse país repleto de bens e beleza fora destruído e pauperizado de maneira desconcertante. Um fragmento de espelho era um bem precioso; o salário de um dia só possibilitava a compra de um ovo no mercado aberto. Nada, nem mesmo itens mais básicos como sabão ou sal, estava ao alcance da maior parte da população.

No início, passei a achar que o presidente Julius Nyerere, reverenciado nos círculos "progressistas" como alguém que estava a meio caminho entre Jesus Cristo e Mao Tsé-tung, era um completo incompetente. Como ele poderia harmonizar a situação do país com seu falatório sobre o desenvolvimento econômico e sobre uma prosperidade aplicável a todos? Não tinha ele olhos para ver, ouvidos para ouvir?

Em seguida, porém, com uma demora que reconheço vergonhosa, ocorreu-me que, se abandonássemos a premissa absurda de que ele de fato estava tentando alcançar o que declarava, um homem que estivera no poder por quase 25 anos sem praticamente ter um só adversário não poderia ser considerado incompetente. Para conservar-se no poder, que método seria melhor do que ter um partido político onipotente distribuindo favores econômicos em tempos de escassez generalizada? Isso explicava como e por que os oficiais do governo eram gordos num país de magros involuntários. Não se tratava de incompetência; tratava-se, antes, de uma competência da mais alta ordem. Infelizmente, essa competência era ruim para a população em geral.

O esquema na Grã-Bretanha é bastante diferente, claro. (A propósito, não é preciso acreditar que tais esquemas sejam desenvolvidos de maneira consciente; eles são inerentes ao estatismo que muito políticos adotam de maneira natural, em virtude da importância que atribuem a si mesmos.) Os elos que vinculam o governo aos consultores que o aconselham em suas estratégias sempre fracassadas de modernização são elos de ouro. Como demonstra Craig (ainda que sem entender todas as suas implicações), os consultores necessitam do fracasso da Grã-Bretanha a fim de perpetuar os contratos que, de maneira ultrajante, lhes permitem cobrar praticamente a seu bel-prazer (Craig sugere que até agora desapareceram 140 bilhões de libras, sem que haja fim algum em vista); o governo, por sua vez, pode gozar de uma clientela rica mas extremamente dependente.

A beleza do sistema está em que a dependência do fracasso dispendioso chega a postos bastante baixos da administração – a todos aqueles "civis" (nome dado aos que trabalham para a polícia sem ser policiais) da delegacia do condestável Copperfield, por exemplo, tal como aos psicólogos da educação que Frank Chalk ridiculariza. O Estado se tornou um sistema de patronagem amplo e intricado, de cuja influência só poucos conseguem escapar por completo. Trata-se de um Estado essencialmente corporativista: o governo central, ávido por poder, se coloca como autoridade em todas as questões, declarando-se onicompetente tanto no plano moral quanto no plano prático; além disso, valendo-se da taxação, do licenciamento, da regulação e da burocracia, ele destrói a independência de todas as organizações que intervêm entre ele e cada cidadão. Se conseguir arrastar um número suficiente de cidadãos à dependência, o governo central pode permanecer no poder, se não para sempre, no mínimo por um longo período de tempo, ao menos até que uma crise ou um cataclismo imponha mudanças.

No fim da cadeia de patronagem do Estado britânico se encontra a classe baixa, cujos membros (para mudarmos um pouco a metáfora) são os escaravelhos de todo o ecossistema corporativista. Por mais empobrecidos e humilhados que venham a ser, eles desempenham papel essencial para o sistema como um todo, uma vez que sua existência fornece as provas ideológicas que explicam a necessidade de um governo providencial e justifica muitas oportunidades de emprego por si sós. Tanto Copperfield quanto Chalk descrevem com enorme eloquência o que eu mesmo tenho visto no estrato mais miserável da sociedade: uma quantidade enorme de pessoas que se corromperam até o último fio de cabelo por ter sido privadas de responsabilidade, propósitos e respeito próprio, mostrando-se vazias tanto de esperança quanto de medo, vivendo tão próximas do purgatório quanto de qualquer lugar aonde a sociedade moderna pode chegar.

Obviamente, o sistema corporativista, ao menos em sua forma britânica, é um castelo de cartas – ou um esquema em pirâmide, se buscarmos analogia mais adequada. Centenas de milhares de pessoas são empregadas para executar tarefas que não são apenas inúteis: também atrapalham atividades reais e se mostram economicamente contraproducentes. A burocracia se insinua nas fendas mais diminutas da vida cotidiana. Ao alugar uma casa recentemente, descobri, por meio de um corretor imobiliário, que o governo envia inspetores disfarçados de possíveis inquilinos para que verifiquem se o estofamento das cadeiras tem retardadores de chama. Eles não têm nenhuma outra função. Os regulamentos mudam tanto quanto os mapas meteorológicos que vemos na televisão, criando a necessidade de mais inspeções e mais inspetores. Normas recentes destinadas aos proprietários excedem mil páginas em texto apertado; enquanto isso, a Grã-Bretanha continua tendo uma reserva habitacional decadente e aluguéis que estão entre os mais caros do mundo.

O governo precisa financiar de alguma forma a atividade que é supostamente realizada em benefício da população. De uma só vez, ele está comprometido com uma despesa pública gigantesca e com o controle, apenas aparente, de suas dívidas. Ele reconcilia o irreconciliável ao não incluir as pensões obrigatórias e extravagantemente generosas do serviço público em seu cálculo de gastos – pensões que, se devidamente explicadas, correspondem hoje a quase 56% do PIB. Tampouco é incluído o recurso cada vez maior do governo ao financiamento privado de instituições governamentais, o que o obriga a enormes despesas futuras sem, porém, que os custos capitais tenham de constar nos relatórios nacionais.

Em outras palavras, o governo transformou as últimas e cínicas palavras de Luís XV, monarca absoluto do século XVIII, no princípio que pauta sua política: *après nous, le déluge*.

2007

Uma obra-prima profética e violenta

Quando eu, ainda aluno de medicina, saí do cinema depois de assistir ao controverso *Laranja Mecânica*, de Stanley Kubrick, fiquei impressionado e assustado ao ver um grupo de jovens vestidos como *druguis*, os brutamontes adolescentes que, na história, se deleitavam com o que chamavam de "ultraviolência".

O filme teve recepção controversa na Grã-Bretanha; seus detratores, que o desejavam banido, afirmavam que glamorizava a violência e, assim, a promovia. Os jovens vestidos de *druguis* pareciam confirmar essa acusação, embora uma coisa seja imitar uma forma de se vestir e outra, bastante diferente, imitar um comportamento. Não obstante, até uma identificação meramente indumentária com a violência psicopática não deixava de me desconcertar, visto sugerir uma simpatia imaginativa por essa violência. Ver aqueles jovens do lado de fora do cinema me fez notar, pela primeira vez, que a arte, a literatura e as ideias podem ter consequências sociais profundas – e não necessariamente positivas. Um ano depois, um grupo de jovens estuprou uma menina de dezessete anos na Grã-Bretanha enquanto cantavam *Singin' in the Rain*, reproduzindo assim, na vida real, uma das cenas mais notórias do filme.

O autor do livro, Anthony Burgess, polímata que chegou a escrever cinco volumes num só ano, nutria intenso desgosto por essa obra – e não porque a versão para o cinema pudesse lhe causar algum prejuízo prático, mas porque não desejava ser incluído na história da literatura como o autor de um livro que se tornou famoso ou notório em virtude de um filme. Independentemente do valor de suas outras obras, porém, *Laranja Mecânica* continua sendo um romance de imensa força. Linguisticamente engenhoso, socialmente profético e filosoficamente profundo, ele chega muito perto de ser uma obra de gênio.

A narrativa, ambientada na Inglaterra de um futuro próximo (o livro foi publicado em 1962), é simples. Alex, o precoce narrador, psicopata de quinze anos que não nutre nenhuma compaixão pelos outros, lidera sua pequena gangue numa série de atos de violência gratuita em que seus membros muito se deleitam. Preso, enfim, após cometer um assassinato, ele é encaminhado para a prisão, onde, após outro homicídio, as autoridades propõem libertá-lo caso se submeta a uma forma de condicionamento aversivo denominado Método Ludovico. Quando solto, porém, Alex tenta o suicídio pulando de uma janela, o que lhe causa um dano na cabeça que desfaz o condicionamento contra a violência. Mais uma vez, ele se torna líder de uma gangue.

No capítulo final da versão britânica do livro, Alex rejeita novamente a violência, desta vez por descobrir de maneira espontânea, em si mesmo, uma fonte de ternura humana que suscita nele o desejo de constituir família e ter um filho. Na edição americana – a edição utilizada por Stanley Kubrick –, esse último capítulo não existe: Alex não se redime pela segunda vez, mas volta, ao que parece de uma vez por todas, a regozijar-se com a violência arbitrária e antissocial. Nesse caso, são os britânicos os otimistas, e os americanos os pessimistas: a editora americana de Burgess, querendo que o livro não tivesse final feliz, omitiu o último capítulo.

Burgess, que a exemplo de William Golding, autor de *O Senhor das Moscas*, fora professor de escola primária, evidentemente percebeu um movimento de revolta entre os jovens de seu país e de outras partes do Ocidente – revolta pela qual ele, homem profundamente inconvencional que se sentia forasteiro independentemente do quão rico ou famoso se tornara, que bebia intensamente tanto do poço do ressentimento quanto da garrafa de bebida, nutria um pouco de compaixão, e de alguma forma deve até ter ajudado a fomentar esse sentimento. Não obstante, fincado profundamente nas raízes da cultura e da tradição literária, Burgess compreendeu a importância do deslocamento da autoridade cultural dos mais velhos para os mais jovens e tinha poucas esperanças em relação às consequências. Ele achava que essa mudança criaria um inferno na terra e destruiria tudo aquilo pelo qual tinha apreço.

Burgess marca a diferença entre os jovens protagonistas e os personagens mais velhos de seu romance mediante a adoção de uma gíria nova e de um novo código de vestimenta. Vital para grupos que se opõem à sociedade dominante, o jargão lhes permite identificar os que pertencem ao grupo e se comunicar com eles, além de excluir os que são de fora. Embora eu tenha trabalhado numa prisão durante catorze anos, por exemplo, jamais compreendi a linguagem que os prisioneiros usavam quando, aos berros, se comunicavam de andares ou edifícios diferentes. Aquele era o modo como resistiam à dominação. Nas *banlieues*, *les jeunes* usam gírias que derivam de palavras soletradas e pronunciadas de trás para a frente, totalmente incompreensíveis pelos francófonos instruídos. Pessoas de ascendência jamaicana utilizam patoás quando não desejam ser compreendidas por outrem. A gíria e os objetivos criminosos, é claro, andam lado a lado há muito tempo, e a importância que Burgess atribui à nova linguagem coloquial em *Laranja Mecânica* sugere que ele via a revolta juvenil mais como uma expressão de autocomplacência e criminalidade do que como uma expressão de idealismo – foi esta última visão, mais rasa, que acabou por se tornar ortodoxa entre os intelectuais não muito tempo depois do lançamento da obra.

Burgess logrou algo extraordinário ao criar, mais ou menos *ex nihilo*, um jargão novo e completamente convincente. *Nadsat* (palavra russa para "adolescente"), como seus falantes a chamam, é uma mistura de palavras russas anglicizadas – e, no auge da Guerra Fria, particularmente perturbadoras – com gírias *cockney* rimadas. Como invenção linguística, equipara-se à novilíngua de Orwell. Alex, o narrador, apesar de ter sangue-frio e ser autocentrado, é um garoto inteligente que se expressa com grande eficácia. O vocabulário inteiramente incompreensível no início torna-se tão comum no fim do livro que o leitor até esquece que jamais precisou aprendê-lo: ele parece completamente natural logo depois das cem primeiras páginas. Na página inicial, na qual Alex explica que sua gangue planeja um assalto, ele diz:

> [N]ão havia realmente necessidade, do ponto de vista de krastar [roubar] mais tia pecúnia [dinheiro], de dar um toltchok [choque] em algum vekio [velho] num beco e videá-lo [vê-lo] nadar no próprio sangue enquanto a gente contava a pilhagem e dividia em quatro, nem ultraviolentar alguma ptitsa [mulher] tremelique [velha] de cabelos branquinhos em uma loja e sair smekando [gargalhando] com as tripas da caixa registradora.[1]

Obviamente, a falta de uma "necessidade" real não impede Alex e sua gangue de perpetrar um assalto violento e cruel, uma vez que a crueldade e a violência são um fim em si, e desfrutadas com alegria. Não era para Burgess a ortodoxia progressista segundo a qual a privação econômica e a falta de oportunidades constituíam as verdadeiras causas do crime.

A gíria solipsista e desumanizante da gangue reflete sua frieza. Relação sexual, por exemplo, se torna o "velho entra-sai-entra-sai", termo que não faz referência alguma ao outro participante, tratado apenas como objeto. Sem nenhum outro motivo além do livre fluir da malevolência e do prazer obtido pela crueldade, a gangue ataca um professor que está levando para casa alguns livros da biblioteca:

> Pete segurou as rukas [mãos] dele, Georgie abriu sua rot [boca] e Tosko arrancou seus zubis [dentes] falsos, os de cima e os de baixo. Jogou-os na calçada e então eu apliquei neles o bom e velho tratamento esmaga-botas, embora fossem difíceis de quebrar [...]. O vekio [velho] começou a fazer uma espécie de shons [sons] abafados – uuf uaf uof – então Georgie soltou os gubers [maxilares] dele e simplesmente deixou que ele levasse uma na rot sem dentes com seu punho cheio de anéis. Isso fez o vekio gemer muito na hora, e foi aí que brotou o sangue, meus irmãos, muito lindo.

---

[1] Os trechos da obra aqui reproduzidos vêm de Anthony Burgess, *Laranja Mecânica*. Trad. Fábio Fernandes. São Paulo, Aleph, 2004. (N.T.)

Não creio que a falta de compaixão pelos outros tenha um dia sido exprimida com tanta força.

Burgess intuiu, com precisão quase profética, tanto a natureza quanto as características que a cultura juvenil assumiria se deixada por si só, assim como o tipo de sociedade que poderia resultar caso essa cultura prevalecesse. Os adultos, por exemplo, passam a temer os jovens e a fazer tudo o que desejam – algo que decerto aconteceu na Grã-Bretanha, onde hoje os adultos, com medo de ser esfaqueados caso ajam de outro modo, desviam o olhar enquanto a juventude pratica atos antissociais, ou onde mães angustiadas e deferentes perguntam a seu petulante filho de cinco anos o que ele gostaria de comer, na esperança de evitar ataques de raiva. Como resultado, os adolescentes e jovens encaram qualquer negativa como um crime de lesa-majestade, como um desafio à integridade de seu ego. Quando me negava a prescrever os remédios que os jovens desejavam, mas dos quais eu não via nenhuma necessidade, eles às vezes me perguntavam, descrentes: "Não? Como assim 'não'?". A negativa não era, para eles, um conceito familiar. E, em certo sentido, era indiferente, uma vez que um jovem como aquele logo encontraria um médico a quem pudesse intimidar, fazendo-o prescrever tudo que desejasse. Burgess não se surpreenderia com isso: ele já o havia previsto.

Quando Alex e sua gangue entram num bar – eles são menores de idade, mas ninguém se atreve a contestá-los –, o grupo espalha medo apenas por estar ali.

> Agora nós éramos malchiks [meninos] muito bonzinhos, sorrindo e dizendo a todos – olá, como vai, vai bem? –, embora as velhas lamparinas enrugadas [pessoas] tivessem começado a tremer na base, segurando os copos com as rukas velhas tremendo e fazendo a espuma [bebida] derramar na mesa. – Deixa a gente em paz, garoto – disse uma delas que tinha um rosto que parecia um mapa de mil anos de idade. – Somos só umas pobres velhas.

Intimidação dos mais velhos e o próprio desprezo pela velhice são parte essencial da cultura juvenil: não é à toa que as velhas estrelas do rock são eternos adolescentes – enrugados e artríticos, mas presos a poses juvenis. Velhice, para eles, nada mais é do que indignidade.

Os pais de Alex (o que Burgess não previu foi a ascensão dos pais solteiros) têm medo do filho. Ele chega tarde, escuta música alto, mas "Pê e eme [Papai e Mamãe] [...] já tinham aprendido a não bater na parede se queixando do que chamavam de barulho. Eu tinha ensinado a eles. Agora eles tomavam pílulas pra dormir". Quando o pai de Alex quer saber o que ele faz toda noite – recorde-se que Alex tem apenas quinze anos –, ele o faz na defensiva e de modo deferente: "– Não é que eu queira me meter, meu filho, mas onde exatamente você vai trabalhar à noite? (...) Meu pai era assim muito humildezinho. – Desculpe, meu filho – disse ele –, mas é que às vezes eu fico preocupado".

Quando, numa inversão simbólica da direção da autoridade, Alex oferece dinheiro (roubado, é claro) a seu pai para comprar bebida no bar, seu pai lhe diz: "Obrigado, meu filho. [...] Mas agora a gente quase não sai. Não temos coragem de sair, as ruas estando do jeito que estão. Rapazes desordeiros e tudo isso. Mesmo assim, obrigado".

Em 1962, ainda era inimaginável a ideia de que, na prática, os jovens um dia obrigariam os velhos da Grã-Bretanha a um toque de recolher; Burgess, porém, vendo diante de si a nuvem do tamanho da mão de um homem, imaginou muito vividamente esse resultado. Com a imaginação de um profeta, ele percebeu o que aconteceria quando a nuvem crescesse até cobrir todo o céu.

Com tal presciência, o autor anteviu muitos outros aspectos da cultura juvenil do futuro: por exemplo, a importância que teriam as drogas capazes de alterar o estado mental e a música pop industrializada. (Burgess não sugeriu, porém, que a alta cultura estava necessariamente se enobrecendo. Alex, muito superior a seus seguidores em inteligência, é fanático por música clássica, mas ouvi-la só aumenta sua ânsia por violência. Decerto Burgess tinha em mente aqueles nazistas que ouviam emocionados os *Lieder* de Schubert depois de um dia inteiro de genocídio.)

Burgess previu a importância que a cultura juvenil atribuiria à precocidade sexual e a uma espécie de conhecimento desabusado. Numa notável cena de estupro, Alex conhece duas meninas de dez anos que, a exemplo dele, estão matando aula numa loja de discos, onde escutam canções pop com títulos sugestivos, como *Night After Day After Night*.

> Via-se que elas achavam que já eram realmente devótchecas [meninas] crescidas, requebrando os quadris quando viram o Vosso Fiel Narrador, irmãos, e grudes [seios] com enchimento, vermelho plochado nos gúberes [lábios]. (…) [E]las se videaram [olharam] entre elas como verdadeiras sofisticadas (…). Tinham as mesmas ideias, ou falta de, a mesma cor de cabelo, assim uma tintura cor de palha. Bem, hoje elas iam crescer de verdade. (…) Nada de escola depois daquela merenda, mas instrução, garantida, com Alex de professor.

A instrução que receberiam naquela tarde consistia em estupros sucessivos realizados por um jovem de quinze anos já experiente.

Burgess não ficaria chocado ao ver que revistas dedicadas a meninas de dez ou onze anos estampam hoje conselhos sobre como se tornar sexualmente atraente; que mães solteiras vestem meninas de seis ou sete anos com fantasias que recendem a prostituição; ou ainda que ocorreu um processo de compressão geracional que possibilitou a amizade de alguém de catorze anos com uma pessoa de vinte e seis. A precocidade que se faz necessária para que não sejam humilhados por seus colegas impede os jovens de amadurecer ainda mais e os deixa num estado de adolescência petrificada. Convencidos de que já conhecem tudo o que é necessário, procuram esclarecer-se com relação a tudo, com medo de parecer ingênuos. Sem nenhum interesse mais profundo, tornam-se presas fáceis de sopros de entusiasmo histérico e infantil; apenas sensações cada vez mais extremas podem tirá-los de seu torpor mental. Daí a epidemia de autodestruição que se seguiu à cultura juvenil.

Um mundo em que a cultura dos jovens predomina e em que a precocidade é a mais alta de todas as conquistas é um mundo que perdeu toda a sua ternura. Quando Alex e sua gangue atacam o professor, encontram em seu bolso uma carta, lida por um deles zombeteiramente: "Meu muito querido, [...] vou ficar pensando em você enquanto você estiver ausente e espero que você se lembre de se agasalhar bem quando sair à noite".

Esse afeto tão simples e sincero, tal como essa preocupação com os outros, não existe no mundo de Alex e seus *druguis*. Alex é incapaz de ver-se na condição de outrem, de "trocar de lugar, na imaginação, com o sofredor", como diz Adam Smith. Ensimesmado, ele tem compaixão de si, mas não das outras pessoas. Quando, após assassinar brutalmente uma velha senhora, é enfim detido, Alex chama de "valentões" os policiais que o prenderam e os acusa quando riem dele "com toda a grosseria". Alex é incapaz de vincular seu comportamento selvagem às palavras que aplica à polícia. Isso me faz recordar do recente julgamento de um assassinato em que servi como testemunha: o jovem assassino chutara com tanta força a cabeça de sua namorada que a mandíbula da jovem se partiu em vários lugares, forçando a língua para trás de sua garganta e fazendo seu estômago se encher de sangue. Um vizinho escutou o jovem gargalhar enquanto desferia os chutes. Após ouvir suas mentiras e suas evasivas por dois dias, um policial acusou-o de não sentir remorso pelo que fizera. "Você não tem sentimentos", respondeu o assassino. "Tenho pena da coitada da sua esposa" – exatamente como Alex em *Laranja Mecânica*, mas sem sua inteligência e seu gosto pela música clássica.

No mundo de Alex e seus *druguis*, todas as relações com outros seres humanos são meios instrumentais que devem conduzir a um fim egoísta, brutal e hedonista. E esse é o mundo que muitos de meus pacientes hoje habitam; um mundo em que talvez viva um terço da população britânica. Trata-se também do mundo em que ter um filho satisfaz a um direito humano pessoal e tão somente isso.

Burgess, porém, não era apenas um profeta social e cultural. *Laranja Mecânica* lida também com a questão da origem e da natureza do bem e do mal. Com o objetivo de ser transformado em cidadão modelo e em troca de sua soltura, Alex é submetido na prisão ao Método Ludovico, essencialmente uma forma de condicionamento. Depois de ter injetada no corpo uma droga que lhe causa náuseas, ele é obrigado a ver filmes nos quais é mostrado o mesmo tipo de violência praticado por ele – com a cabeça e as pálpebras presas para que lhe seja impossível tirar os olhos das imagens, e ao som da música clássica que tanto ama. Não demora muito para que tanto essa violência – seja em imagens, seja na realidade – quanto o som da música clássica lhe provoquem náuseas e vômitos sem a necessidade das injeções, como uma resposta condicionada. Alex aprende a dar a outra face, como um bom cristão: ao ser insultado, ameaçado ou até atacado, não revida. Depois do tratamento — ao menos até sofrer o ferimento na cabeça —, fica impossível para ele agir de outro modo.

Dois cientistas, o doutor Branom e o doutor Brodsky, estão incumbidos do "tratamento". O ministro do Interior, responsável por reduzir os crimes numa sociedade dominada pela cultura juvenil, declara: "O governo não pode mais se preocupar com teorias penalógicas caducas. (...) Os criminosos comuns (...) podem ser mais bem tratados em bases puramente curativas. Matar o reflexo criminoso, só isso". Em outras palavras, um ato criminoso ou violento não difere, em essência, do que faz o rato enjaulado que empurra uma alavanca para conseguir uma bolinha de comida. Se, quando o rato empurrar a alavanca, dermos nele um choque em vez de uma recompensa, ele logo deixará de empurrá-la. É possível lidar com a criminalidade ou "curá-la" da mesma maneira.

Na época em que Burgess escreveu *Laranja Mecânica*, os médicos tentavam "curar" homossexuais injetando neles apomorfina, droga que induzia náuseas, enquanto mostravam-lhes fotos de homens nus. Além disso, a escola de psicologia que predominava em todo o mundo era o behaviorismo de B. F. Skinner. Era uma psicologia que poderíamos chamar de psicologia da "caixa-preta": os cientistas mediam o estímulo e a resposta, mas não demonstravam interesse algum pelo que acontecia entre ambos, visto se tratar de algo que era intrinsecamente imensurável e, portanto, ininteligível. Embora Skinner talvez criticasse alguns detalhes do Método Ludovico (o fato de a injeção ter sido ministrada num momento equivocado em relação aos filmes violentos a que ele tinha de assistir, por exemplo), ele não rejeitaria sua filosofia científica (ou, antes, pseudocientífica).

Em 1971, ano em que *Laranja Mecânica* de Kubrick foi lançado, Skinner publicou *Para Além da Liberdade e da Dignidade*. Nesse livro, ele zombava da possibilidade de a reflexão sobre nossa experiência pessoal e sobre a história ser uma valiosa fonte de orientação em nossas tentativas de guiar nossa vida. "É de uma tecnologia do comportamento que precisamos", escreveu ele. Felizmente, uma tecnologia desse tipo já se encontrava à disposição. "Uma tecnologia do comportamento operante [...] já está bastante avançada, e é possível que se torne proporcional a nossos problemas." Segundo ele, "[uma] análise científica transfere tanto o crédito quanto a culpa [pelo comportamento do homem] ao ambiente". O que se passa na mente do homem é um tanto irrelevante; com efeito, diz Skinner, "mente é uma ficção explicativa".

Para Skinner, ser bom é comportar-se bem, e comportar-se bem ou mal é algo que depende tão somente da relação de reforços experimentados no passado, e não de algo que porventura se dê na mente. Segue-se que não há situação nova na vida do homem que exija reflexão consciente caso ele deseje solucionar dilemas ou fazer as escolhas impostas: tudo, afinal, não passa de uma reprise do passado, uma reprise generalizada para dar conta da nova situação.

O Método Ludovico, portanto, não era uma invenção remota de Burgess, e sim uma versão simplificada – talvez uma *reductio ad absurdum* ou uma *reductio ad nauseam* – da técnica que a escola de psicologia então dominante sugeria para a resolução de todos os problemas humanos. Burgess era católico não praticante, mas permaneceu, ao longo de toda a vida, sob uma profunda influência de seu pensamento. A visão skinneriana do homem o atemorizava. Para ele, um ser humano cujo comportamento se resumisse à expressão de uma resposta condicionada não era um homem pleno, mas um autômato. Se fizesse a coisa certa apenas como o cão de Pavlov salivava ao ouvir a sineta, não poderia se tratar de um homem bom: de fato, caso todo o seu comportamento fosse determinado da mesma maneira, não poderíamos sequer denominá-lo homem. Um homem bom, na visão de Burgess, precisava ter a capacidade de fazer o mal tanto quanto de fazer o bem, uma capacidade que ele refrearia de maneira voluntária independentemente das desvantagens que isso lhe trouxesse.

Sendo Burgess, contudo, não ensaísta, mas romancista, tal como homem de muitos equívocos, em *Laranja Mecânica* ele colocou esses pensamentos na boca de uma figura ridícula: o capelão do presídio, alguém que se opõe ao Método Ludovico, mas não a ponto de deixar seu posto, dado estar ávido por progredir naquilo que Alex denomina "religião das prisões". Burgess coloca na boca de um carreirista a defesa da tradicional visão de que a moralidade exige o exercício do livre-arbítrio, isto é, de que não há ato bom sem a possibilidade de um ato mau.

Os dois finais de Laranja Mecânica — o final que o próprio Burgess escreveu e o final truncado que seu editor americano queria e que Kubrick utilizou no filme — têm significados muito distintos.

Segundo a versão dos Estados Unidos e de Kubrick, Alex volta a ser um violento líder de gangue depois de o ferimento em sua cabeça suprimir a influência do Método Ludovico. Ele retoma a vida anterior e passa a ser novamente capaz de escutar música clássica (a Nona de Beethoven) e de fantasiar a violência sem sentir nenhuma náusea condicionada:

> Ah, era beleza e iamiamiam. Quando chegou ao Scherzo, eu podia me videar claramente correndo e cortando o mundo inteiro que critchava [gritava], com a minha britva [lâmina] de degolar. E ainda faltava o movimento e o lindo último movimento coral. Eu estava curado mesmo.

Kubrick chega a sugerir que esse é um desenlace feliz: é melhor um psicopata autêntico do que um bonzinho condicionado e, portanto, inautêntico. A autenticidade e o autodirecionamento, portanto, se convertem em bens supremos, independentemente da forma como são expressos. E isso, ao menos na Grã-Bretanha, se tornou ortodoxia entre os jovens. Se — como eu próprio fiz — você perguntar aos jovens bêbados e agressivos por que, nas noites de sábado, eles se reúnem aos milhares em cada cidade britânica, ou então se perguntar aos torcedores de futebol britânicos por que eles agem de maneira tão ameaçadora, eles dirão que estão se expressando, como se nada mais houvesse a ser dito sobre a questão.

A versão completa de Laranja Mecânica publicada na Grã-Bretanha tem um fim bastante diferente. Alex começa a perder espontaneamente o gosto pela violência quando vê um casal feliz e normal numa cafeteria, sendo um dos dois um antigo cúmplice seu. Doravante, Alex começa a conceber uma vida diferente para si e a fantasiar uma vida que inclui a ternura:

> Lá estava o Vosso Humilde Narrador Alex chegando em casa do trabalho prum bom prato quente de jantar, e tinha aquela ptitsa [garota] toda hospitaleira e me saudando assim amorosa. (...) Mas eu tinha aquela ideia súbita, muito forte, de que se eu entrasse no

> quarto pegado àquele quarto onde a lareira estava ardendo e o meu jantar posto na mesa, eu iria encontrar o que eu realmente desejava (...). Porque naquele outro quarto, num berço, estava deitado gorgolejando gu gu gu meu filho. (...) Eu sabia o que estava acontecendo, ó meus irmãos. Eu estava crescendo.

Burgess prefere claramente uma reforma que venha espontaneamente de dentro, como vemos no último capítulo, a uma reforma vinda de fora, por intermédio do Método Ludovico. Nesse caso ele estaria de acordo com Kubrick: uma reforma interna é mais autêntica, portanto melhor, porque é também expressão verdadeira do indivíduo. Talvez Burgess acredite que essa reforma interna seja provavelmente mais profunda e menos suscetível a reveses repentinos do que a reforma vinda de fora.

Burgess sugere também a mensagem bastante reconfortante, contrária a tudo o que se passara até então, de que a violência de Alex não representa nada de novo no mundo e de que a transformação de um jovem imaturo, violento e solipsista num adulto maduro, pacífico e atencioso ocorrerá do mesmo modo como no passado, uma vez que há um poço de bondade no interior de cada homem – o qual nasce não com o pecado, e sim com a virtude original (é essa heresia a pelagiana, à qual Burgess admitiu sentir-se atraído). Trata-se de um ciclo sem fim:

> Mas a mocidade é apenas ser de certo modo, como, digamos, um animal. Não, não é somente ser assim como um animal, mas também ser como um daqueles brinquedinhos malenques [pequenos] que a gente videia vender na rua, assim tchelovequezinhos [homenzinhos] de lata com uma mola dentro e uma borboleta do lado de fora e quando se dá corda, grr grr grr, ele ita [vai], assim andando, ó meus irmãos. Mas ele ita em linha reta e bate direto nas coisas, ploque ploque, e não pode evitar o que está fazendo. Ser jovem é como ser assim uma dessas maquininhas malenques.
> Meu filho, meu filho. Quando eu tivesse meu filho eu ia explicar tudo isso pra ele quando ele fosse estarre [velho] bastante assim pra entender. Mas aí eu sabia que ele não ia entender nada e ia fazer todas as véssiches [coisas] que eu tinha feito, (...) e eu não ia ser

capaz de realmente impedi-lo. E nem ele seria capaz de impedir o próprio filho dele, irmãos. E a sim ia itar até o fim do mundo (...).

E isso, é claro, está parcialmente certo. Há quatro séculos, Shakespeare escreveu:

> Quisera eu não houvesse idade entre os treze e vinte e três, ou que a juventude dormisse todo esse período; pois nada há, nesse entretempo, senão dar filho a raparigas, ofender idosos, roubar e causar rixas.

É de fato verdade, estatisticamente falando, que a criminalidade é uma atividade juvenil e que são poucos os prisioneiros, nas prisões em que trabalhei, que estivessem detidos por crimes perpetrados após os 35 anos. Parece haver um aspecto biológico nos delitos comuns.

No entanto, uma mensagem quietista – venturosa, na medida em que insinua que a violência entre os jovens é apenas uma fase passageira e que os tempos de hoje não são piores, nesse aspecto, do que qualquer outro, mas também pessimista, visto ser impossível reduzir o nível geral de violência – está em pleno desacordo com o aspecto socialmente profético do livro, que a todo momento nos alerta de que a próxima cultura juvenil, rasa e desprezível, será violenta e antissocial como nenhuma outra. E, ao menos quanto à Grã-Bretanha, Burgess estava completamente certo. Ele viu, na principal manifestação da cultura juvenil, isto é, na música *pop*, um futuro em que o autocontrole teria encolhido até desaparecer, percebendo, com isso, que seu resultado só poderia ser um mundo hobbesiano, em que caprichos pessoais e infantis seriam a única autoridade a pautar as ações. Como todos os profetas, ele extrapolou ao máximo; no entanto, uma breve estadia num bairro britânico de classe baixa deve bastar para convencer a todos de que ele não passou tão longe do alvo.

Laranja Mecânica não é coerente na íntegra. Se a juventude é violenta porque os jovens se assemelham a "brinquedinhos malenques" que não conseguem se controlar, o que ocorre com o livre-arbítrio que Burgess tomava como pré-condição da moralidade? As pessoas simplesmente progridem do estado de automatismo para o livre-arbítrio? Se sim, como e quando? E, se a violência é apenas uma fase passageira, por que a juventude de determinada época seria muito mais violenta do que a juventude de outra? Como alcançamos a bondade, tanto no plano individual quanto no plano social, sem recorrer ao behaviorismo rude do Método Ludovico ou a qualquer outra forma de crueldade? Podemos passar ao largo da consciência e da reflexão em nosso esforço para nos comportar bem?

Não há respostas esquemáticas no livro. Não se pode condenar um romance de 150 páginas por não responder algumas das questões mais difíceis e desconcertantes da existência humana, mas é possível enaltecê-lo por levantá-las de um modo peculiarmente profundo e por forçar-nos a pensar sobre elas. Ter combinado isso com uma profecia social precisa (sem falar no entretenimento) é coisa de gênio.

2006

É ruim assim

Ao voltar brevemente da França para a Inglaterra a fim de proferir um discurso, comprei três dos principais jornais locais para me inteirar dos últimos acontecimentos da minha terra natal. A impressão que me passaram era a de um país sob o domínio da completa frivolidade moral. Numa estranha inversão de prioridades, questões importantes são encaradas superficialmente, e questões triviais com seriedade.

Não se trata da frivolidade encantadora ou arrebatadora das farsas de Feydeau ou das comédias de Oscar Wilde; trata-se de uma verdadeira decadência, que revela uma falta de coragem profunda e fadada a trazer consequências desastrosas para a qualidade de vida do país. Os jornais retratavam os assuntos frívolos sem alegria, e os assuntos graves sem seriedade – combinação que está longe de ser atraente.

Dos dois exemplos de questões sérias tratadas com leveza, o primeiro dizia respeito a Peter Wareing, advogado de quarenta e dois anos que foi atacado na rua quando voltava de um churrasco com dois amigos, um homem e uma mulher. Os três passavam por um grupo de sete adolescentes extremamente embriagados quando um deles, uma menina, declarou que o advogado e os amigos os estavam "encarando". Nos dias de hoje, os jovens ingleses de temperamento agressivo e ego frágil acreditam que uma possível encarada constitui um *casus belli* justificado.

A menina atacou a mulher do outro grupo. Quando Wareing e seu amigo tentaram apartá-las, dois dos jovens, um com dezoito e o outro com dezesseis anos, partiram para cima deles. Ambos lançaram o amigo do advogado contra alguns arbustos, ferindo-o levemente, e golpearam o advogado até que este caísse, e o atacaram novamente tão logo se pôs de pé. Nessa segunda vez, sua cabeça se chocou contra o chão, o que lhe deixou o cérebro gravemente comprometido. Durante os dois meses seguintes, Wareing permaneceu inconsciente e vivendo com a ajuda de aparelhos. Seu rosto ficou tão desfigurado que nenhum de seus três filhos teve permissão de vê-lo.

À sua esposa, uma enfermeira, os médicos afirmaram que ele provavelmente não sobreviveria, e assim ela preparou os filhos para a morte do pai. Num diário, registrou que, quando sentada ao lado do leito do marido, experimentava a "atemorizante sensação de que toda a vida natural dele se fora". Não obstante, ele teve recuperação inesperada, ainda que parcial. Sua memória continua prejudicada, assim como sua fala; talvez lhe seja inviável retomar plenamente a carreira jurídica. É possível que, durante o resto da vida, sua renda seja muito menor em comparação ao que seria antes, para o descontentamento da esposa e dos filhos.

Daniel Hayward, um dos dois agressores, revelou não ter aprendido nada – ao menos nada que fornecesse um pouco de alento ao público – após ter arruinado a vida do advogado. Aguardando o julgamento em liberdade, ele desferiu contra o dono de um bar um soco no rosto, pelo que recebeu pena de vinte e um dias na prisão.

Antes de sentenciá-lo pela agressão a Wareing, o juiz foi eloquente em sua condenação dos dois jovens: "Os senhores estavam em busca de confusão e se valeriam de qualquer desculpa para usar de violência contra quem aparecesse à sua frente. É essa frieza que assusta [...]. Os senhores não parecem se importar com o fato de sua violência gratuita ter arruinado a vida de outras pessoas".

Vocês devem estar achando que daí se seguiria o sentenciamento dos dois jovens a um longo tempo de detenção. Ledo engano. Ambos receberam pena de dezoito meses com remissão automática após o nono mês – mais ou menos como se isso lhes fosse de direito. Em outras palavras, os jovens cumpririam nove meses de prisão por ter destruído a saúde e a carreira de um homem completamente inocente, por ter infligido à sua esposa um sofrimento indizível e por ter privado três crianças pequenas de um pai normal. Para piorar, um dos perpetradores não demonstrou nenhum remorso por seu ato, revelando-se inclinado a repeti-lo.

Mesmo para alguém de tão pouca idade, nove meses não é muito tempo. Ademais, quando recordo que para jovens assim a detenção é provavelmente sinal de honra, e não uma vergonha, só me resta concluir que o Estado britânico ou é totalmente indiferente ou totalmente inapto para a única tarefa que inescapavelmente lhe cabe: preservar a paz e garantir que os cidadãos possam cuidar de seus assuntos lícitos com segurança. Ele não sabe dissuadir, impedir ou punir. As observações do policial responsável pelo caso não eram encorajadoras. Logo após o julgamento, ele disse esperar que "as penas [...] servissem como um claro alerta àqueles que julgam admissível consumir grandes quantidades de bebidas alcoólicas e, em seguida, agredir pessoas comuns em ataques gratuitos". Se é isso o que a lei pressupõe, a lei, então, como bem afirmou Bumble em *Oliver Twist*, "é uma jumenta... uma idiota".

Quanto a Peter Wareing, mesmo tendo sofrido danos cerebrais, sua visão das coisas era mais apurada. Wareing era decerto corajoso: trabalhou como vendedor e depois decidiu estudar direito; na faculdade, sustentou-se graças a uma série de trabalhos manuais e graduou-se aos quarenta anos. O nível de sua recuperação surpreendeu o neurocirurgião, que a atribuiu à sua determinação e vontade férrea. Ele está ávido por retornar ao trabalho, mas não esqueceu o contraste que há entre a sentença nominal de dezoito meses, recebida por seus agressores, e aquela que chamou de sua "sentença vitalícia", durante a qual terá de lutar contra suas deficiências. "Existisse justiça de fato", disse ele, "ambos passariam a vida inteira na prisão." Alguma alma compassiva discordaria disso?

Talvez o insulto derradeiro esteja no fato de o Estado pagar sessões de psicoterapia a Wareing para que ele consiga suprimir sua ira. "Sinto raiva daqueles que fizeram isso", disse. "Eu os odeio do fundo do coração." Tendo fracassado em seu dever primordial, o Estado trata a ira que se segue naturalmente a esse fracasso como algo patológico, que necessita de terapia. Ao lerem a história de Peter Wareing, os cidadãos comuns e decentes sentirão raiva impotente, traição e abandono semelhantes aos dele. Estaríamos todos nós precisando de psicoterapia?

Um segundo caso ilustra de forma semelhante a recusa do Estado britânico em levar a sério a vida de seus cidadãos. Um engenheiro – Philip Carroll, pai de quatro filhos – estava consertando seu carro fora de casa. Quatro jovens bêbados se sentaram sobre um muro da sua propriedade, e Carroll pediu-lhes que se retirassem. Os jovens iniciaram uma discussão e um deles lançou uma pedra contra o carro. Ele perseguiu esse jovem e o deteve, mas em seu auxílio vieram entre vinte e quarenta novos jovens embriagados que vadiavam pela região; um garoto de quinze anos derrubou o engenheiro, que também bateu com a cabeça e sofreu um grave dano cerebral. Inconsciente durante dezoito dias, foi necessário passar por três cirurgias para sobreviver; hoje, também ele está com a memória prejudicada e talvez nunca volte a trabalhar.

Segundo seus pais, Michael Kuba-Kuba, o réu, sentia-se profundamente envergonhado pelo que fizera, mas isso não o impediu de declarar (sem sucesso) durante o julgamento que havia agido em defesa própria. Essa não me parece ser uma vergonha genuína, e sim uma tentativa de livrar a própria cara. Antes de enunciar a sentença, o juiz afirmou: "É meu dever tentar garantir que as cortes tratarão incidentes assim com grande severidade, enviando para outros jovens a mensagem de que a violência é inaceitável".

Vocês talvez imaginem: eis uma dura sentença pela frente. Novo engano. O jovem recebeu pena de doze meses, da qual cumprirá apenas seis. Seis meses pela vida ativa de um homem – por ter causado trinta a quarenta anos de deficiência, e um sofrimento incalculável para a sua família! Não é difícil imaginar Kuba-Kuba voltando para casa como herói, visto estar, de uma só vez, saindo livre por quase assassinar um homem e sobrevivendo ao rito de passagem que a prisão hoje representa. A mensagem que o juiz enviou para os outros jovens – sem querer, decerto – era a de que poderiam destruir a vida de outras pessoas saindo-se praticamente impunes, uma vez que o Estado britânico não se importa nem um pouco com a proteção delas ou com a dissuasão de tais crimes.

Dois aspectos do caso não foram examinados pelos jornais. Em primeiro lugar, o fato de os pais de Kuba-Kuba serem proprietários de uma mercearia especializada em comida africana e profundamente religiosos. O jovem, portanto, não cresceu na pobreza; tampouco sua disposição para a violência teria advindo de algo que seus pais lhe ensinaram.

Em seguida, havia o fato de Kuba-Kuba ser um atleta de talento – ao que parece, um atleta de nível olímpico. Ele era um jogador de futebol tão promissor que vários times grandes estavam seriamente interessados em recrutá-lo. Se fosse bem-sucedido, como parecia provável, ele teria se tornado multimilionário aos vinte e poucos anos, ganhando, num ano só, mais do que a maioria das pessoas ganha em toda a vida. A falta de perspectiva econômica e a frustração que ela acarreta dificilmente explicam, portanto, esse caso de propensão à violência.

Devemos buscar alhures a fonte de sua conduta violenta. É possível que ele tenha nascido como uma excentricidade da natureza, uma criatura destinada biologicamente à violência – há casos assim, sem dúvida. No entanto, é muito mais provável que ele tenha sido influenciado por uma cultura popular agressiva que glorifica a impulsividade egoísta e denigre o autocontrole. Embora seus pais o tenham apresentado, em suas declarações, como um paradigma da virtude, ele já havia sido acusado de roubo e claramente andava com adolescentes que bebiam demais e se tornavam inoportunos. Carroll enfrentou o jovem que lançara a pedra precisamente porque estava cansado do comportamento desordeiro predominante em sua vizinhança que o Estado era incapaz de deter ou punir. Após o ataque, um experiente policial declarou: "Temos, em toda esquina, gangues de jovens que agem de maneira abusiva e intimidadora, causando problemas [...]. Eles não estão nem aí para a polícia ou para o sistema de justiça criminal".

E quem pode culpá-los? Que detenção, que punição, que vingança e que proteção representam, para a sociedade, seis meses na prisão para alguém que machucou de tal maneira um homem que o tornou incapaz de reconhecer a esposa e os filhos durante meses, que lhe prejudicou a visão e o fez perder os sentidos do paladar e do olfato, que o obrigou a usar um imobilizador num dos pés e um capacete para proteger o crânio, que faz com que diga para si mesmo: "Simplesmente não tenho interesse por nada nem ninguém" – e isso depois de ter sido uma pessoa altamente bem-sucedida?

Tendo já visto como o Estado britânico encara as coisas sérias com leveza, vejamos então como leva as coisas triviais a sério.

Os jornais registraram o caso de um aluno de Oxford que, levemente embriagado após comemorar o fim de suas provas, abordou um policial montado. "Com licença", disse o jovem, "mas o senhor percebe que seu cavalo é *gay*?"

Não era uma observação muito brilhante, mas também não estava tão carregada de malícia. Talvez se tratasse apenas da manifestação de uma tolice juvenil de que a maioria de nós padeceu em nossa época. Além disso, Oxford fora um dia uma cidade em que estudantes bêbados muitas vezes pregavam, ou deveriam pregar, peças na polícia – tirando seus capacetes, por exemplo.

O policial, no entanto, não julgou inocente a observação do estudante. Ele solicitou o auxílio de dois carros-patrulha, que, numa cidade em que é notoriamente difícil fazer a polícia se interessar por questões triviais como furtos e roubos, chegaram quase imediatamente. Ao que parece, o policial montado pensou – caso "pensar" seja a palavra que de fato procuro – que a observação do jovem poderia "causar perturbação, alarme ou riscos". Ele foi preso e acusado, segundo o Ato de Ordem Pública, de ter feito uma "observação homofóbica".

O jovem passou a noite na cadeia. No dia seguinte, diante dos magistrados, recebeu multa de 140 libras, que se recusou a pagar. A polícia então encaminhou o caso àquele que equivale ao procurador distrital, que por sua vez levou o estudante novamente ao tribunal, mas teve de admitir que não havia provas suficientes para demonstrar que seu comportamento era desordeiro.

O grau em que o politicamente correto, tal qual um vírus de computador, estragou a consciência britânica e destruiu todo o nosso apego tradicional à liberdade é ilustrado pelas palavras de um dos amigos do estudante que testemunhou o incidente. "[Seus] comentários foram feitos [...] de brincadeira", afirmou. "Estava muito claro que não eram homofóbicos." Em outras palavras, o amigo reconhecia a premissa de que algumas observações que estivessem longe de encorajar a violência ou qualquer crime real – palavras que apenas expressavam um ponto de vista impopular ou intolerante – poderiam ser tomadas como causas razoáveis de prisão. Uma das consequências do longo avanço da *intelligentsia* progressista pelas instituições é a aceitação da categoria de crime de pensamento. Por outro lado, o politicamente correto permite que um estímulo genuíno ao homicídio – como os cartazes com as palavras DEGOLEM OS QUE INSULTAM O ISLÃ que manifestantes muçulmanos ostentaram em Londres quatro meses depois da publicação de cartuns de Maomé num jornal dinamarquês – passe completamente impune. Outro povo, diferentes costumes.

Deus sabe quanto tempo inúmeras pessoas desperdiçaram no episódio de Oxford e quanto ele custou ao contribuinte – tudo isso num país com a maior taxa de crimes (crimes reais) do mundo ocidental. Para mim foi impossível não comparar a diligência da polícia ao tratar dessa observação "homofóbica" com a indiferença que demonstrou diante de um incêndio culposo testemunhado por minha esposa pouco antes de deixarmos a Inglaterra.

Minha mulher notou alguns jovens ateando fogo ao conteúdo de uma lata de lixo do lado de fora de nossa casa, iniciando uma fogueira que poderia facilmente ter se alastrado pelos carros estacionados na vizinhança. Ela chamou a polícia.

– O que a senhora espera que façamos? – perguntaram.

– Espero que venham e os prendam – respondeu ela.

Para a polícia, essa era uma expectativa bizarra e insensata. Eles se recusaram de imediato a enviar alguém. Se tivessem prometido se esforçar ao máximo para chegar a tempo, tivessem chegado tarde ou talvez nem chegado, minha esposa teria entendido e ficado satisfeita. Não ficou nada satisfeita, contudo, com a ideia de que jovens poderiam iniciar incêndios perigosos sem despertar o menor interesse da polícia. Sem dúvida, alguns daqueles jovens, ou todos eles, concluiriam que lhes era possível fazer tudo quanto quisessem, passando assim a perpetrar crimes mais sérios.

Minha esposa então insistiu para que a polícia ao menos incluísse o crime em seus registros. Mais uma vez, eles se recusaram. Ela protestou durante um longo tempo e à custa de sua tranquilidade. Por fim, e com enorme relutância, os policiais registraram o crime e lhe forneceram um número de referência.

Esse não foi o fim do episódio. Cerca de quinze minutos depois, um policial mais experiente telefonou para censurá-la, dizendo-lhe que desperdiçara o tempo da polícia com sua insistência em algo tão trivial. Aparentemente, a polícia tinha mais o que fazer do que impedir um incêndio. Sabe-se lá que observações homofóbicas não estavam sendo feitas enquanto jovens apenas iniciavam um incêndio que poderia ter se espalhado, descobrindo nesse ínterim que poderiam fazê-lo sem ser punidos.

Não é difícil adivinhar o motivo da cólera do policial veterano. Minha esposa forçara seus homens a registrar um crime que eles nem sequer tencionavam resolver (embora, com a devida prontidão, seria eminentemente solucionável), o que por sua vez representava a introdução de um indesejado sopro de realidade nas estatísticas falsas, cujo forjamento é hoje a principal tarefa de todos os policiais britânicos experientes – com a única exceção de forçar o cumprimento dos ditames do politicamente correto, dando fim, assim, às críticas que durante décadas a esquerda progressista teceu contra eles, nem sempre sem um elemento que o justificasse. Demonstrar sua pureza de coração lhes é hoje mais importante que garantir a segurança de nossas ruas, e assim Nero tocava violino enquanto Roma ardia em chamas.

Outra notícia no jornal me chamou atenção: o governo desejava proibir o fumo nas prisões britânicas.

À primeira vista, isso poderia ser uma ideia séria, e não frívola. Mais de 90% dos prisioneiros fumam, e caso continuem mais de metade morrerá prematuramente. As provas de que fumar faz mal à saúde são, há muito tempo, impressionantes e incontroversas. Desse modo, o governo poderia afirmar sensatamente que a proibição proposta demonstrava sua solicitude para com o bem-estar da mais desprezada de todas as camadas da sociedade: os prisioneiros. Além disso, o que poderia ser mais sério e menos frívolo do que salvar ou tentar salvar vidas?

Em geral, não sou sentimental quanto aos direitos dos presos. Não creio que a proibição proposta infrinja algum direito deles; no entanto, parece-me que há várias razões, além do cumprimento de seus supostos direitos, para tratarmos os prisioneiros de maneira decente e humana. Decência e humanidade, afinal, são bens em si. A proibição proposta não era apenas hipócrita, mas também gratuitamente cruel e desumana; além disso, é provável que se revelasse ineficaz.

Ainda que se mostrasse eficaz, porém, estaria errada.

Fumar não é ilegal na Grã-Bretanha, e o governo obtém copiosas receitas do consumo do tabaco – receitas que na verdade são muito maiores do que o lucro das empresas de cigarro. O governo não emprega essa receita para reduzir os impostos dos que não fumam, mas apenas como uma de suas várias fontes de renda. Ainda que a alta taxação do tabaco desestimule o fumo, esse não é, nem jamais foi, seu principal objetivo.

Basicamente, a proposta parece consistir na intimidação arbitrária de uma população indefesa, num surto de enobrecido entusiasmo moral. Seu objetivo é privar a população de um pequeno privilégio que o costume e o hábito há muito tempo tornaram aceito. E, é claro, os entusiastas morais do governo não pagarão o preço prático de forçar o cumprimento da proibição; isso caberá aos carcereiros. Essa proposta exemplifica não o tipo agressivo de totalitarismo descrito por Orwell, mas o totalitarismo suave e detestável que vem acompanhado de promessas de vantagens e garantias de intenções puras. Trata-se da intromissão do governo nos recônditos da vida cotidiana, sob o pretexto de que as pessoas são incapazes de decidir por si próprias. Cada cidadão é uma criança que tem o governo a todo momento como pai adotivo (exceto as crianças, é claro, às quais, se feita a vontade do ministro Brown, se pode consentir sexo aos dezesseis anos e votar com essa mesma idade).

Os jornais confirmaram o que eu já previra havia muito tempo antes de deixar a Grã-Bretanha: o *Zeitgeist* do país é de um moralismo sentimental mesclado com grau extremo de cinismo, no qual a aparente preocupação do governo com o bem-estar público coexiste com um abandono rudimentar do dever. Não existe ali o tipo de idealismo que é pré-condição necessária à probidade, de modo que a má-fé prevalece em toda parte. Para usarmos a expressão que Stálin cunhou de maneira um tanto eloquente ao referir-se aos autores que deveriam forjar o *homo sovieticus* com o poder de suas palavras, o governo vê a si mesmo como um engenheiro de almas. Desse modo, está interessado naquilo que as pessoas pensam, sentem e dizem, assim como em tentar mudar os hábitos que escolheram de maneira deliberada, e nunca em desempenhar a única função que inescapavelmente lhe cabe: preservar a paz e garantir que os cidadãos possam cuidar de seus assuntos lícitos com confiança e segurança. O governo está mais preocupado em fazer com que os jovens não fumem na prisão nem façam piadas bobas com policiais do que em garantir que não ataquem e aleijem permanentemente os mais velhos.

Uma das definições de decadência diz que se trata da dedicação ao que é gratificantemente imaginário em detrimento do que é desconcertantemente real. Ninguém que conheça a Grã-Bretanha duvidará que ela tem sérios problemas econômicos, sociais e culturais. Seus serviços públicos – que já consomem grande proporção da riqueza nacional – não são apenas ineficientes, mas também completamente irreparáveis por meio da injeção de mais dinheiro. A educação do povo é tão abismal que em alguns anos não teremos sequer uma elite instruída. Uma população muitas vezes cínica e de mentalidade criminosa tem sido doutrinada com ideias rasas e sem valor – ideias, por exemplo, referentes à justiça social –, que a tornam peculiarmente inapta a competir num mundo cada vez mais competitivo. Não é à toa que a Grã-Bretanha tem problemas econômicos sérios, ainda que até agora o governo tenha conseguido – aos olhos do mundo, pelo menos – disfarçá-los. Todavia, as realidades desagradáveis não podem ser escondidas ou evitadas indefinidamente.

E foi assim que eu me afastei. Não que eu ache que as coisas sejam muito melhores na França. Elas são apenas um pouco diferentes. No entanto, os defeitos de um país estrangeiro não são experimentados da maneira dilacerante como o são os defeitos da terra em que nascemos; eles são objeto de um interesse enganoso e desapegado, e não de desespero pessoal.

2006

Crime verdadeiro, justiça falsa

Ao longo dos últimos quarenta anos, a política governamental britânica – se não *de jure*, ao menos *de facto* – tem se dedicado a tornar a população praticamente indefesa contra os criminosos e a criminalidade. Diferenciando-se de quase todas as políticas governamentais do país, esta tem sido sumamente eficaz: hoje, bretão algum passa muito tempo sem refletir sobre como não se tornar vítima de um roubo, de um arrombamento ou de um ato de violência.

Uma iníqua aliança que une políticos e burocratas que desejam manter os gastos com os presídios reduzidos ao mínimo a intelectuais progressistas que fingem ver no crime uma resposta natural e compreensível à injustiça social – uma resposta cuja punição constituiria nova injustiça – engendrou uma experiência longa, e até agora inconclusa, de leniência, a qual envileceu a qualidade de vida de milhões de pessoas, em especial a dos pobres. Todo dia lemos, nos jornais, notícias sobre a absurda e perigosa leniência do sistema de justiça criminal. No dia 21 de abril, por exemplo, até mesmo o *Observer* (um dos bastiões do progressismo britânico responsável pelo estado de coisas atual) deu destaque ao relatório oficial sobre o caso de Anthony Rice, homem que estrangulou e esfaqueou Naomi Bryant até a morte.

Descobriu-se que Rice agredia mulheres desde 1972. Antes de assassinar Naomi Bryant, ele havia sido condenado por atacar ou estuprar um total de quinze mulheres, e é sensato supor que fizera o mesmo a muitas outras que não procuraram a polícia. Em 1982, agarrou uma mulher pelo pescoço, ameaçou-a com uma faca e estuprou-a. Cinco anos depois, quando de licença para visitar a família, agarrou outra, empurrou-a até um jardim, ameaçou-a com uma faca e a estuprou por uma hora. Condenado à prisão perpétua, foi transferido para a prisão aberta em 2002; dois anos depois, teve decretada sua liberdade condicional, considerado criminoso de baixo risco. Hospedou-se num albergue para ex-detentos localizado numa aldeia a cujos habitantes se dizia, para assim ganhar sua aquiescência, que nenhum deles era violento; cinco meses depois de chegar, Rice assassinou Naomi. Ao condená-lo mais uma vez à prisão perpétua, o juiz ordenou que ele cumprisse ao menos 25 anos: em outras palavras, nem mesmo agora a lei jogou a chave fora.

Apenas cinco dias depois, os jornais noticiaram que 1023 prisioneiros de origem estrangeira haviam sido libertados das prisões britânicas entre 1999 e 2006 sem deportação. Entre eles se encontravam 5 assassinos, 9 estupradores, 39 culpados de outros abusos sexuais, 7 sequestradores, 4 incendiários, 41 arrombadores, 52 furtadores, 93 assaltantes e 204 traficantes. Dos 1023 prisioneiros, apenas 106 haviam sido rastreados desde então. O Ministério do Interior, responsável tanto pelas prisões quanto pela imigração, ainda não sabe quantos desses assassinos, incendiários, estupradores e sequestradores ainda se encontram à solta; admite-se, porém, que a maioria jamais será encontrada, pelo menos até que sejam presos por outro delito. Embora tais revelações tenham forçado o ministro do Interior a renunciar, os criminosos estrangeiros simplesmente haviam sido tratados como os criminosos britânicos. Pelo menos podemos dizer que nossa leniência não faz distinções.

Um escândalo deu lugar a outro. Pouco tempo depois, descobrimos que, durante três anos, detentos fugiram da prisão aberta de Leyhill num ritmo de dois por semana, totalizando 323 desde 1999, entre os quais 22 assassinos. Esse ultraje só veio à tona quando um policial veterano da região revelou a um membro do Parlamento que nas vizinhanças do presídio uma onda de crimes estivera ocorrendo. Esse membro do Parlamento solicitou os números à Câmara dos Comuns; não fosse isso, tais dados continuariam em segredo.

Nenhuma dessas revelações, porém, surpreenderia um homem chamado David Fraser, autor do recém-publicado *A Land Fit for Criminals* – e a terra a que se refere o título é a Grã-Bretanha, claro. Longe de serem erros – erros repetidos com tamanha frequência, afinal, deixam de sê-lo –, todas essas ocorrências estão em harmonia com a política geral que a Grã-Bretanha adota com relação ao crime e à criminalidade.

Fraser foi agente de condicional por mais de 25 anos. Em certo momento, começou a duvidar do valor de seu trabalho no âmbito da prevenção do crime – e, assim, da proteção pública –, mas inicialmente presumiu que, na condição de policial de hierarquia comparativamente baixa no sistema de justiça criminal, estava atolado demais nos detalhes granulosos do cotidiano para ter uma visão ampla das coisas. Ele também presumiu que aqueles que estavam no comando não apenas sabiam o que estavam fazendo, mas agiam em prol do interesse público.

No fim das contas, porém, a ficha caiu. O insucesso de Fraser em lograr alguma mudança nos criminosos sob sua supervisão e em reduzir o número de crimes que cometiam em seguida não era, para a infelicidade do público geral, fracasso apenas seu, mas de todo o sistema. Para piorar, ele descobriu que tanto os burocratas responsáveis pelo sistema quanto seus mestres políticos não se importavam com esse fracasso – ao menos do ponto de vista de seu impacto sobre a segurança pública; carreiristas ao extremo, só se preocupavam em não permitir que o povo tomasse ciência da catástrofe. A fim de impedir a calamidade que o conhecimento público da verdade representaria para eles e para suas carreiras, lançavam mão de confusões, truques estatísticos e mentiras.

Fraser ficou de tal maneira ultrajado com a desonestidade intelectual coletiva dos que trabalhavam no sistema – e com o mundo kafkiano em que se encontrava, onde nada era chamado pelo nome verdadeiro e a linguagem tendia mais a ocultar o significado do que a transmiti-lo –, que decidiu escrever um livro mesmo sem ser apto a chamar atenção do público. Ele levou dois anos e meio na tarefa, com base em vinte anos de pesquisa. Desde a primeira página fica evidente que o escreveu porque sentiu uma necessidade fervorosa de expor e exorcizar as mentiras e desculpas com que convivera durante tanto tempo – mentiras e desculpas que, em poucas décadas, ajudaram a transformar uma nação obediente à lei e famosa por sua civilidade na nação com a maior taxa de crimes do mundo ocidental, na qual uma subcorrente de violência se faz cada vez mais presente na vida cotidiana. A exemplo de Lutero, Fraser não conseguiu conter-se. E, com o desdobrar dos acontecimentos, seu livro alcançou um histórico de publicações que desvela ainda mais a situação da Grã-Bretanha de hoje.

Exemplo após exemplo (sendo a repetição algo necessário para esclarecer que ele não se debruçou sobre um caso isolado de absurdez, passível de ser encontrado em qualquer empresa de larga escala), Fraser demonstra o quão longe chegaram os burocratas e governos a fim de ocultar do público o efeito de suas políticas e decisões, executadas com uma indiferença quase sádica pelo bem-estar das pessoas comuns.

Fraser revela que os intelectuais progressistas e seus aliados da burocracia se esforçaram ao máximo para garantir que aqueles que cumprissem a lei ficassem sumamente indefesos contra a garra dos criminosos, fomentando desde o enfraquecimento da polícia até o emprego de punições que não punem e de sofismas propagados por especialistas cujo objetivo era iludir e confundir o povo quanto ao que estava ocorrendo na sociedade – confusão que tornava a população impotente diante do experimento de que era objeto.

A polícia, demonstra Fraser, se assemelha a uma força colonial quase derrotada que, enquanto o caos reina por toda parte, se refugia em encraves seguros para embaralhar papéis e produzir dados falsos que apaziguem seus mestres políticos. Sua primeira linha de defesa é não registrar metade dos crimes que chegam ao seu conhecimento, quantidade que já é, por si só, metade de todos os crimes de fato cometidos. Em seguida, eles se recusam a investigar o delito registrado ou a prender os réus mesmo quando é fácil fazê-lo e mesmo quando há provas contundentes contra eles, uma vez que as autoridades de acusação ou se recusarão a acusá-los ou a sentença resultante será tão trivial que todo o procedimento (pelo menos dezenove formulários preenchidos depois de cada prisão) terá sido à toa.

De todo modo, as autoridades querem que a polícia se valha de uma sanção conhecida como advertência – um mero aviso verbal. De fato, como bem assinala Fraser, o Ministério do Interior chegou inclusive a repreender a Força Policial de West Midlands por levar muitos presos ao tribunal em vez de somente adverti-los. Segundo a versão oficial, apenas crimes menores são tratados dessa forma; todavia, como sublinha o autor, somente em 2000, 600 casos de furto, 4300 casos de roubo de carro, 6600 delitos de arrombamento, 13400 crimes contra a ordem pública, 35400 casos de violência contra a pessoa e 67700 casos de outros tipos de roubo foram tratados assim – o que permitiu, na prática, que esses 127900 criminosos permanecessem livres. Quando levamos em consideração o fato de a taxa de crimes resolvidos pela polícia na Grã-Bretanha ser um em vinte (e mesmo esse número se baseia numa fraude oficial), torna-se absurda a afirmação do intelectual progressista, repetida *ad nauseam* nos jornais e na televisão, de que o sistema de justiça criminal britânico é rudemente punitivo.

Em cada parte do sistema, demonstra Fraser, a fraude impera. Quando um juiz sentencia um criminoso a três anos de prisão, ele sabe muito bem (assim como a imprensa que noticia o fato) que na grande maioria dos casos o criminoso em questão cumprirá no máximo dezoito meses, uma vez que lhe é conferida automaticamente, como direito, a suspensão de metade de sua pena. Além disso, em virtude de um esquema de libertação precoce cada vez mais usado, os prisioneiros cumprem muito menos do que meia pena. Submetidos a um regime de toque de recolher doméstico, eles podem receber um dispositivo eletrônico cujo objetivo é dar ao público a garantia de que estão sendo monitorados; o dispositivo, no entanto, permanece com os criminosos por menos de doze horas diárias, o que lhes oferece muitas chances de continuar na carreira. Mesmo quando os criminosos se livram de seus dispositivos (e sabe-se que todo ano milhares deles são removidos ou vandalizados) ou se mostram incapazes de cumprir as condições que lhes garantam a libertação precoce, aqueles que supostamente os monitoram nada fazem, temendo prejudicar as estatísticas que provam o êxito do sistema. Quando o Ministério do Interior tentou utilizar o sistema de monitoramento eletrônico com jovens criminosos,

73% deles foram condenados novamente dentro de três meses. Não obstante, as autoridades decidiram ampliar o projeto. A incapacidade do Estado britânico de levar suas responsabilidades a sério não poderia se revelar com mais clareza.

Fraser chama atenção para o sistema profundamente corrupto da Grã-Bretanha, no qual, uma vez detido, o criminoso pode solicitar que outros delitos por ele perpetrados sejam "levados em consideração". (Os criminosos chamam esses delitos de LECs.) Essa prática talvez seja do interesse do criminoso e da polícia, mas não de nossa população sofrida. O tribunal sentenciará o réu a períodos de detenção que serão contabilizados concorrentemente, e não consecutivamente, ao tempo de prisão estabelecido pelo delito principal: em outras palavras, na prática o prisioneiro cumprirá, para cinquenta arrombamentos, o mesmo tempo de prisão que cumpriria para um arrombamento só; além disso, ele jamais poderá ser acusado de novo pelos quarenta e nove arrombamentos "levados em consideração". Enquanto isso, a polícia pode gabar-se de ter "solucionado" cinquenta crimes pelo preço de um.

Uma artimanha do serviço de liberdade condicional que Fraser conhece por experiência própria está em medir a própria eficácia com base na proporção de criminosos que terminam a condicional em conformidade com as ordens judiciais — resultado procedural irrelevante para a segurança da população. Esses criminosos só permanecem sob supervisão direta dos agentes de condicional durante uma hora por semana, no máximo. Os agentes não têm como saber o que eles fazem nas outras 167 horas. A não ser que adotemos a absurda hipótese de que tais criminosos são incapazes de mentir sobre suas atividades, a mera presença deles no departamento responsável não nos dá garantia alguma de que agora estão vivendo de acordo com a lei.

Todavia, ainda que o cumprimento total das condições do livramento fosse aceito como medida do sucesso da prevenção de reincidências criminosas, os números do departamento responsável há muito se mostram inteiramente viciados — e por uma razão muito clara. Até 1997, os próprios agentes de condicional decidiam quando o não cumprimento de suas orientações poderia fazê-los "romper" com os criminosos supervisionados e encaminhá-los novamente ao tribunal. Como sua própria eficácia era medida de acordo com a proporção de livramentos condicionais concluídos "com sucesso", os agentes tinham um motivo forte para ignorar a desobediência dos criminosos. Nessas circunstâncias, toda atividade se tornava estritamente *pro forma*, não tendo nenhum objetivo fora de si mesma.

Embora o governo tenha dado fim a esse tipo específico de artimanha estatística, cada liberdade condicional ainda é contabilizada como "bem-sucedida" quando alcança sua data de conclusão oficial, ainda que o criminoso seja preso por cometer outros delitos antes desse prazo, como muitas vezes acontece. Apenas assim o Ministério do Interior pode afirmar que entre 70 e 80% das condicionais são "concluídas com sucesso".

Em seu esforço para demonstrar verdadeira a ortodoxia progressista que diz que a prisão não funciona, criminologistas, funcionários do governo e jornalistas têm propagado que as taxas de novas condenações são menores entre os que foram sentenciados à liberdade condicional e a outras formas de punição não prisional (sendo "punição", nessas circunstâncias, palavra utilizada de forma muito vaga) do que entre os que ficaram presos. Se o objetivo, porém, é proteger as pessoas que cumprem as leis, comparar o índice de novas condenações dos que ficaram detidos com o índice de novas condenações dos que permaneceram em liberdade condicional é algo irrelevante. O que importa é o índice de reincidência – algo tão óbvio que é vergonhoso que Fraser precisasse não apenas enunciá-lo, mas também repeti-lo sem cessar, visto que os políticos, os acadêmicos e os parasitas do jornalismo o obscureceram por completo.

Por definição, um preso não pode cometer crime algum (exceto contra outros prisioneiros e contra os funcionários do presídio). Mas e aqueles que estão no mundo em liberdade condicional? Dos mil homens sob esse regime, esclarece Fraser, cerca de seiscentos receberão ao menos uma nova condenação nos dois anos em que o Ministério do Interior os acompanhará por razões estatísticas. Uma vez que a taxa de identificação de crimes na Grã-Bretanha é de 5%, esses mil criminosos terão na verdade cometido não seiscentos, mas ao menos 12 mil crimes (partindo do princípio de que sejam criminosos medianamente competentes, perseguidos por uma polícia medianamente incompetente). Nem isso dá fim ao problema. Uma vez que existem cerca de 150 mil pessoas em liberdade condicional na Grã-Bretanha, segue-se que ao menos 1,8 milhão de crimes – mais de um oitavo do total da nação – devem ser cometidos anualmente por pessoas sob esse regime, isto é, ao alcance do sistema de justiça criminal, ou por pessoas que acabaram de cumpri-lo. Apesar de alguns desses delitos não deixaram vítimas, ou pelo menos são impessoais, pesquisas mostraram que tais criminosos causam enorme aflição à população britânica – aflição que eles não poderiam causar caso passassem o ano inteiro na prisão.

Comparar, como forma de oposição ao encarceramento, a quantidade de ex-prisioneiros novamente condenados com a quantidade de novas condenações de quem cumpriu pena em regime de liberdade condicional não é apenas irrelevante do ponto de vista da segurança pública, mas também logicamente absurdo. É *claro* que os presos terão índices mais altos de novas condenações ao sair da prisão; isso, porém, não se dá porque a prisão é incapaz de emendá-los, e sim porque são os criminosos mais duros, incorrigíveis e reincidentes que vão para a cadeia. Mais uma vez, trata-se de algo tão óbvio que é vergonhoso que se faça necessário assinalá-lo; ainda assim, os políticos, bem como muitos outros, continuam a usar esses índices como se eles fossem fundamento adequado para políticas decisivas.

Implacável ao longo de centenas de páginas, Fraser traz exemplos de como, valendo-se tanto de sua frivolidade moral e intelectual quanto de sua completa incompetência, o governo britânico e seu aparato burocrático inflado e ineficaz fracassaram em seu dever elementar, o único que lhes é inescapável: proteger a vida e os bens dos cidadãos. Ele expõe o absurdo preconceito que acabou por tornar-se ortodoxia quase inexpugnável entre os intelectuais e a elite política: a posição de que temos prisioneiros demais na Grã-Bretanha – como se houvesse um número de prisioneiros ideal, derivado de um princípio puramente abstrato, ao qual devemos almejar independentemente do número de crimes cometidos. Fraser descreve em detalhes a corrupção moral e intelectual do sistema de justiça criminal da Grã-Bretanha, abarcando desde as decisões policiais de não registrar crimes ou acusar malfeitores até as sentenças absurdamente brandas dadas aos condenados, passando ainda pelos meios administrativos que possibilitam aos prisioneiros cumprir menos de metade da pena, independentemente de sua periculosidade ou da probabilidade de reincidência.

Segundo Fraser, no âmago da idiotice britânica se encontra a ideia complacente e totalmente irrealista – mas que cria oportunidades de emprego para exércitos de burocratas, além de ser psicologicamente gratificante – de que os arrombadores, os furtadores e os ladrões não são malfeitores conscientes que ponderam suas chances de se safar, e sim pessoas à mercê de uma espécie de doença mental, indivíduos cujos processos de pensar, sentir e decidir precisam ser reestruturados. Caberia, portanto, a todo o sistema de justiça criminal agir de modo terapêutico ou médico, e não de maneira punitiva ou dissuasiva. Os arrombadores, coitados, não sabem que os proprietários não gostam de ter sua casa invadida, e assim devemos educá-los e informá-los sobre isso; ademais, precisamos convencê-los de algo que toda a sua experiência pregressa contradissera, a saber: o crime não compensa.

No geral, o livro de Fraser é uma denúncia fervorosa e irrefutável (ao menos até agora) do sistema de justiça criminal – e, por conseguinte, do Estado – britânico. Como me afirmou o próprio autor, o fracasso do Estado em proteger a vida e os bens de seus cidadãos e em levar a sério seu dever nessa esfera cria uma situação politicamente perigosa, uma vez que coloca a legitimidade do próprio Estado em risco. As possíveis consequências disso são incalculáveis, visto que tal fracasso poderia arruinar a reputação do Estado de direito e dar espaço a um Estado brutal e autoritário.

Talvez vocês achem que praticamente todo editor teria acolhido de bom grado um livro de mensagem tão urgente, claramente nascido da necessidade de veicular verdades ao mesmo tempo óbvias e desagradáveis, mas de maneira que uma pessoa de inteligência razoável fosse capaz de entendê-las. Talvez achem que tal editor se sentiria afortunado ao ver um manuscrito como esse sobre sua mesa. No entanto, pelo menos no que diz respeito à Grã-Bretanha, isso não é verdade.

Tão desagradável era a mensagem de Fraser aos bretões bem-pensantes que sessenta editores recusaram o livro. Num país que publica mais de 10 mil livros por mês – dos quais pouquíssimos são obras-primas imortais –, não havia espaço para ele ou para o que ele tinha a dizer, embora não fosse necessária grande astúcia para vislumbrar seu potencial comercial num país repleto de vítimas de crimes. Tão grande era a pressão da ortodoxia sobre as mentes da *intelligentsia* que nenhuma diferença faria se Fraser tivesse ido a Meca e afirmado que Deus não existe e que Maomé não é seu profeta. Obviamente, nenhum editor de fato lhe disse que aquilo que ele afirmava não era aceitável nem podia ser dito em público: seu livro apenas não "se adequava ao catálogo" de nenhum selo. Ele era vítima daquilo que equivalia, no mercado editorial britânico, à *omertà* dos mafiosos.

Felizmente, e diferentemente do que muitas vezes pensou em fazer, Fraser não desistiu. A 61ª editora a receber o livro o aceitou. De modo algum desejo desrespeitar seu julgamento quando digo que foi sua situação pessoal o que a distinguiu de seus colegas: pouco tempo antes, o filho de um casamento anterior de seu marido fora esfaqueado na rua por um traficante jamaicano de vinte anos que, não obstante seus antecedentes criminais, não havia sido deportado, mas autorizado a permanecer no país como se fosse um tesouro nacional a ser tratado com carinho e atenção. Com efeito, no tribunal seu advogado o apresentou como pintor e decorador desempregado e vítima de preconceito racial (circunstância atenuante, obviamente) – argumento que a procuradoria não refutou, embora o assassino tivesse conseguido fazer com que seu auxílio-desemprego se convertesse, magicamente, num conversível novinho em folha de 54 mil libras.

Sem jamais ter ficado doente na vida, a avó materna do jovem assassinado sofreu um infarto fulminante uma semana após a sua morte, e assim o funeral foi duplo. É difícil evitar a conclusão de que o assassino matou não apenas uma, mas duas pessoas. Ele foi sentenciado a oito anos de prisão, pena que, na prática, não passará de quatro ou cinco anos.

Fiz à editora a pergunta impossível: teria ela publicado o livro caso alguém próximo não houvesse experimentado em primeira mão a frívola leniência do sistema de justiça criminal britânico? Ela achava que sim; o que está além de qualquer discussão, porém, é que aquele assassinato fizera da publicação da obra uma certeza.

A Land Fit for Criminals vendeu bem e foi amplamente debatido, embora não pelos jornais progressistas mais importantes, para os quais tudo aquilo era de péssimo gosto. Todavia, a história de sua publicação nos revela o quão próximos estamos de uma uniformidade quase totalitária daquilo que pode ser dito – uma uniformidade que os bem-pensantes impõem informalmente em nome de toda a humanidade, mas em pleno desprezo pela verdade e pela vida de seus concidadãos. É melhor que estes bem-pensantes se sintam satisfeitos com sua retidão e sua tolerância do que milhões deixem de temer roubos e agressões. É uma pena que a voz de Fraser tivesse de ser ouvida por cima do cadáver de alguém.

2006

Ilusões da honestidade

Quando anunciou que deixaria o cargo de primeiro-ministro após ocupá-lo por dez anos, Tony Blair quase derramou uma lágrima. E pediu aos espectadores que acreditassem que ele sempre fizera o que achava certo. No entanto, estaria mais próximo da verdade se dissesse que sempre achou que era certo o que fizera. Durante os anos em que permaneceu no cargo, ele conservou inviolável sua crença na existência de uma essência puramente caridosa de si mesmo – uma crença tão forte que nenhuma quantidade de mentiras, de negócios obscuros, de ações inescrupulosas e de indecoros constitucionais foi capaz de solapá-la ou destruí-la. Tendo nascido com a marca da Virtude Original, Blair era também um pregador nato.

Em tom confessional, Blair admitiu que às vezes não esteve à altura do que esperavam dele. Não se referiu a algo específico, mas ainda assim caberia a nós admirar a candura e a humildade reveladas por esse reconhecimento. Não foi à toa que Blair chegou à maturidade na época do lançamento do célebre *Psychobabble*, livro que disseca a tendência moderna a entregar-se à auto-obsessão sem o exame de si mesmo. Ali estava um *mea culpa* sem a *culpa*. Abençoe-me, povo (era o que Blair parecia dizer), pois eu pequei; só não me peça que diga como.

Certamente houve coisas, nos anos de Blair, pelas quais devemos ser gratos. Seu apoio à política americana no Iraque conquistou-lhe a simpatia dos Estados Unidos, é claro. Blair foi também muitas vezes eloquente em defesa da liberdade. Além disso, sob sua liderança a Grã-Bretanha desfrutou de dez anos de crescimento econômico incessante, nos quais vastas regiões do país conheceram uma prosperidade sem precedentes. Londres se tornou uma das cidades mais ricas do mundo, competindo com Nova York pelo posto de centro financeiro da economia global. Sim, Blair de fato herdara uma economia robusta de seu predecessor e deixou seu gerenciamento, em certa medida, nas mãos de seu sucessor atual, Gordon Brown; não obstante, ao contrário dos outros primeiros-ministros trabalhistas, ele não teve de lidar com nenhuma crise econômica, o que por si só já é algo digno de orgulho.

No entanto, o modo como a história o julgará e se chegará a absolvê-lo (para adaptarmos sutilmente a expressão cunhada por um famoso ditador antilhano, hoje enfermo) são questões distintas. A rigor, a história não absolve — nem justifica, nesse caso — ninguém; apenas pessoas o fazem, e, exceto nos casos mais óbvios de vilania ou santidade, elas chegam a conclusões diferentes partindo das mesmas evidências. Por conseguinte, não pode haver nenhum juízo definitivo de Blair, em especial quando esse juízo coincide com sua partida. Ainda assim, tentarei.

O anúncio da demissão de Blair foi característico do homem e, é forçoso admitir, da nova cultura que o gerara: lacrimoso e autoconveniente. Revelava olhos e ouvidos infalíveis para o falso e para o kitsch, olhos e ouvidos que por muito tempo lhe permitiram tocar a sensibilidade de grande parte da população do mesmo modo como se toca uma flauta.

Por exemplo, Blair soube exatamente o que dizer sobre a princesa Diana quando do acidente de carro que deu fim à sua vida: tratava-se da "princesa do povo". Ele percebeu com precisão que aquela era uma época demótica, e não democrática: uma vez que a igualdade econômica havia sido derrotada tanto na teoria quanto na prática, o único recurso popular que restara a um político dito radical era a igualdade cultural. Blair foi capaz de mensurar os sentimentos do povo porque, em grande medida, eles eram também seus. Sendo ele adepto do culto da celebridade, no qual a união de *glamour* e banalidade tanto reforça o sentimento democrático quanto estimula ilusões de luxo, Blair procurou a companhia de personalidades secundárias do *show business* e passou férias na casa deles. A demonstração prática de que frequentava os mesmos santuários frequentados pelo povo, de que o gosto dele era o mesmo gosto do público, fez mais do que compensar o fraco odor da falta de decoro que disso emanava. As diferenças de gosto, afinal, unem ou separam os homens mais do que qualquer outra coisa.

Nenhum primeiro-ministro jamais foi, de uma só vez, tão onipresente e tão inacessível. Compreendendo instintivamente a dinâmica do culto da celebridade, Blair era tanto íntimo (ele insistia em ser chamado por um diminutivo) quanto distante (atuava mais como chefe de Estado do que como chefe do governo, passando em seu escritório um tempo três vezes maior do que seu antecessor). Após ter convidado sessenta cidadãos comuns à Downing Street, de modo que pudessem expressar--lhe suas visões e lhe possibilitassem dizer que dava ouvidos ao povo, Blair passou a falar com eles por meio de uma enorme tela de plasma, embora se encontrasse no edifício. Tão perto, mas ao mesmo tempo tão longe: aquela tela era o salão do vizir em tempos de realidade virtual. Com Blair, a comunicação, a exemplo da flecha do tempo, seguia apenas em uma direção.

Tony Blair foi o político perfeito para uma época de pouca capacidade de atenção. O que ele dizia em determinado dia não tinha nenhum vínculo necessário com aquilo que diria no dia seguinte; e, se alguém assinalasse essa contradição, ele empregaria sua frase favorita – "É hora de seguir em frente" –, como se a identificação de contradições em seu discurso revelasse um curioso sintoma psicológico na pessoa que as identificava.

Muitos supõem ter havido uma falha crucial na personalidade de Blair, um defeito que aos poucos fê-lo transformar-se, de primeiro-ministro mais popular, no primeiro-ministro mais impopular da história recente. O problema está em nomear essa falha essencial. Como psiquiatra, esse problema me era particularmente perturbador (tendo em mente que é sempre altamente especulativo emitir um diagnóstico a distância). No entanto, uma possível solução acabou por afigurar-se aos meus olhos num momento de lampejo. Blair sofria de algo que eu até então desconhecia: ilusões de honestidade.

Blair chegou ao poder prometendo que seu governo seria "mais puro que puro" – expressão ao mesmo tempo farisaica e um pouco tola, dada a natureza decadente do homem. Os tóris que o precederam no governo se tornaram notórios por atos de corrupção que hoje parecem insignificantes. Com efeito, uma das objeções levantadas contra esses atos – por exemplo, contra a formulação de perguntas na Câmara dos Comuns em troca de dinheiro, o qual era entregue sob as mesas em notas usadas, embrulhadas em envelopes de papel pardo – dizia respeito aos ínfimos valores envolvidos. Que tipo de pessoa correria o risco de arruinar-se por quantias que uma pessoa honesta conseguiria juntar em uma ou duas semanas?

Logo depois de Blair assumir o cargo, porém, um bilionário chamado Bernie Ecclestone ofereceu uma doação de 2 milhões de libras ao Partido Trabalhista caso o governo isentasse a Fórmula 1, por ele gerenciada, da medida que proibia anúncios de cigarro em eventos esportivos. O governo concordou. Exposto, Blair afirmou ser "um cara correto" para quem era inconcebível envolver-se em algo tão desagradável – embora ele estivesse claramente envolvido. Era sua capacidade de acreditar nas próprias inverdades o que o tornava tão persuasivo para os outros; essa era uma das suas maiores vantagens políticas.

Escândalos como esse, eivado de favores concedidos a homens ricos e de protestos de inocência ferida depois da exposição pública, eram frequentes e de uma monótona regularidade no mandato de Blair. Um dos casos mais famosos foi desencadeado pela carta que ele enviou a Adrian Nastase, primeiro-ministro romeno, encorajando-o a vender a aciaria estatal Sidex ao bilionário industrial Lakshmi Mittal; ajudaria a Romênia a ingressar na União Europeia, afirmou ele, se uma empresa britânica comprasse a aciaria. Todavia a empresa de Mittal não era britânica; de seus 125 mil empregados, apenas cem trabalhavam no país. Com efeito, o próprio Mittal não era bretão; porém, havia pouco antes doado 250 mil libras ao Partido Trabalhista.

Longe de ser mais puro que puro, Blair era de uma displicência complacente com a falta de decoro dos outros, contanto que lhe fossem leais ou politicamente úteis. O caso de Peter Mandelson é particularmente esclarecedor. Quando ministro, Mandelson tomou de empréstimo uma grande quantia de outro ministro, o multimilionário Geoffrey Robinson, a fim de comprar uma casa. Mandelson não apenas deixou de contar ao banco que lhe emprestou o restante do valor necessário que a quantia que tinha em mãos não era dele (o que, para mortais não tão bem-relacionados, seria considerado fraude): por suspeitar de irregularidades, o departamento que ele chefiava na época estava investigando os negócios do próprio Robinson.

A exposição pública forçou Blair a aceitar a demissão de Mandelson. No entanto, o primeiro-ministro logo o indicou para o gabinete. Blair aceitou a demissão de Mandelson novamente quando foi descoberto que ele havia forçado a aprovação do pedido de passaporte de um dos irmãos Hinduja – empresários indianos acusados de corrupção na Índia –, que havia doado 2 milhões de libras ao Partido Trabalhista. Blair então recompensou Mandelson com o poderoso e lucrativo cargo de comissário europeu. O que devemos concluir a partir disso?

Tendo chegado ao poder tecendo profundas críticas ao uso de consultores privados pelo governo anterior, Blair logo passou a gastar dez vezes mais com eles, garantindo a lealdade de funcionários do serviço civil (quadro profissional tradicionalmente fixo, e não composto de indicações políticas) ao permitir-lhes alternar entre atividades públicas e privadas, enriquecendo enormemente no processo. Desse modo, Blair interpretou o papel de Mefistófeles para o Fausto do serviço civil, introduzindo níveis de corrupção e patronato que não eram vistos na Grã-Bretanha desde o século XVIII. Como se jogadas num buraco negro, quantias enormes desapareceram em organizações como o Serviço Nacional de Saúde, no qual os burocratas ampliaram de tal maneira seus interesses, mesclando-os com os interesses de fornecedores e consultores privados, que é hoje difícil distinguir o público do particular. Em dez anos, os gastos com o Serviço Nacional de Saúde cresceram duas vezes e meia; não obstante, é difícil perceber alguma melhora correspondente ali, exceto no que diz respeito ao padrão de vida de seus funcionários.

Blair chegou a tornar-se o único primeiro-ministro em atividade a ser questionado pela polícia, na Downing Street, durante uma investigação criminal, sob o risco de incriminar a si mesmo. Tratava-se, no caso, da investigação da venda de cadeiras na Câmara dos Lordes. Não surpreende que, para a maioria da população, verdade e Blair habitem universos paralelos. Refletindo a atmosfera do país, Gordon Brown dirigiu a ele a seguinte observação: "Não há nada que o senhor diga que me faça acreditar".

Blair mostrou-se extraordinariamente hábil na arte pós-moderna da distorção. Uma conselheira política do governo capturou perfeitamente essa abordagem quando, em 11 de setembro de 2001, afirmou que aquele "era um ótimo dia para enterrar as más notícias". Em outras palavras, é possível se safar de tudo, desde que o timing esteja certo.

Logo no início de seu mandato, Blair afirmou que seu governo seria duro no combate à criminalidade e às suas causas. Ele desejava conquistar – e de fato conquistou – dois tipos de eleitor de uma só vez: os que desejavam ver os criminosos detidos e os que viam o crime como consequência natural da injustiça social, isto é, como uma espécie de protesto rudimentar contra as condições em que os criminosos viviam.

Para ter sucesso, Blair se pôs a criar confusões e assim impedir que os eleitores, e até os especialistas, descobrissem com facilidade o que estava acontecendo. O governo de Blair, por exemplo, ciente do desconforto público causado pelo número de criminosos que deixavam a prisão apenas para cometer novos crimes graves, introduziu o sentenciamento indeterminado – a detenção sem prazos –, o que aparentava ser uma resposta dura aos reincidentes. A realidade, porém, era outra: os juízes responsáveis por emitir as sentenças ainda se viam livres para determinar a data em que os criminosos passariam para o regime de liberdade condicional, o que na Inglaterra equivale, na prática, a uma libertação. A punição que os criminosos cumpririam, portanto, não seria mais longa do que aquela que já cumpririam antes de sancionada a nova lei.

Outra forma de confundir o público estava na manipulação dos números oficiais. Em 2006, para ficarmos apenas em um exemplo, o governo eliminou três índices simples, mas ainda assim de crucial importância, da compendiosa estatística referente àqueles que estão submetidos a penas alternativas, isto é, a vários tipos de atividade e supervisão realizadas fora da prisão: os antecedentes criminais anteriores ao sentenciamento, os níveis de novas condenações e o número de ordens de prisão emitidas quando do cumprimento de penas alternativas. No lugar desses índices, o governo inseriu outro extremamente insignificante, ao menos do ponto de vista da segurança pública: a proporção de pessoas condenadas a penas alternativas que cumpriam exigências como a de apresentar-se semanalmente, por uma hora, ao departamento de liberdade condicional.

A polícia também foi encorajada a não registrar os crimes e, assim, conservar reduzido o número de delitos. A taxa de criminalidade caiu, em parte, porque furtar lojas deixou de ser crime, por exemplo. A polícia hoje lida com esse furto do mesmo modo como lida com o estacionamento irregular: os responsáveis recebem na hora multas cujo valor não passa, em média, de metade do valor das mercadorias roubadas.

O problema do desemprego na Grã-Bretanha ilustra à perfeição os métodos que o governo Blair empregou para camuflar a verdade. O mundo em geral acredita que, graças às prudentes políticas do Partido Trabalhista, a Grã-Bretanha tem hoje baixo índice de desemprego; com efeito, Blair muitas vezes censurou outros líderes quanto a isso. Esse baixo índice não é uma mentira propriamente dita: hoje, são relativamente poucos os que são oficialmente considerados desempregados.

Infelizmente, os que são considerados doentes proliferam; e, se somarmos a quantidade de desempregados e doentes, o número continua notavelmente constante nos últimos anos, oscilando ao redor de 3,5 milhões – embora a proporção de doentes tenha aumentado rapidamente em relação aos desempregados. E 2,7 milhões de pessoas, 8% ou 9% da força de trabalho, recebem pensão por invalidez na Grã-Bretanha, estando altamente concentradas nos antigos redutos de desemprego; existem mais pessoas que se declaram incapacitadas para o trabalho em virtude de distúrbios psiquiátricos do que pessoas que declaram que não há trabalho. Na antiga cidade carvoeira de Merthyr Tydfil, cerca de um quarto da população adulta está encostada por invalidez. A Grã-Bretanha, portanto, é o homem doente da Europa, embora todos os indicadores objetivos sugiram que as pessoas estão levando vida mais longa e saudável do que nunca.

Três grupos se beneficiam dessa artimanha estatística. Em primeiro lugar, os próprios desempregados, uma vez que a pensão por invalidez é cerca de 60% maior do que o auxílio-desemprego; além disso, uma vez agraciados, não precisamos fingir que estamos em busca de trabalho. Em segundo lugar, os médicos responsáveis pelos diagnósticos falsos, que ao emiti-los evitam um possível conflito com seus pacientes; isso lhes é importante em virtude do alto índice de agressões contra médicos britânicos. Por fim, o governo, que pode afirmar que reduziu o desemprego.

Tal confusão, porém, acaba por destruir a personalidade humana. Os desempregados precisam simular algo que não é verdade – a saber, que estão doentes; a profissão médica sai humilhada e abatida por fazer parte de uma fraude; e o governo fecha os olhos, por um breve momento, para problemas econômicos reais. Desse modo, toda a sociedade se vê corrompida e infantilizada por sua incapacidade de ser franca, e o fato de Blair falar com convicção sobre o baixo índice de desemprego e achar que está dizendo a verdade é, para mim, algo pior do que se ele fosse um cínico covarde.

A característica mais preocupante de Blair, porém, tem sido sua hostilidade para com a liberdade em seu próprio país, independentemente de sua posição sobre ela em outras nações. Em duzentos anos, nenhum primeiro-ministro britânico fez tanto para reduzir as liberdades civis quanto Blair. Partindo do princípio de que é infinitamente caridoso, ele assumiu responsabilidades infinitas, e assim a Grã-Bretanha se tornou um país cujo grau de vigilância oficial daria inveja a um ditador militar latino-americano. Às vezes essa vigilância é apenas ridícula: temos fiscais de estacionamento, por exemplo, que trazem uma pequena câmera de circuito fechado no quepe para filmar a reação injuriosa dos multados, ou ainda conselhos locais que anexam sensores à lixeira de 3 milhões de casas no intuito de registrar o que as pessoas estão descartando e, assim, cobrá-las pela quantidade e qualidade de seu lixo.

Muitas vezes, contudo, o alcance do governo é menos inócuo. Em nome da segurança nacional, por exemplo, o governo liderado por Blair procurou fazer com que os interessados em tirar passaporte fornecessem duzentos tipos de informações sobre si mesmos – incluindo detalhes de sua conta bancária – e se submetessem a um interrogatório de meia hora. Se o candidato não autorizasse a circulação de suas informações entre os departamentos do governo, não receberia seu passaporte e não teria direito a recurso. O governo também elaborou um projeto que exige que os detentores de passaporte avisem a polícia caso mudem de endereço.

Um dos motivos apresentados para justificar essas atitudes orwellianas foi a descoberta de que, antes de ser preso, o aspirante a terrorista Dhiren Barot obtivera nove passaportes britânicos porque não queria acumular, em nenhum deles, muitos carimbos de países suspeitos. Ao mesmo tempo, veio à tona que, todo ano, o Departamento de Passaportes emitia dez mil passaportes a candidatos fraudulentos – o que dificilmente surpreende, visto que sua equipe consiste sobretudo em imigrantes legais e ilegais.

Como muitas vezes aconteceu com Blair e seu governo, a solução proposta não foi apenas inteiramente desproporcional ao problema: ela nem sequer era uma solução. O governo reconheceu que gangues de criminosos já haviam falsificado os novos passaportes de alta tecnologia do Reino Unido. As únicas pessoas, portanto, que se sentiriam incomodadas com o processo seriam as que não necessitavam de vigilância alguma. Nenhum indivíduo sensato nega o risco que o extremismo islâmico representa para a Grã-Bretanha; no entanto, do mesmo modo como ser filmado por câmeras de segurança trezentas vezes por dia não protege o bretão comum dos crimes ou comportamentos antissociais que continuam a predominar no país, ninguém se sente mais protegido da ameaça terrorista ao se submeter à crescente vigilância do governo.

De modo semelhante, Blair não demonstrou respeito algum pelas reformas anteriores e graduais criadas pelo próprio Parlamento, que, na falta de uma constituição escrita à maneira americana, têm sido os princípios norteadores da nação. Por meio de decreto, Blair pela primeira vez na história submeteu o serviço civil a aliados políticos não eleitos. Ele dedicou muito menos atenção ao Parlamento que qualquer outro primeiro-ministro. A grande maioria das leis sancionadas sob seu mandato (uma torrente tão grande que os advogados são incapazes de lidar com elas) não teve supervisão parlamentar efetiva, ou seja, por meio de decretos. Um crime novo foi criado a cada dia – exceção feita aos domingos – ao longo de dez anos, 60% deles também por meio de decretos, abarcando desde a venda de esquilos-cinzentos e de corriolas-maiores de origem japonesa à não indicação de alguém para desligar o alarme de alguma casa se disparasse enquanto a pessoa estivesse fora. Blair deu fim à independência da Câmara dos Lordes, o único, e limitadíssimo, freio ao poder do governo eleito. Eliminou o imemorial princípio jurisprudencial do *non bis in idem*. Quis introduzir a prisão preventiva para aqueles cujos médicos consideravam perigosos, embora não tivessem cometido crime algum. Sancionou um Ato de Contingências Civis que permite que o governo britânico confisque ou destrua propriedades, sem oferecer compensações, caso acredite que uma emergência ocorrida em qualquer parte do mundo possa causar dano sério ao bem-estar humano ou ambiental da Grã-Bretanha.

O fato de Blair ter se tornado tão autoritário não surpreende aqueles que atentaram para o tom de alguns de seus primeiros pronunciamentos. A ênfase dada à juventude; a busca daquilo que ele chamava, de forma grandiloquente, de Terceira Via (como se ninguém houvesse pensado nela antes); seu desejo de criar uma "Nova Grã-Bretanha"; a afirmação de que o Partido Trabalhista era o braço político do povo britânico (como se as pessoas que não o apoiavam de alguma forma não fossem britânicas): para alguns, tudo isso tinha ar mussoliniano, quiçá até peronista. É ridículo dizer que Tony Blair era fascista; no entanto, seria igualmente absurdo encará-lo como defensor da liberdade, ao menos em seu próprio país.

Para Blair, era muito mais fácil enfrentar a ameaça muçulmana no exterior do que em seu próprio país, talvez porque exigisse menos coragem. Intencionalmente ou não, ele explorou o sentimento dos islâmicos em casa. Durante as eleições gerais, nas quais o líder e o vice-líder da oposição eram judeus, Blair permitiu que o Partido Trabalhista os retratasse como porcos nos cartazes da campanha. O eleitorado judeu na Grã-Bretanha é pequeno e difuso; o muçulmano é grande, concentrando-se em seções eleitorais ao redor das quais pode girar toda a eleição. Não digo que Blair seja antissemita: ninguém o acusaria disso. O que acontece é que, se insinuações antissemitas servirem para o que ele quer, ele as empregará – e sem dúvida convencido de que seria para o sumo bem da humanidade.

Além disso, Cherie, esposa de Blair, advogada que hoje atua pouco, por uma conveniente coincidência – pouco antes de uma eleição geral, e numa época em que os muçulmanos estavam insatisfeitos com o Partido Trabalhista por causa da Guerra do Iraque – apareceu diante do supremo tribunal do país para defender uma menina de quinze anos que reivindicava o direito de usar todos os trajes muçulmanos na escola. Um grupo extremista islâmico dava respaldo legal e financeiro ao caso.

Blair também foi responsável pela ampliação dos votos por correspondência em territórios muçulmanos, apesar de ter sido advertido de sua provável consequência: os chefes de cada família acabariam por votar em nome de todos os eleitores registrados que estivessem sob seu teto. É difícil evitar a conclusão de que Blair defendeu o sufrágio por correspondência em virtude dessa consequência, que orientaria os votos para os vários candidatos trabalhistas que eram, eles mesmos, muçulmanos. A fraude pró-trabalhista se difundiu de tal maneira que o juiz responsável pela investigação judicial de uma eleição em Birmingham concluiu que esta faria sucumbir uma república das bananas. O primeiro-ministro também mostrou-se excepcionalmente fraco durante a crise do cartum dinamarquês, tecendo observações sobre o islã – que se trata de uma religião de paz, por exemplo – que ele deve saber inverdadeiras.

Blair, portanto, não é nenhum herói. Muitos na Grã-Bretanha acreditam que ele foi o pior primeiro-ministro da história recente do país: é moral e – talvez – financeiramente corrupto, superficial e egoísta, alguém que mesclou as qualidades de Elmer Gantry com as de Juan Domingo Perón. Os Estados Unidos deveriam pensar duas vezes antes de levá-lo a sério agora que saiu de cena.

2007

Os terroristas entre nós

Recentemente, estando eu em visita a Toronto, a polícia prendeu dezessete homens – o mais velho com 43 anos, mas a maioria mais jovem – por tramarem um ataque terrorista. Ao que parece, eles desejavam explodir o Parlamento em Ottawa e decapitar publicamente o primeiro-ministro. Os policiais os detiveram enquanto eles compravam uma quantidade três vezes maior de explosivos do que a usada por Timothy McVeigh no atentado da cidade de Oklahoma. Ao noticiar as prisões, o *The New York Times* chamou aqueles homens de "sul-asiáticos" – embora um deles fosse egípcio, dois fossem somalis e a maioria canadense –, ocultando assim, por meio de um eufemismo impreciso, a característica mais marcante dos supostos conspiradores: eram todos muçulmanos. Enfraquecida, e até mesmo estupefata pelas exigências do politicamente correto (indicador moderno da virtude), a polícia canadense afirmou que os dezessete homens vinham de ambientes tão distintos que era impossível identificar algo em comum entre eles.

Os canadenses, como um todo, reagiram às notícias da maquinação com uma mistura de ultraje e descrença. Alguns foram mais vigorosos, quebrando as janelas de uma mesquita em Toronto – o que a imprensa logo denunciou como algo pouco canadense. Muitos, no entanto, se perguntaram "por que nós?", uma vez que o Canadá era um dos países mais tolerantes e benévolos para com os imigrantes, um local onde a celebração da diversidade como fim em si se tornara quase um fetiche oficial. Será que nenhuma política progressista passa impune?

Logo ficou claro que nenhum dos fatores sociológicos geralmente evocados para explicar comportamentos ultrajantes – a pobreza, digamos, ou a discriminação racial – poderia justificar a adesão daquelas dezessete pessoas à trama (presumindo que as acusações contra elas fossem verdadeiras). Os somalis envolvidos tinham nascido no meio da crônica guerra civil da Somália e chegado como refugiados ao Canadá, onde passaram a cometer delitos não ideológicos antes de serem infectados pelo vírus islâmico; não tinham, portanto, histórico de grande sucesso econômico. No entanto, outros supostos conspiradores eram produto de classes médias estruturadas, como o filho de um médico indiano bem-sucedido que emigrara de Trinidad para o Canadá. As fotos das casas em que alguns dos conspiradores viveram e foram educados devem ter deixado com inveja um número considerável de leitores de jornal. Quaisquer que fossem os motivos que haviam levado os dezessete a recorrer à cimitarra e às bombas, a pobreza pura e simples ou o desespero causado por uma discriminação insuperável não estavam entre eles.

Por acaso, as prisões em Toronto coincidiram com a publicação, nos Estados Unidos, do romance *Terrorista*, de autoria do ilustre John Updike. O livro é uma tentativa de adentrar o universo mental de um jovem americano – e não canadense – que deseja tornar-se homem-bomba islâmico. A obra recebeu, para sermos benevolentes, resenhas distintas, as quais enfatizam muito mais seus pontos fracos do que seus pontos fortes. Tanto a precisão quanto a sutileza sociológica e psicológica não compensam os defeitos literários daquilo que é, afinal, um artefato literário, mas, em vista da importância do tema e da falta de outras tentativas de abordá-lo fantasiosamente, creio que Updike mereça mais apreço do que recebeu.

A história se debruça sobre um jovem de nome Ahmad Ashmawy Mulloy, fruto da união de uma irlando-americana com um imigrante egípcio. A mãe é auxiliar de enfermagem e aspirante a artista amadora, embora não tenha talento algum. Seu marido, que a conheceu ao fazer intercâmbio naquela que Updike chama de Universidade Estatal de Nova Jersey, abandonou-a quando Ahmad tinha três anos e não foi mais visto desde então; sua incapacidade de se dar bem nos Estados Unidos trouxera grande aflição à sua alma.

Ahmad e sua mãe vivem em New Prospect, Nova Jersey, cidade pós-industrial em situação precária que hoje abriga sobretudo negros e imigrantes. O rapaz frequenta a escola secundária local, na qual demonstra ter talento acima da média para os estudos. No entanto, ao deixar-se influenciar por Shaikh Rashid, imame de uma mesquita clandestina da cidade, ele decide não dar continuidade à sua formação e tornar-se, em lugar disso, caminhoneiro; desse modo ele não participará integralmente da sociedade degenerada a seu redor. Para um menino de dezoito anos de tamanha inteligência e potencial, tornar-se motorista de caminhão é como refugiar-se no deserto.

Jack Levy, conselheiro da escola secundária, judeu exausto e enfadado do mundo, procura dissuadi-lo da decisão, na certeza de que aquilo acabará com suas oportunidades. Enquanto isso, dá início a um tórrido romance com a mãe do jovem. Por coincidência do enredo, a irmã da esposa de Jack, mulher de descendência luterana alemã, é assistente de um diretor do Departamento de Segurança Nacional *à la* Donald Rumsfeld.

Ahmad passa então a trabalhar numa loja de móveis baratos pertencente a imigrantes libaneses, cujo filho, de nome Charlie (ainda assim um muçulmano), o convence a participar de um atentado suicida que tem por objetivo explodir uma bomba no Lincoln Tunnel. Charlie, na verdade, é um agente do FBI que se infiltrara num grupo de extremistas entre os quais se encontra Shaikh Rashid. Seu disfarce, porém, é descoberto, o que o leva a ser brutalmente assassinado antes de poder evitar o ataque. Jack Levy, por sua vez, valendo-se de seu contato com o Departamento de Segurança Nacional, fora informado do possível ataque com bomba e consegue enfim impedi-lo, convencendo Ahmad a desistir em cima da hora.

Os críticos depreciaram a implausibilidade do enredo, cuja resolução se baseia em coincidências concebidas de maneira débil, e consideraram fraca a sua caracterização. Por que Ahmad se apegou de tal maneira à sua frágil herança muçulmana, por exemplo, e não à herança católica irlandesa que lhe era muito mais forte – sendo sua mãe o único parente que conhecera –, é algo que Updike não explica. Talvez ele tenha sido perseguido na escola em virtude de sua descendência mista, percebendo que, já que seria criticado da mesma forma por ser cristão, poderia muito bem tornar-se muçulmano, adotando apenas a metade egípcia de sua identidade; ou talvez tenha percebido, de maneira subliminar, que no mundo multicultural de hoje é mais vantajoso pertencer a uma minoria do que ser membro rebaixado da classe dominante. Nas condições atuais, ninguém falha como minoria; os outros é que falham com você.

Também os diálogos do livro são muitas vezes imperfeitos e inacreditáveis. Com frequência, Ahmad soa mais como um arrogante torpe e pedante do que como um jovem desafeiçoado que vem de um bairro pobre de Nova Jersey e é atormentado por dúvidas e angústias existenciais incipientes. Quando Charlie declara, por exemplo, que a presença de Ahmad no Centro Islâmico havia diminuído e que o xeque gostaria de vê-lo com mais frequência, o jovem responde: "Receio que para castigar-me. Agora que trabalho, descuido do Alcorão e reduzi minha presença às sextas-feiras, embora, como você pode perceber, jamais deixei de cumprir a salá sempre que posso permanecer durante cinco minutos em lugar impoluto". Eu já conheci inúmeros jovens pobres de dezoito anos, jovens de muitos tipos diferentes, mas nunca ouvi nenhum falar assim.

No entanto, apesar de todas as suas fraquezas, o romance de Updike continua sendo uma impressionante tentativa de compreender a visão de mundo de um aspirante a terrorista islâmico, evitando a caricatura e reconhecendo suas complexidades. Sem aprovar o terrorismo e sem tentar defender aqueles que o praticam, o livro nos convida a enxergar a nós próprios da mesma forma como os outros talvez nos enxerguem e a olhar para o mundo com outros olhos que não os nossos. E essa é certamente uma das funções da literatura de imaginação.

Updike está longe de ser o primeiro autor a chamar nossa atenção para o fato de o terrorismo não ser nem uma resposta simples e direta nem se deva à injustiça social, à pobreza ou a alguma ferida humana objetivamente identificável.

Não é o pessoal que é político, e sim o político que é pessoal. Pessoas extraordinariamente melindradas atribuem os pequenos insultos, as humilhações e os empecilhos atrelados à existência humana a forças políticas poderosas e malignas; então, ao projetarem o próprio sofrimento sobre toda a humanidade, elas acabam por elaborar planos, que em geral envolvem violência, para que seja remediada a situação que as ferira.

Dostoiévski sabia disso, mas o autor cujo espírito mais se assemelha ao de Updike – ainda com capacidade de execução muito superior – é Joseph Conrad, polaco que se fez inglês. Conrad vivenciou de dentro a perseguição política, sendo exilado com seu pai na Sibéria, durante a infância, pelo tirânico regime czarista. É de esperar, portanto, que Conrad simpatizasse com extremistas de praticamente qualquer estirpe, mas ele sabia bem demais que aqueles que se opunham à tirania por meio do terrorismo objetavam não tanto a tirania, e sim o fato de não serem eles os que a exercem. Com efeito, o temperamento terrorista estava propenso a ver tirania onde não havia tirania nenhuma. Como afirma Conrad: "O caminho das revoluções, mesmo o da mais justificável, é preparado por impulsos pessoais disfarçados em credos".

Em O *Agente Secreto*, por exemplo, o professor – homem "cujo direito a ostentar esse título consistia em ter sido um dia auxiliar de química numa instituição técnica", alguém que brigara com seus superiores "por uma questão de tratamento diferenciado" e que "estava de tal maneira convicto de seus méritos que era extremamente difícil para o mundo tratá-lo com justiça" – é um indivíduo que se dedicara a projetar bombas e detonadores. Predisposto ao descontentamento em virtude de sua pequena estatura e de sua aparência pouco impressionante, ele desenvolve um "frenético puritanismo de ambição" que, após o Onze de Setembro, parece-nos também muito familiar. "A pureza radical e quase ascética de seu pensamento, mesclada com um surpreendente desconhecimento das condições terrenas, criara nele um objetivo de poder e prestígio a ser alcançado sem o auxílio das artes, da generosidade, do tato e da riqueza, mas tão somente pelo peso absoluto do mérito [...]".

"Ver frustrada [sua ambição] abriu seus olhos para a verdadeira natureza do mundo, cuja moralidade era artificial, corrupta e blasfema. [...] Ao agir com impiedoso desacato, ele procurava para si as aparências do poder e do prestígio pessoal."

O *Terrorista* de Updike tem muito em comum com *O Agente Secreto* de Conrad, publicado 99 anos antes. Em ambos os livros, um agente duplo tenta fazer com que terceiros cometam um atentado com bomba; em ambos os livros, o agente secreto acaba assassinado; em ambos os livros, terroristas agem numa sociedade livre que não sabe o quanto pode suprimir da liberdade a fim de proteger-se daqueles que desejam destruí-la. Os terroristas de Conrad são anarquistas e socialistas europeus; os de Updike, muçulmanos que atuam nos Estados Unidos: em nenhum dos autores, porém, eles são motivados pela correção de alguma injustiça "objetiva". Esses terroristas agem segundo uma mistura de angústia e ressentimento pessoais, a qual facilmente se vincula a descontentamentos sociais abstratos para camuflar a verdadeira fonte de uma raiva ao mesmo tempo desgastante e sublimada.

Conrad nos revela que uma das fontes do terrorismo é o ócio, ou ao menos a impaciência – ou seja, uma ambição desproporcional à perseverança e à tolerância da rotina. O Sr. Verloc, o agente secreto, sente "antipatia por toda sorte de trabalho reconhecido", o que, segundo Conrad, é "um defeito de temperamento que partilhava com uma grande quantidade de reformistas revolucionários de determinado estrato social". Com efeito, continua Conrad, "é claro que ninguém se revolta contra as vantagens e oportunidades que esse estrato proporciona, e sim contra o preço que deve ser pago na moeda da moralidade aceita, do autocontrole e do trabalho duro. Em geral, a maioria dos revolucionários é inimiga da disciplina e do cansaço".

A recusa de Ahmad em ir para a faculdade pode ser interpretada à luz dessa perspectiva: o caminho para uma conquista construtiva é longo, árduo e inseguro, permeado pelo tédio e pela possibilidade do fracasso, ao passo que a vida de destruição é estimulante mesmo em seus momentos mais tediosos, haja vista o papel providencial que o revolucionário destruidor outorgou a si mesmo. Uma vez agitada a varinha mágica da destruição revolucionária, até a rotina mais maçante ganha sentido e entusiasmo.

Updike registra muito bem a preguiça mental do islamismo, seu desejo de que haja à disposição uma solução pronta – e que todos já conhecem – para cada problema enfrentado pela humanidade e o medo, não reconhecido, de que tal solução de fato não exista. Quando seu empregador lhe pergunta por que não dá continuidade à sua formação, Ahmad responde: "Algumas pessoas sugeriram o mesmo, senhor, mas ainda não sinto necessidade". Updike, na condição de narrador onisciente, acresce: "Mais educação, temia ele, poderia enfraquecer sua fé. Dúvidas que ele nutrira na escola secundária poderiam se tornar irresistíveis na faculdade. O Caminho Reto o conduzia a uma direção diferente, mais pura". A recusa da livre investigação advém da ciência de que é frágil o fundamento da fé religiosa; e, uma vez que a certeza é psicologicamente preferível à verdade, sendo muitas vezes tomada por ela de maneira deliberada, tudo aquilo que ameaça a certeza é amaldiçoado com fúria.

Os muçulmanos dificilmente são os únicos, no passado ou no presente, a ter experimentado certa dificuldade em abdicar das ideias e dos pressupostos que lhes são mais caros. Essa é uma característica humana comum. (Em sua *Autobiografia*, Darwin revela que, ao ver-se diante de um fato que colocava em xeque a teoria que estava desenvolvendo, ele logo o colocava no papel; caso contrário, certamente o esqueceria.) No entanto, quando um sistema de ideias ou um conjunto de crenças reivindica para si validade e infalibilidade eternas, quando as pessoas o adotam como sua principal fonte de identidade, e quando, diante de gente com ideias e crenças muito diferentes, essas pessoas se veem numa posição antiquada e aparentemente irreversível de inferioridade técnica e econômica, o ressentimento certamente surge. Não desejando abrir mão da ideologia que lhes é cara – sua única fonte possível de orgulho e realização coletiva –, buscam explicar a superioridade técnica e econômica dos outros valendo-se de diferentes manobras mentais difamantes. Elas podem afirmar, por exemplo, que o Ocidente conquistou sua supremacia pelo uso ilícito da força e pela pilhagem, explorando e se apropriando, digamos, do petróleo de terras muçulmanas.

A retidão de uma crítica não depende, é claro, do motivo que se encontra por trás dela. No entanto, a afirmação referente à exploração do petróleo não é apenas interesseira; é claramente absurda. Na realidade, a direção da exploração é a oposta, pois é apenas em virtude de sua própria localização geográfica, sem que tenha havido praticamente nenhum esforço da parte deles, que os povos da Península Arábica e de outras localidades têm desfrutado de um padrão de vida elevado, proporcionado inteiramente pela engenhosidade daqueles que são acusados de exploração, sem os quais o petróleo sequer seria um recurso econômico.

Isso, porém, não significa que toda crítica dos muçulmanos ao Ocidente seja completamente equivocada ou irrelevante. Updike inicia seu romance com a descrição do mundo tal qual Ahmad o vê – uma visão que não é nada lisonjeira. Trata-se, para ele, de um mundo de feiura, brutalidade e egoísmo pungentes, destituído de moderação. Ele vê uma civilização que não tem encanto, que carece de refinamento e substância, e isso ainda que seus habitantes pareçam se divertir em ao menos parte do tempo. Seus sofrimentos, porém, são o resultado dessa diversão e a transcendem; o horizonte de cada um está severamente limitado a um presente eterno.

"Durante todo o dia [na Central High School], as meninas desfilam e debocham", expondo o "ventre nu, com *piercings* pendendo do umbigo e tatuagens de cor púrpura no baixo-ventre", enquanto "os meninos pavoneiam com olhares mortos, indicando, com gestos assassinos e risadas indiferentes e zombeteiras, que nada há além deste mundo". Uma atmosfera de complacência permeia a escola. "Os corredores do colégio recendem a perfume e exalações corporais, a goma de mascar e à comida impura do refeitório, assim como a pano – algodão, lã e os materiais sintéticos dos tênis de corrida aquecidos por carne jovem. Entre cada aula, surge um trovão de movimento; o ruído se expande sobre uma violência subjacente, contida por muito pouco."

Naquela cidade precária, "antigas vitrinas [estão] revestidas de compensados cobertos de pichações em *spray*". O que queriam dizer? "Aos olhos de Ahmad, as letras bulbosas das pichações, gabando-se de filiações a gangues, reivindicam uma importância a que, pateticamente, nada mais em seus autores lhes dá direito. Submersos num lamaçal de iniquidade, os jovens proclamam a própria identidade desfigurando propriedades alheias." Os professores do colégio, cristãos e judeus fracos ou incrédulos, pregam moderação às crianças sem de fato acreditar seriamente em alguma coisa e sem praticar tal moderação em sua vida. Tylenol Jones, jovem negro cuja antipatia por Ahmad é instantânea e violenta (numa sociedade

– ou agregado – de individualistas e egoístas, as pessoas desgostam dos que são muito diferentes), simboliza perfeitamente o egoísmo generalizado da sociedade: ele foi assim batizado porque sua mãe vira na TV um anúncio do produto e gostara do modo como o nome soava. A rejeição caprichosa da convenção dificilmente poderia ir mais longe; ela reduz a liberdade à mera expressão da primeira coisa que nos vem à mente, ainda que à custa de outro ser humano. Desse modo, para Ahmad a liberdade parece ser não uma bênção, mas uma maldição.

Alguns críticos ridicularizaram – e até insultaram – o autor por ter descrito de forma pouco atraente, pelo olhar de Ahmad, a cultura popular da classe baixa americana, assim como por ter assinalado a aversão a ela como justificativa para um atentado com bomba. Ainda que se reconheça que a descrição de Updike é precisa (o que julgo obrigatório a todo observador razoavelmente objetivo), trata-se de uma caracterização tão parcial do país em geral que acaba por tornar-se extremamente tendenciosa. Ela toma a parte pelo todo, correndo o risco de sugerir que os homens-bomba do islã talvez tenham razão. Além disso, há no mundo coisas muito piores do que o cheiro de goma de mascar e da comida ruim dos refeitórios, assim como há atitudes muito piores do que adornar muros e outras superfícies com sinais feios, herméticos e, sem dúvida alguma, idiotas. Queixar-se seriamente do que é apenas mau gosto quando os crimes de Hitler, Stálin, Mao e Pol Pot ainda ressoam na memória, fazendo disso motivo para perpetrar um assassinato em massa, é algo... bem, de muito mau gosto.

No entanto, tenho a impressão de que é Updike, e não seus críticos, quem estava certo – ou, melhor, certeiro. O autor não tenta justificar Ahmad, e sim explicá-lo. Como Ahmad poderia desenvolver uma visão mais equilibrada do ambiente social em que nascera, ou então adquirir uma espécie de visão histórica madura acerca dele, sem o auxílio e a orientação de pessoas mais bem informadas, cujo mundo mental não se limitava a New Prospect, em Nova Jersey? Sua mãe não tem a capacidade ou o desejo de fornecer-lhe orientação. Compreender a diferença entre a crítica do modo como as pessoas optam por usar a própria liberdade e a crítica da liberdade propriamente dita exige certa sofisticação histórica e filosófica, a qual é obrigação da escola inculcar. No que diz respeito a Ahmad, a Central

High School foi incapaz de fazê-lo, e assim a mente inteligente e acrítica do jovem tornou-se uma terra de pousio em que Shaikh Rashid pôde lançar sementes daninhas.

A rude panaceia do islamismo entra de roldão onde o Iluminismo não ousa pisar.

Pude conversar com uma série de jovens muçulmanos que criticam e habitam a sociedade ocidental, e poucos tinham ciência da base filosófica dos feitos do Ocidente; eles acreditavam, sem jamais ter ouvido ponto de vista diferente, que o Ocidente era completamente materialista, tendo se alicerçado tão somente em saques.

Updike tem o que dizer também sobre o papel da sexualidade na formação da mentalidade terrorista islâmica. Na primeiríssima página do livro, Ahmad aparece como um ser sexual que se esforça para controlar os próprios desejos porque percebe que, se desordenada ou incontrolada, a sexualidade desumaniza. A descrição dos *piercings* no umbigo e das tatuagens de cor roxa no baixo-ventre termina com a pergunta: "O que há mais ali a ser visto?". Decerto ele pode imaginá-lo e sentir-se atraído.

Mais adiante, Joryleen, garota negra que Ahmad conheceu na escola, que, tendo Tylenol Jones como cafetão, acabou por tornar-se prostituta, seduz o jovem a ponto de masturbá-lo até o orgasmo. Ao menos no que diz respeito a seus desejos básicos, Ahmad não é, nem jamais foi, muito diferente da multidão que como ele habitava os bairros pobres, até então objeto de seu desprezo e de suas censuras. Ele se sente atraído por aquilo que o repugna; sua rejeição da sociedade responsável por gerar atrativos tão poderosos constitui aquilo que os psiquiatras, na época em que Freud ainda era figura respeitável, costumavam denominar formação reativa. Ao resistir à hipersexualidade de seu ambiente, ele se vê levado a negar falsamente toda a sua sexualidade.

No geral, portanto, Updike produziu um retrato do jovem terrorista islâmico que é mais convincente, sutil e, em minha opinião, preciso do que em geral dizem ser, apesar de todos os defeitos literários da obra. Ele tem razão quando vê o islamismo no Ocidente não como produto do islã, e sim como algo culturalmente híbrido – como uma reação, embora consonante a certas tradições islâmicas, a um desafio cultural muito grave e devastador que não vem pura e espontaneamente de dentro do islã, mas de fora; ele compreende o anseio profundamente humano, mas também profundamente destrutivo, por uma solução simples a todos os problemas existenciais e práticos; ele tem imaginação o bastante para entender que nossas sociedades imperfeitas têm dentro de si mais do que o suficiente para escandalizar forasteiros e marginais sensíveis (o que certamente todos os conservadores reconhecerão); e percebe que essa repulsa violenta talvez seja consequência de uma atração ilícita — e tudo isso sem sugerir, em momento algum, que o terrorismo islâmico possa ser algo além de um flagelo terrível.

Esse é um feito e tanto, ainda que seu livro não sobreviva à ameaça islâmica do mesmo modo como o livro de Conrad sobreviveu à ameaça anarquista.

2006

Homens-bomba

Ao que parece, todos os terroristas conhecem os riscos que correm e os aceitam como acidentes de trabalho; e, dada a constituição psicológica do homem – ou ao menos a constituição de certos jovens –, esses riscos podem ser um fator de atração, e não de dissuasão. Todavia, são poucos os terroristas que usam a própria morte como meio de aterrorizar os outros. Eles parecem constituir uma raça à parte, com a qual o restante da humanidade tem pouco, ou nada, em comum.

Sem dúvida, essa gente semeia o terror com mais eficácia do que os outros terroristas. Por mais desprezíveis que sejam, aqueles que largam bombas em locais públicos e somem logo em seguida ainda aparentam ter um pouco de apego à própria vida, e assim talvez estejam abertos à dissuasão ou a negociações. Em contrapartida, ameaça alguma (à primeira vista) poderia deter alguém disposto a aniquilar-se para defender a própria causa, confiante de que esse autoaniquilamento, ao mesmo tempo que mata o máximo possível de estranhos, é um dever, uma honra e um mérito que lhe conquistará grandes recompensas na vida futura. A Grã-Bretanha se viu repentinamente forçada a reconhecer que abriga incontáveis pessoas assim, algumas das quais nascidas ali mesmo.

A contemplação do estado de espírito de um homem-bomba se mostra preocupante mesmo se não levarmos em consideração suas consequências práticas. Certa feita, conheci um aspirante a homem-bomba que ainda não tivera a oportunidade de colocar seu devaneio tanatológico em ação. O que poderia ter gerado uma mentalidade tão amarga quanto a dele – que experiência de vida, que pensamentos, que doutrinas? Que insondável autocomiseração o fazia concluir que apenas matando a si e aos outros ele poderia dar um sentido nobre e transcendente à sua existência?

Como hoje já se sabe (os anos recentes, afinal, fizeram-nos dar mais atenção aos conceitos e modos de pensar do islamismo, independentemente de seu valor intrínseco), o termo *jihad* tem dois significados: luta interior e guerra santa. Embora o sentido político implique violência – ainda que à luz de supostas justificativas, como a defesa do islã e a difusão da fé entre os gentios –, o sentido pessoal em geral sugere algo pacífico e introspectivo. A luta que esse tipo de *jihad* exige é espiritual; trata-se do esforço de superar os obstáculos interiores – sobretudo os desejos proibidos – que impedem o bom muçulmano de submeter-se por completo à vontade de Deus. Os comentadores costumam ver esse tipo de *jihad* como inofensivo ou até benéfico – uma espécie de autoaprimoramento que conduz ao decoro, à respeitabilidade, ao bom comportamento e ao sucesso conjugal.

Na Grã-Bretanha, porém, essas duas formas de *jihad* se uniram de forma bastante sanguinária. As pessoas que morreram nos atentados de Londres em 2005 foram vítimas sacrificiais da necessidade que quatro jovens sentiam de solucionar um conflito que existia no interior de si mesmos (bem como no de muitos muçulmanos), achando que só poderiam fazê--lo segundo a interpretação mais radical possível de sua religião ancestral.

Os jovens muçulmanos da Grã-Bretanha – assim como os da França e de todos os outros lugares do Ocidente – padecem de um problema de identidade pessoal, cultural e nacional. Eles são profundamente secularizados e têm pouca fé religiosa, ainda que a maioria declare acreditar em Deus. Seu interesse pelo islã é pequeno. Não rezam nem observam o Ramadã (a não ser quando isso lhes traz alguma vantagem prática, como o adiamento de seu comparecimento ao tribunal). Seus gostos são, em sua grande maioria, os mesmos dos jovens não muçulmanos de classe baixa. Eles se vestem com roupas que não os distinguem de seus contemporâneos brancos e negros, ostentam os mesmos cortes de cabelo e os mesmos maneirismos, incluindo o andar astuto dos bairros pobres. Correntes douradas – quanto mais pesadas, melhor – e dentes de ouro implantados sem nenhuma justificativa odontológica são símbolos de seu sucesso nas ruas, isto é, de seu enriquecimento ilícito.

Diferentemente dos filhos dos hindus e siques que emigraram para a Grã-Bretanha na mesma época em que seus pais, muitos jovens muçulmanos usam drogas, incluindo a heroína. Eles bebem, fazem sexo casual e têm as casas noturnas como centro de sua vida. Trabalho e carreira são, na melhor das hipóteses, uma necessidade dolorosa, um meio lento e inferior de conseguir dinheiro para suas distrações.

No entanto, se em muitos aspectos seus gostos e seu comportamento são indistinguíveis dos gostos e do comportamento dos homens brancos de classe baixa, há também diferenças claras e importantes. A mais óbvia está no fato de, não obstante a semelhança com seus equivalentes brancos em matéria de sexo, drogas e *rock and roll*, os jovens muçulmanos não se misturarem com eles nem nos bairros em que satisfazem seus gostos. A vida deles é paralela à dos brancos; não há interseção.

Outra diferença óbvia está na ausência de jovens muçulmanas nos recantos de distração em massa. Por maiores que sejam as semelhanças entre o gosto dos muçulmanos e o gosto dos jovens brancos, os muçulmanos ficariam horrorizados – na verdade se tornariam extremamente violentos – caso suas irmãs se comportassem como as mulheres brancas. Eles satisfazem a seus desejos sexuais com prostitutas e com aquelas que denominam, muito abertamente, "putas brancas". (Muitas pacientes jovens e brancas que atendi declararam ter sido insultadas dessa forma em ruas habitadas por muçulmanos.) Além disso, é claro, eles não precisam sofrer tantas frustrações sexuais num ambiente em que as pessoas decidem dormir com alguém segundos após conhecê-lo.

Por mais seculares que sejam seus gostos, os jovens muçulmanos sentem o forte desejo de preservar o domínio masculino que herdaram de seus pais. Uma irmã que ouse escolher um namorado para si, ou que até expresse o desejo de ter uma vida social independente, provavelmente será espancada e supervisionada com rigidez semelhante à da Stasi. Os jovens compreendem instintivamente que o sistema de dominação masculina – sistema que, em virtude do casamento forçado, proporciona aos homens gratificação sexual em casa ao mesmo tempo que os liberta das tarefas domésticas, além de permitir que levem vida completamente ocidentalizada fora de casa, incluindo aventuras sexuais que a esposa não pode investigar – é forte mas delicado, tal qual era o comunismo: trata-se de um "tudo ou nada", e cada violação deve ser recebida com punição imediata.

Ainda que apenas por essa razão, portanto (e há uma série delas), os jovens muçulmanos sentem-se fortemente motivados a conservar sua identidade isolada. E, uma vez que as pessoas raramente gostam de admitir que seu comportamento tem motivações vis – como o desejo de fazer perdurar um domínio interesseiro –, esses rapazes necessitam de uma justificativa mais nobre para a conduta que assumem com relação às mulheres. Eles a encontram, é claro, num islã residual: não se trata do islã de deveres, ritos e proibições onerosos que interfere insistentemente na vida cotidiana, e sim de um islã de sentimento residual que lhes possibilita uma sensação de superioridade moral sobre tudo o que está ao seu redor – inclusive as mulheres –, sem limitar, porém, seu estilo de vida.

Esse islã contém poucos elementos teológicos, espirituais ou mesmo religiosos, mas não obstante existe, na economia mental, como aquilo que os anatomistas chamam de "espaço potencial". O espaço potencial ocorre onde dois tecidos ou órgãos são separados por membranas delgadas que normalmente se encontram juntas, mas que podem ser isoladas por um acúmulo de fluidos, como o pus, durante uma infecção ou inflamação. Tal inflamação, é claro, ocorre de imediato na mente dos jovens que facilmente se creem maltratados e que foram criados à base do ralo mingau da cultura popular do Ocidente, ignorando a existência de qualquer outro tipo de cultura ocidental.

Os descontentamentos dos jovens muçulmanos na Grã-Bretanha são variados. Em algum momento, a maioria ouvirá palavras desrespeitosas ou claramente ofensivas sobre si ou seu grupo – a palavra *paquistanês* é empregada como insulto desdenhoso –, e essas experiências tendem a crescer em gravidade e relevância à medida que se repetem na mente que busca uma explicação externa para seus infortúnios. Tribulações menores, portanto, acabam se convertendo em grandes injustiças, que, por sua vez, explicam a patente incapacidade dos muçulmanos de crescer na terra que adotaram.

O pesquisador franco-iraniano Farhad Khosrokhavar, responsável por entrevistar quinze muçulmanos franceses detidos por planejar atos terroristas, relata no livro *Suicide Bombers: Allah's New Martyrs* como alguns dos entrevistados tinham adotado a perspectiva terrorista como consequência de um único comentário ofensivo – por exemplo, depois de uma de suas irmãs ter sido chamada de "árabe imunda" ao explicar por que não poderia sair de casa como as outras meninas. Tal é a fragilidade do ego moderno – e não apenas dos muçulmanos, mas também de inúmeras pessoas criadas nessa cultura de inefável prepotência, na qual um insulto é tomado não como aborrecimento humano inevitável, e sim como uma ferida que pesa mais do que o resto da própria experiência.

As provas do próprio ponto de vista e da própria forma de vida dos muçulmanos, bem como das estatísticas, são bastante claras: os imigrantes muçulmanos e seus descendentes têm mais probabilidade de ser pobres, viver em aglomerados, ficar desempregados, ter baixos níveis de formação educacional e – sobretudo – ser presos do que os imigrantes do sul da Ásia e seus descendentes. A recusa em dar às mulheres uma educação que as faça alcançar todo o seu potencial é um obstáculo terrível numa sociedade em que a prosperidade exige, talvez de maneira lamentável, que uma família tenha duas rendas. A ideia de que já se está em posse da verdade revelada, que conduz a uma vida inerentemente superior, impede a adaptação a uma sociedade mais avançada no aspecto tecnológico. Não obstante, alguns muçulmanos britânicos são bem-sucedidos (o pai de um dos terroristas de Londres tinha duas lojas, duas casas e um Mercedes novo) – fato que seus compatriotas interpretam de maneira exatamente inversa: eles não afirmam que os muçulmanos podem ter êxito, mas que em geral não têm porque a sociedade britânica é hostil aos muçulmanos.

Ao chegarem a essa conclusão, os jovens muçulmanos estarão apenas adotando a lógica que por muito tempo pautou a política social do Ocidente, segundo a qual a injustiça social e a discriminação são as causas de toda diferença econômica e social entre os grupos. As premissas do multiculturalismo sequer permitem que questionemos se em cada um desses grupos não há razões internas que expliquem tais diferenças.

A BBC difunde consistentemente essa perspectiva sociológica. Em 1997, por exemplo, afirmou que os muçulmanos "continuam sendo vítimas de discriminação", do que daria mostras o fato de terem três vezes mais chances que os antilhanos de permanecer desempregados por muito tempo. Isso tem sido repetido desde então. Se há mais muçulmanos do que qualquer outro grupo sem nenhuma qualificação educacional – embora os obstáculos que impedem a obtenção de tais qualificações tenham se reduzido constantemente –, isso só pode se dar em virtude da discriminação, ainda que um quarto de todos os alunos de medicina da Grã-Bretanha descenda, hoje, do subcontinente indiano. Não pode se tratar da difundida – e ilegal – prática de impedir as meninas de continuar na escola, algo que a imprensa quase nunca menciona e que as autoridades pedagógicas raramente – ou nunca – investigam. Se o desemprego juvenil entre os muçulmanos é duas vezes e meia maior do que o desemprego entre os brancos, não pode haver outro motivo senão a discriminação – ainda que o índice de desemprego entre os hindus seja menor do que entre os brancos (e embora vários jovens hindus reclamem de ser confundidos com islâmicos). E assim por diante.

Uma ênfase constante e quase inconteste na "justiça social" – cuja negação, é claro, constitui "discriminação" – só pode gerar uma amargura purulenta. Onde a justiça é definida como uma garantia de direitos assegurada pela existência coletiva, e não como uma recompensa pelo esforço individual, uma revisão radical da sociedade se fará necessária para que a justiça seja feita. O islamismo na Grã-Bretanha, portanto, não resulta apenas do islã; é fruto da convergência do islã com um modo nativo, e hoje profundamente arraigado, de refletir sobre os problemas sociais.

É nesse ponto que, em muitos dos que buscam razão e solução para seus descontentamentos, o "espaço potencial" do islamismo, com seu diagnóstico e suas prescrições *ready-made*, se abre e se deixa invadir pelo pus do ódio implacável. Segundo o islamismo, o Ocidente jamais pode satisfazer às exigências da justiça porque é decadente, materialista, individualista, pagão e, em vez de teocrático, democrático. Somente o retorno aos princípios e práticas da Arábia do século VII solucionará, de uma só vez, todos os problemas pessoais e políticos. Em essência, essa ideia não é mais (nem menos) bizarra ou estúpida do que a ideia marxista que cativou tantos intelectuais ocidentais ao longo do século XX, a saber: a ideia de que a abolição da propriedade privada culminaria numa harmonia derradeira e duradoura entre os homens. Ambas as ideias nos oferecem uma fórmula que, se seguida com rigor, solucionaria todos os problemas humanos.

A fórmula islâmica, é claro, não atrai as jovens do Ocidente. Uma pesquisa recente do Ministério do Interior francês descobriu que 83% dos muçulmanos convertidos e reconvertidos (isto é, muçulmanos secularizados que adotaram o salafismo) da França eram homens; e, à luz de minha experiência clínica, eu apostaria que os 17% de mulheres se converteram durante um caso amoroso, e não em virtude daquilo a que Edward Gibbon chamou, em outro contexto, "a verdade evidente da doutrina propriamente dita".

O Ocidente, porém, é um inimigo formidável e difícil de ser derrotado; com efeito, ele não existe apenas nas cidades, na infraestrutura e nas instituições da Europa e dos Estados Unidos, mas também no coração e na mente daqueles que lhe são hostis e desejam destruí-lo. Os homens-bomba de Londres eram produtos do Ocidente tanto quanto o islã; seus gostos e desejos eram amplamente ocidentalizados. Eles não se vestiam diferentemente dos outros jovens da periferia, e em toda cultura a aparência é, no mínimo, parte integrante da identidade. De modo particular nos centros britânicos, o que você veste representa 90% do que você é.

No entanto, a identidade ocidental vai muito além. Um dos terroristas em questão era um jovem de ascendência antilhana que, segundo sua meia-irmã (em seu meio, quase não se tem notícia de irmãos germanos), não passava de um menino "normal", alguém que adorou *rap* até os quinze anos, quando se converteu ao islamismo. Quase não se faz necessário assinalar que o *rap* – repleto de raiva, ódio e intemperança incipientes – não oferece a seus ouvintes um conhecimento equilibrado e sutil do mundo. Ele enche e esvazia a mente de uma só vez: enche-a de ideias vis e a esvazia de suas faculdades críticas. As características da mente e do caráter que se sentem atraídos por esse estilo musical e o consideram uma forma artística que vale tempo e atenção não são facilmente superadas ou substituídas. Jermaine Lindsay tinha apenas dezenove anos quando morreu – os quatro últimos, como convertido do *rap* ao islamismo –, uma idade em que a impulsividade costuma atingir o ponto máximo e exigir o tipo de esforço pelo autocontrole que o *rap* se empenha em solapar. O islamismo o teria ensinado a odiar e desprezar aquilo que ele um dia fora, mas é possível que o jovem tivesse ciência de que ainda não deixara de sê-lo. Ao ódio contra o mundo, sua conversão acresceu o ódio contra si mesmo.

Os outros homens-bomba eram apaixonados por futebol, críquete e música *pop*. Eles não deram sinais de seu fanatismo antes daquele ato horroroso, e suas viagens ao Paquistão – indicações, em retrospecto, de uma crescente doutrinação pelo fundamentalismo – poderiam muito bem não passar de meras visitas familiares. Nesse ínterim, eles levavam vida extremamente ocidentalizada, beneficiando-se de todos os produtos da engenhosidade ocidental para a qual, durante séculos, os muçulmanos em nada contribuíram. Na realidade, é literalmente impossível para os muçulmanos modernos apagar o Ocidente de sua vida, pois está presente em todo o tecido de sua existência. As armas, as comunicações, as viagens e os fundos do próprio Osama bin Laden dependem enormemente do mundo ocidental. Osama afirma que o Ocidente roubou o petróleo árabe, mas que utilidade teria o petróleo se permanecesse sob a areia que lhes pertence, fato que continuaria ocorrendo sem a intervenção ocidental? Sem o Ocidente, que fortuna sua família teria acumulado na Arábia Saudita – e de que construção?

Os muçulmanos que rejeitam o Ocidente, portanto, estão envolvidos numa *jihad*, ou luta interior, já perdida e impossível, cujo objetivo é eliminar de seu coração tudo aquilo que não é muçulmano. Isso é algo inalcançável, uma vez que sua dependência tecnológica e científica também é necessariamente uma dependência cultural. Você não pode achar que um retorno à Arábia do século VII basta para satisfazer a todas as exigências humanas e ao mesmo tempo dirigir um Mercedes vermelho novinho em folha, como fez um dos homens-bomba de Londres pouco antes de seu suicídio sanguinário. A consciência da contradição deve atormentar até o cérebro fundamentalista mais estúpido.

Ademais, os fundamentalistas devem se conhecer bem o suficiente para saber que jamais estarão dispostos a abrir mão dos aparatos da vida ocidental: sua predileção por eles está de tal maneira arraigada em sua alma, e é de tal maneira parte daquilo que são enquanto seres humanos, que jamais poderá ser erradicada. É possível rejeitar aspectos isolados da modernidade, mas não a modernidade em si. Quer gostem ou não, os fundamentalistas muçulmanos são homens modernos – homens modernos que almejam o impossível objetivo de tornar-se quem não são.

Desse modo, eles têm ao menos uma irritante noção de que a utopia que escolheram não é bem uma utopia, de que lá no fundo de cada um existe algo que a torna inalcançável e até indesejável. Como podem convencer a si e aos outros de que sua falta de fé, sua vacilação, é na verdade uma fé fortíssima? Que prova de fé seria mais convincente do que morrer por ela? Como alguém pode sentir apego ou atração pelo *rap*, pelo críquete e pelos Mercedes quando está pronto para explodir a si próprio com o intuito de destruir a sociedade que os produzem? A morte será o fim do apego ilícito que ele não consegue eliminar por inteiro do coração.

As duas formas de *jihad*, a interior e a exterior, a superior e a inferior, se unem assim numa única ação apocalíptica. Por meio do ataque suicida, os homens-bomba superam as impurezas morais e as dúvidas religiosas que trazem dentro de si e, ao que parece, oferecem um contributo externo à propagação da fé.

O ódio, é claro, é a emoção subjacente. A pessoa mais cheia de ódio que já conheci foi um preso que me revelou o desejo de tornar-se homem-bomba. Fruto do casamento fracassado de um muçulmano com uma convertida, ele seguiu a trajetória de muitos jovens de sua região: sexo, drogas e *rock and roll*, livres do que quer que se assemelhasse a cultura superior. Violento e agressivo por natureza, intolerante à menor frustração e muitas vezes suicida, ele fora ridicularizado quando criança em virtude de sua linhagem mista. Após o cruel estupro que o levou para a prisão, ele se converteu a uma forma salafista de islamismo e convenceu-se de que qualquer sistema judiciário que aceitasse a palavra de uma simples mulher em detrimento da sua era irremediavelmente corrupto.

Certo dia percebi que esse temperamento havia melhorado consideravelmente; ele estava comunicativo e quase jovial, algo que jamais fora antes. Perguntei-lhe o que mudara para melhor em sua vida. Ele havia tomado uma decisão, disse. Tudo estava resolvido. Não daria fim à própria vida de maneira isolada, como desejava antes. Segundo os princípios da fé islâmica, o suicídio era um pecado mortal. Não: ao sair da prisão, não se mataria; ele se tornaria mártir e seria recompensado por toda a eternidade por ter feito de si uma bomba e levado consigo tantos inimigos quantos fosse possível.

Inimigos? – perguntei. Que inimigos? Como ele poderia saber que aqueles a quem mataria aleatoriamente seriam inimigos? Assim o eram, respondeu, porque viviam alegremente em nossa sociedade podre e injusta. Por definição, portanto, eram inimigos – inimigos em sentido objetivo, como diria Stálin – e, assim, alvos legítimos.

Perguntei-lhe se o Estado agiria bem caso ameaçasse sua mãe, seus irmãos e suas irmãs de morte a fim de impedi-lo de agir – e também caso cumprisse essa ameaça, se também cumprida a dele, no intuito de deter outros com a mesma intenção.

Essa ideia o escandalizou, mas não por se tratar de mais um exemplo de iniquidade por parte de um Estado democrático do Ocidente; aquilo ocorreu porque ele não era capaz de ver esse Estado agindo de maneira tão imoral. Em outras palavras, aquele homem supunha haver um alto grau de restrição moral no próprio organismo que ele desejava atacar e destruir.

É claro que um dos objetivos dos homens-bomba – um objetivo instintivo, e não articulado – pode ser solapar essa restrição tanto no Estado quanto na população a fim de revelar à maioria dos muçulmanos a natureza perversa da sociedade em que vivem, forçando-os assim a tomar partido dos extremistas. Se for esse o caso, há alguma esperança de sucesso: segundo a polícia, as agressões físicas aos muçulmanos (ou a hindus e siques tomados como muçulmanos) na Grã-Bretanha cresceram seis vezes no período imediatamente posterior aos atentados. Talvez não seja necessário um número muito maior de ataques suicidas para fomentar atos de violência intercomunitária semelhantes aos que ocorrem no subcontinente indiano. A Grã-Bretanha é farta em subgrupos agressivos e violentos que adorariam fazer dos *pogroms* uma realidade.

Ainda que não exista uma possibilidade tão horrenda, o panorama é suficientemente terrível e não apresenta solução óbvia. Uma população muçulmana assaz secularizada, mas que abarca homens que desejam conservar seu domínio sobre as mulheres e que precisam de uma justificativa para isso; a dolorosa experiência do desprezo e da rejeição fomentada pela sociedade que a circunda; a amarga decepção trazida tanto por um materialismo frustrado quanto por uma posição inferior, e aparentemente perpétua, na hierarquia econômica; a insuficiência e a falta de atratividades radicais de uma cultura popular moderna sem valor; a disposição para abraçar uma solução ideológica e religiosa que é agradável à autoestima e que supostamente serve para tudo, sendo porém hostil a um enorme fator da identidade de cada indivíduo; a oscilação entre os sentimentos de inferioridade e superioridade, entre a vergonha daquilo que é ocidental e daquilo que não é ocidental no próprio eu; e a grotesca sobrevalorização, típica do individualismo moderno, de problemas existenciais particulares – tudo isso garante um terreno fértil para anos de recrutamento de novos "mártires".

Pesquisas sugerem que 6% a 13% dos muçulmanos britânicos, isto é, 98 mil a 208 mil pessoas, nutrem alguma simpatia pelos terroristas islâmicos e seus esforços. Naturalmente, uma afinidade teórica expressa em pesquisa não equivale a um apoio ativo ou a um desejo de imitar os "mártires" em pessoa. Não obstante, trata-se de uma proporção e de um número absoluto de simpatizantes que podem fazer com que a desconfiança e a hostilidade que o resto da sociedade dirige aos muçulmanos não pareçam de todo irracionais, ainda que possam aumentar facilmente o apoio ao extremismo. É essa a corda bamba sobre a qual o Estado e a população britânica devem caminhar num futuro próximo. O doce sonho da compatibilidade cultural universal foi substituído, num único dia, pelo pesadelo do conflito permanente.

2005

O multiculturalismo começa a perder o brilho

O multiculturalismo se baseia no pressuposto – ou melhor, na desonesta alegação – de que todas as culturas são iguais e de que não pode surgir nenhum conflito fundamental entre os costumes, as maneiras e as perspectivas filosóficas de duas culturas diferentes. O multiculturalista apregoa que, em tempos de migração em massa, a sociedade pode (e deve) ser um tipo de salada mista, uma mistura de ingredientes exóticos e maravilhosos vindos de todas as partes do mundo – quanto mais, melhor –, cada qual trazendo seu sabor peculiar à mistura cultural. Para que a salada fique deliciosa, nenhum ingrediente deve predominar ou impor seu sabor aos outros.

Até como metáfora culinária essa visão está equivocada: todo cozinheiro sabe que nem todo ingrediente proporciona boas combinações. No entanto, a difusão e a influência de uma ideia estão longe de ser necessariamente proporcionais a seu valor intrínseco, até (e talvez de maneira especial) entre aqueles que ganham a vida brincando com elas, isto é, a *intelligentsia*.

A realidade, porém, tem sua maneira de vingar-se do frívolo, e ao que parece o Onze de Setembro fez com que as mentes se concentrassem um pouco. Alguns sinais indicam que, na Grã-Bretanha, as posições do multiculturalismo, durante anos parte da ortodoxia oficial, estão começando a ser contestadas.

David Blunkett, por exemplo, ministro do Interior, defendeu recentemente que os imigrantes deveriam aprender inglês antes de ingressar na Grã-Bretanha. Essa sugestão heterodoxa foi dada em resposta às revoltosas disputas, no norte da Inglaterra, entre os jovens brancos e os jovens muçulmanos de descendência paquistanesa. Como era de esperar, os progressistas condenaram tais comentários: na melhor das hipóteses, faltava-lhes tato; na pior, tinham caráter protofascista. Porventura não fomentavam os cruéis elementos xenófobos da sociedade britânica, chegando a anunciar uma nova idade das trevas repleta de intolerância?

De fato, os comentários de Blunkett eram e não eram acertados. Não há dúvida de que todos os jovens muçulmanos revoltosos falavam inglês. Dificilmente não o fazem os jovens de descendência sul-asiática nascidos na Grã-Bretanha – embora alguns, em virtude do sistema escolar pouco exigente do país, falem um inglês bastante ruim. Por conseguinte, ao contrário do que Blunkett deu a entender, a incapacidade de falar inglês não era a responsável pela ressentida sensação de desigualdade que os desordeiros experimentavam na sociedade britânica.

Blunkett, contudo, estava certo em outros aspectos. Embora os jovens revoltosos o fizessem, as esposas que traziam do Paquistão não falavam inglês e jamais falariam. Muitas foram as minhas pacientes que trocaram o Paquistão pela Grã-Bretanha trinta anos atrás, com dezesseis ou dezoito anos, e até hoje só conhecem pouco do idioma – não, porém, em virtude de alguma indisposição para aprendê-lo: os maridos as impediam com firmeza de aprender a língua e assim garantir que permaneceriam confinadas a um gueto e não desenvolveriam ideias não condizentes com sua posição. Os mesmos jovens revoltosos que se opunham à incapacidade da sociedade britânica de aceitá-los como cidadãos iguais procuravam reproduzir os padrões sociais desiguais do Paquistão rural, a meio mundo de distância, porque isso lhes era oportuno.

O multiculturalismo encoraja essa postura. Se todas as culturas são iguais e nenhuma tem o direito de impor seus padrões às outras, o que há de errado com os guetos de imigrantes que surgiram onde a população (ou melhor, a população masculina) desfruta, na prática, de direitos extraterritoriais? Se é costume de sua cultura ancestral manter as meninas fora da escola, impor-lhes casamentos indesejados e confiscar os passaportes que o governo britânico emite para seu uso pessoal, o que um multiculturalista pode objetar sem asseverar a superioridade de seus próprios valores?

Dando ainda mais vigor às observações de Blunkett está a tolice das práticas linguísticas governamentais geradas pelo multiculturalismo. Na Grã-Bretanha, nós podemos realizar a prova de direção numa variedade impressionante de idiomas. Instruções orais são dadas até nos excêntricos dialetos albanês, curdo e lingala. Para se submeterem ao teste escrito, os candidatos não precisam sequer conhecer o alfabeto latino (isso seria discriminatório): os funcionários formulam as questões no alfabeto de sua preferência. Pouco importa se as placas de trânsito ainda estão em inglês.

Teste de direção não é uma anomalia. Panfletos do governo, incluindo aqueles que dizem respeito aos benefícios do sistema de saúde e da previdência social, costumam ser impressos, hoje, numa miríade de idiomas, à custa do dinheiro público. Há pouco tempo, quando fui participar das eleições locais, vi instruções sobre como votar redigidas em várias línguas indianas e em vietnamita. No aeroporto de minha região, ademais, a placa que direciona os viajantes de regresso à fila dos que detêm passaporte britânico está escrita não apenas em inglês, mas também em bengali, hindi, punjabi e urdu (cada qual com seu alfabeto próprio). Eis uma prova de que a concessão da cidadania não exige o domínio do idioma nacional.

Práticas como essa dão a entender que os recém-chegados à Grã--Bretanha não têm a obrigação de aprender inglês. De fato, o que insinuam é precisamente o contrário: o Estado britânico deve se expressar com clareza em árabe, persa, russo, somali, suaíli e muitos outros idiomas. O oficialismo britânico decerto desconhece que a confusão linguística posterior à queda da Torre de Babel deveria ser uma punição.

Na atmosfera multicultural de hoje, temos a impressão de que também a população como um todo tem o dever de conhecer o idioma dos imigrantes. As escolas públicas de minha região hoje ensinam bengali e urdu para que a população "local" (isto é, branca) possa se associar melhor à população imigrante. Embora eu não me oponha a que os filhos dos imigrantes falem a língua nativa de seus pais em casa, nem a que cada qual escolha dominar a língua que bem entender, uma opção privada é muito diferente da decisão ideológica do governo de oferecer tais idiomas (cuja importância global é pequena) nas escolas estatais. Como não ver tal decisão como algo que subverte deliberadamente a crença na primazia da cultura europeia à qual, afinal, os imigrantes confiaram seu destino?

Por mais deselegante que Blunkett possa ter sido, portanto, ele chamou atenção para um problema importante – um problema que deixa claro quão absurda e fundamentalmente insincera é a doutrina do multiculturalismo. Não obstante, trata-se também de uma doutrina perigosa, a qual inspira políticas destinadas a manter as minorias na pobreza, a aumentar seu ressentimento e a exacerbar tensões raciais, ao mesmo tempo que oferece emprego a um número cada vez maior de burocratas.

Outro seguidor de Blair que um dia adotara acriticamente as posições multiculturais passou há pouco por uma conversão. Trata-se de Trevor Phillips, presidente da Comissão para a Igualdade Racial. Em entrevista ao *Times* de Londres, Phillips, negro nascido na Guiana, afirmou que a Inglaterra deveria abandonar o conceito de multiculturalismo por completo porque este fazia mais mal do que bem. E os funcionários, acrescentou, deveriam deixar de usar a palavra.

Phillips observou que a Grã-Bretanha tem um longo – e em grande parte ilustre – histórico de aceitação e integração de estrangeiros à vida nacional e que costuma beneficiar-se das habilidades que eles trazem consigo. O britanismo é um conceito cultural, e não racial ou biológico, com uma longa tradição de tolerância; de concórdia; de civilidade; de reserva cavalheiresca; de respeito pela privacidade; de individualidade (evidente já na época de Chaucer); de pronta aceitação da excentricidade, e até afeição por ela; de fé no Estado de direito; de um profundo senso de ironia; e de um desejo pelo jogo limpo – em suma, o decoro comum sobre o qual Orwell escreveu de maneira tão eloquente.

Os intelectuais utópicos, incluindo os teóricos do multiculturalismo, desprezam muitas dessas características britânicas hoje enfraquecidas, afirmando que elas jamais foram universais entre a população (que características o seriam?) e que traziam mais desvantagens do que vantagens. O decoro comum da Grã-Bretanha, porém, se manifestou com clareza aos olhos de gerações de imigrantes e refugiados – entre eles, minha mãe, que ao chegar da Alemanha à Grã-Bretanha, em 1938, percebeu-o de maneira imediata, para seu grande alívio e admiração.

Meu histórico familiar dá outro testemunho da generosa capacidade de absorção da sociedade britânica. Meu pai, filho de imigrantes que jamais aprenderam a falar bem o inglês, frequentou uma escola de periferia durante a Primeira Guerra Mundial e logo após seu término. Colegas seus de classe eram tão pobres que iam para a escola famintos e descalços. Apesar de sua história, meu pai se viu introduzido na cultura britânica por professores que não achavam que a capacidade de compreender e apreciar Milton ou Shakespeare, ou então de dar contribuições para a vida da nação, dependia da classe social ou exigia que as próprias raízes estivessem ali fincadas antes da conquista normanda. Seus professores tinham a mesma fé no poder libertador da alta cultura, em seu valor e apelo universais, que os trabalhadores britânicos de então. Como muito bem demonstrou o historiador Jonathan Rose em *The Intellectual Life of the British Working Classes*, muitos trabalhadores ingleses comuns, que às vezes levavam vida de grande labuta e dificuldades financeiras, dedicavam boa parte de seu escasso tempo livre e de sua escassa renda para aprimorar sua vida graças à boa literatura, de cujo valor transcendental eles não tinham dúvida – crença justificada pelo sucesso que muitos viriam a alcançar anos depois.

Os professores de meu pai eram as únicas pessoas que eu o ouvi mencionar com admiração e gratidão irrestritas. E ele tinha razão: a filosofia deles era infinitamente mais generosa do que a filosofia dos multiculturalistas que lhes sucederam. Eles não desejavam confinar meu pai no mundo de que meus avós haviam fugido. Ademais, sabiam que, para não haver amargos conflitos internos na sociedade, todos deveriam partilhar de elementos culturais importantes e de um conhecimento histórico que resultasse numa identidade comum. Não foi por acaso que, oitenta anos depois, Trevor Phillips se queixou de que os professores ensinavam cada vez menos as grandes obras da literatura inglesa, de modo especial Shakespeare – privação esta levada a cabo não porque os professores obedeciam a uma exigência espontânea vinda de baixo, e sim porque estavam implementando as teorias dos pedagogos da elite, particularmente dos multiculturalistas.

Phillips assinalou com razão que a literatura inglesa é o instrumento perfeito para a promoção de uma identidade comum. Não ensinar Shakespeare e outros gigantes da cultura britânica é deixar de ofertar uma valiosa tradição com a qual uma população cada vez mais diversificada poderia se identificar. Sem tal tradição, nada mais profundo do que os efêmeros produtos da cultura popular estará disponível para unir esse povo, e isso mesmo quando diferenças culturais profundas o dividem. Uma cultura comum que consista tão somente no *pop* provavelmente suscitará o justificado desprezo dos imigrantes e dos filhos dos imigrantes, levando-os a encraves étnicos, culturais ou ideológicos em busca de algo que tenha substância maior no plano mental e espiritual – o que, por sua vez, acaba por fazer as tensões sociais crescerem, às vezes de maneira desastrosa.

Diferentemente do que alegam os críticos de hoje, a identidade comum em que os professores do meu pai acreditavam não era uma uniformidade imposta; eles não desejavam criar clones mentais. Longe disso. Parte dessa identidade comum – que era fonte de orgulho – estava na engenhosidade e na liberdade de pensamento, na permissão para que a mente navegasse, para sempre e sozinha, por mares estranhos (para usarmos a descrição que Wordsworth fez de Newton). Além disso, essa identidade comum isentava os que nela tomavam parte de se apegar em demasia a identidades diferentes e potencialmente conflitantes. A identidade nacional era forte, mas descontraída; permitia um enorme grau de liberdade pessoal e de concessões mútuas – muito mais, em geral, do que costumam permitir as identidades étnicas que os imigrantes trazem consigo. Tanto a liberdade religiosa quanto a prática da religião eram plenas, contanto que estivessem de acordo com a lei e não reivindicassem para si privilégios especiais. Do mesmo modo como falar inglês não determina o que temos a dizer, sua introdução na cultura britânica não agrilhoava ou limitava os imigrantes.

A abertura da Grã-Bretanha era precisamente o que a tornava tão sedutora aos que vinham de fora. Embora não careça de máculas, seu histórico de abertura (se comparado ao da maioria das sociedades) é muito antigo, tendo permitido que inúmeros grupos de recém-chegados se tornassem patrimônios nacionais. Os huguenotes, por exemplo, enriqueceram imensamente a vida cultural e econômica britânica. Antes de sua chegada, toda a seda da Grã-Bretanha vinha da França; depois, a maior parte da seda da França passou a ser produzida pelos bretões. Com o tempo, os huguenotes se tornaram fortemente britânicos – haveria autor mais britânico do que De Quincey? –, mas durante um longo período tiveram igrejas próprias, e alguns ainda falavam francês em casa muito após o início do século XIX.

Foi essa tradição de integração que Phillips evocou de maneira um tanto eloquente em sua entrevista. Uma vez que os presidentes de organizações quase governamentais como as dele não são famosos por falar corajosamente na hora errada, é muito provável que suas palavras refletissem a posição do governo, alarmado como estava ante a enorme simpatia da população muçulmana pelos terroristas do Onze de Setembro.

Phillips, porém, deixou de mencionar uma diferença crucial entre o velho afluxo de pessoas para a Grã-Bretanha e o afluxo contemporâneo. A relativa tolerância e a relativa flexibilidade que ele enaltece eram espontâneas e informais, sem orientação e interferência oficial. Simplesmente não ocorria a ninguém, na época de meu pai, que os filhos dos imigrantes deveriam ter ou tinham uma cultura fundamentalmente diferente da cultura do restante da população, ou então que eles trariam peculiaridades ou sensibilidades culturais a que era preciso atentar. Eles seriam britânicos sem ressalvas. Aqueles imigrantes, é claro, chegaram durante um longo período de autoconfiança nacional, quando a Grã-Bretanha era uma potência em ascensão ou já consolidada. A generosidade dos professores do meu pai tinha como fonte o orgulho que sentiam por sua cultura e seu país.

Desde então, muita coisa mudou. Nós vivemos numa época de profunda desconfiança dos processos espontâneos e não orientados – uma desconfiança da qual a organização de Phillips é sintoma. A Comissão para a Igualdade Racial que ele preside acredita que o preconceito e a injustiça social só podem ser erradicados caso o governo monitore incessantemente as estatísticas raciais referentes às desigualdades (várias organizações a que pertenço tentam descobrir qual é meu grupo "étnico", embora eu me recuse a responder). Paradoxalmente, a comissão também nega, ao menos em teoria, toda realidade subjacente às categoriais raciais e étnicas em que ela divide as pessoas para fins de monitoramento, visto que dá como certo que quaisquer índices de insucesso entre os grupos monitorados só podem resultar do preconceito, e não das diferenças de atitude e comportamento entre eles. Segundo essa perspectiva, sem a interferência burocrática do Estado a sociedade continuará atolada no preconceito racial. As minorias ficarão estagnadas, podendo até retroceder.

Para piorar, a confiança no passado histórico e cultural da Grã-Bretanha como passado que corporifica algo digno de nota, sem falarmos em algo singularmente valioso, desapareceu por completo. Tudo aquilo que a nação um dia glorificou é hoje desprezado e satirizado. Não há muito tempo, o primeiro-ministro atacou a ideia de que o passado britânico possa ter algo digno de ser preservado; as "forças do conservadorismo" eram, para ele, sinônimo de maldade. Com atraso, a realidade lhe ensinou o contrário.

Não há dúvida de que a mudança de atitude vem, em parte, do colapso do poder britânico e da prolongada irrelevância da nação para o mundo. No entanto, ela também resulta do crescimento da classe intelectual, cujo sustento depende de uma busca incessante de defeitos. Graças aos intelectuais, por exemplo, o ensino da história tornou-se um campo minado ideológico, com grupos injustiçados exigindo que ao sofrimento de seus ancestrais seja dado prestígio especial. E, se a história e a cultura britânicas não passam de uma narrativa de opressão interna e externa, de injustiça e exploração, por que aqueles que desembarcam em seus portos deveriam aprender nossas tradições nacionais e nossa cultura? É muito melhor que conservem as que já têm. Bikhu Parekh, professor de relações raciais, chegou a sugerir que a Grã-Bretanha tivesse seu nome alterado, uma vez que traz inúmeras conotações históricas negativas para milhões de pessoas ao redor do mundo. Tendo se tornado irreversivelmente multicultural, diz ele, não há mais razões para que a Grã-Bretanha seja "britânica".

Tolices como essa provavelmente instigarão – e talvez tenham como objetivo fazê-lo – uma reação extremada da população nativa, demonstrando assim que a alegação original estava certa, isto é, que a tradição britânica é apenas uma tradição de intolerância e opressão violentas, da qual exponentes como o professor, em posse de coercivos poderes administrativos, precisam nos livrar.

Uma nova imigração em massa para a Grã-Bretanha, com pessoas que procedem de todas as regiões do mundo e que são profundamente diferentes dos anfitriões, ocorreu exatamente no momento em que os multiculturalistas ajudavam a solapar a capacidade da cultura britânica de absorvê-las, esperando com isso que "uma comunidade de comunidades" (para usarmos a expressão de Parekh) se consolidasse – esperando, em suma, que o leão da ética tribal somali de algum modo se deitasse com o cordeiro do direito bretão.

É bem verdade que muitos fogem de sua terra para viver sob nosso Estado de direito. Entre meus pacientes se encontram alguns refugiados, a maioria dos quais é gente dotada de inteligência, iniciativa e clarividência. Tendo experimentado o outro lado na própria carne, eles não têm dúvida das vantagens do Estado de direito. Sabem o quão reconfortante é não temer batidas na porta à noite e não tremer ao ver alguém uniformizado.

Eles também sabem que o Estado de direito é uma conquista histórica, e não a condição natural do homem. É um prazer ouvi-los dissertar sobre esse grande feito histórico. Em virtude do que vivenciaram, eles não o tomam como algo natural. Têm ciência de que surgiu depois de um longo desenvolvimento filosófico e político, um desenvolvimento único na história do mundo. Eles sabem que se trata de uma conquista frágil e facilmente destrutível.

Há pouco tempo, um refugiado iraniano extremamente inteligente me procurou para uma consulta. Terminada a parte médica, começamos a conversar sobre assuntos relacionados ao Irã. Ele era filósofo político não por formação ou inclinação, e sim por experiência e necessidade. Tinha a impressão de que, no fim das contas, o regime clerical fizera um grande favor à causa do secularismo político no Irã, visto que até pessoas outrora religiosas agora se opunham veementemente ao governo clerical. Os clérigos, com sua brutalidade e sua corrupção, haviam feito mais para prejudicar a causa do islã entre a população iraniana do que os infiéis seriam capazes de fazer. O problema dele, é claro, estava em que ele vivia no curto prazo da vida pessoal, e não no longo prazo da história.

Ele tinha enorme apreço pelas instituições britânicas que agora o protegiam. Sofreu uma ou outra hostilidade, mas percebeu que isso vinha da inextirpável natureza humana, e não de maldade oficial. Antes de tudo, disse ele, a Grã-Bretanha tinha uma história diferente da história do Irã – uma história de lutas, sem dúvida, mas também de concórdia –, o que nos permitia dar como natural a nossa liberdade (o que é algo perigoso). Tratava-se, afirmou, de uma história muito valiosa e inspiradora. A primeira coisa que o impressionou quando de sua chegada foi que todos achavam simplesmente que ele podia dizer o que bem entendesse, sem temer represálias – uma liberdade que não tinha preço. Todavia, ele reconheceu que só poderia fazer parte daquela sociedade valiosa se decidisse adequar--se, abandonando todos os aspectos da cultura iraniana que se mostrassem incompatíveis com ela. Isso era algo que lhe dava muita alegria fazer. As exigências e responsabilidades fundamentais, ele acreditava, recaíam sobre o imigrante, e não sobre o país anfitrião.

Seria inútil insinuar que todos os imigrantes têm tanta ciência dessas exigências e responsabilidades quanto ele. E, se desejamos evitar, em nosso meio, o surgimento de enclaves étnicos violentamente desafeiçoados e ressentidos, devemos ensinar aos imigrantes que a liberdade, a prosperidade e a tolerância de que desfrutam tiveram origem num desenvolvimento espiritual e cultural longo – que não deve ser encarado como natural – e têm grandeza e magnificência próprias.

Na atmosfera multicultural moderna, porém, não há forma rápida de fazer isso. Em virtude da cacofonia ideológica que abafa esta mensagem óbvia e ao mesmo tempo fundamental, é impossível transmiti-la de maneira natural, como fizeram os professores do meu pai. Tampouco seria desejável que ela se consolidasse em dogma oficial: a resposta a uma ortodoxia falsa não é outra ortodoxia que nega evidências contrárias. Nós devemos persuadir, e não coagir e doutrinar; e, para fazê-lo, devemos primeiro livrar nossos intelectuais da ideia – frívola, mas daninha – de que a sociedade deve ser uma salada cultural.

2004

No manicômio

De um ponto de vista puramente arquitetônico, os manicômios vitorianos de minha cidade eram magníficos. Resplandecia neles o orgulho municipal, expresso por um embelezamento artístico destituído de valor utilitário. Eles haviam sido construídos em terrenos generosos, dentro de áreas então rurais e fora dos limites da cidade, seguindo as teorias de que a paz rústica exerce efeito salutar sobre as mentes vacilantes e de que a distância protegeria os sãos da cidade do doloroso contato com os loucos. A cidade se expandiu e logo absorveu os manicômios, mas os terrenos permaneceram intatos, sendo muitas vezes as únicas ilhas verdes num mar de fuligem e tijolos. Até os manicômios fecharem as portas, aqueles terrenos foram tratados com um cuidado que refletia amor e devoção.

Para os que ali trabalhavam, os manicômios fomentavam um sentimento de comunidade genuíno. Com efeito, quando de seu fechamento, aquelas eram as únicas comunidades reais num raio de quilômetros, uma vez que a sociedade circundante havia sido reduzida a átomos. Em seus gramados espaçosos, eles realizavam partidas anuais de críquete e outras competições esportivas, do mesmo modo como sediavam bailes de verão e de Natal. As equipes eram muitas vezes formadas pela segunda ou terceira geração de funcionários, e a instituição ocupava posição central em sua vida.

Os pacientes se beneficiavam dessa estabilidade: o manicômio era um mundinho em que lhes era possível comportar-se do modo como bem entendessem, sem que ninguém desse muita importância a isso. Estavam livres da zombaria e do desdém com que, alhures, as pessoas receberiam seus comportamentos, seus gestos e suas ideias estranhos: no manicômio, afinal, o estranho era normal. Dentro de suas fronteiras, não havia estigma algum.

É claro que existia também um lado sombrio. As condições físicas, de modo especial para os pacientes acometidos por doenças crônicas tão graves que acabavam por ter aquelas alas como casa, eram aterrorizantes. Não havia privacidade alguma, e às vezes as camas se encontravam tão perto umas das outras que era impossível caminhar entre elas. O cheiro de urina se impregnara de tal maneira nos móveis e pisos das salas de recreação que parecia inextirpável (o que não significa que alguém tenha tentado fazê-lo). A comida indigesta e a inatividade física tornavam a constipação crônica universal; a maioria dos pacientes, ademais, parecia ter coado os alimentos na própria camisa e no suéter. Vagar sem propósito pelos corredores era a principal recreação de muitos internos, que raramente viam um médico; a importância terapêutica era mais ou menos desvalorizada. Os pacientes viveram nessas condições por mais de meio século, e até o fim da década de 1980 era possível encontrar mulheres que, nos anos 1920, tinham sido confinadas ao manicômio apenas por terem dado à luz filhos bastardos. Assim como na União Soviética (embora em grau muito menos sinistro), o desvio dos padrões era às vezes considerado loucura e tratado como tal.

A maioria dos funcionários era afável e bem-intencionada, mas, como ocorre em toda situação em que há gente sem cuidado supervisionado e à mercê de outras pessoas, subejavam ocasiões propícias ao sadismo. Tratava-se em geral de coisas pequenas: vi muitas vezes enfermeiras negando cigarros aos pacientes, pedindo-lhes que retornassem em alguns minutos — e isso apenas pelo prazer de ter controle sobre alguém. De tempos em tempos, contudo, crueldades muito piores vinham à tona, sempre silenciadas em nome do brio institucional. Isso era feito com facilidade, uma vez que eram poucos, fora do manicômio, os que se importavam com o que acontecia lá dentro.

Durante a maior parte de sua existência, os manicômios foram instituições de custódia, e não de terapia. Seus métodos hoje nos parecem ridiculamente rudes. Logo após a Primeira Guerra Mundial, um médico publicou um livro de memórias em que descrevia como ele e seus colegas tratavam os melancólicos suicidas e os paranoicos agitados. Os melancólicos se sentavam junto à parede, e diante de cada um era colocado um banco, para que não se movessem; enquanto isso, uma assistente os observava para garantir que não dessem fim à própria vida. Óleo de cróton, laxante muito poderoso, abrandava a agitação dos paranoicos, que ficavam tão preocupados com o comportamento de seus intestinos que não lhes restava tempo ou energia para se deixar influenciar pelo conteúdo de suas desilusões.

Tentativas de cura eram muitas vezes mais desesperadas do que recomendadas. Um dos manicômios de minha cidade tinha a sala de operações mais bem equipada da época, e ali um psiquiatra entusiasmado desentranhava parcialmente seus pacientes e removia toda a sua dentição, acreditando que a loucura fosse causada por uma infecção crônica, mas não identificada e subclínica (denominada "sepse focal"), nos órgãos que ele removia. Posteriormente, um neurocirurgião visitante usava a sala para lobotomizar pacientes que praticamente não estavam cientes do que lhes estava sendo feito. Os médicos também tentavam tratamentos mais "avançados", como indução ao coma por meio da insulina – tratamento no qual esta era administrada aos pacientes esquizofrênicos na expectativa de que seu nível de açúcar no sangue baixasse e eles ficassem inconscientes, o que às vezes trazia consequências fatais.

Não era difícil, portanto, apresentar os manicômios como câmaras de horror em que rituais sádicos bizarros eram perpetrados por razões que não tinham relação alguma com a benevolente atividade médica. Foi então que um dos críticos mais poderosos do sistema manicomial e da psiquiatria como um todo (poderoso por exercer maior influência) desferiu seu ataque, que foi publicado em 1961, não muito tempo depois da introdução de medicamentos tão eficazes no tratamento da psicose que fizeram diminuir a população dos manicômios, restituindo os pacientes ao mundo exterior. O nome desse crítico era Michel Foucault, e em poucos anos sua

História da Loucura daria origem a um movimento inteiro, ainda que composto de elementos um tanto díspares.

Foucault não estava tão interessado nos casos de abuso ou nas péssimas condições dos manicômios, como estaria um mero reformador. Na prosa tortuosa que então caracterizava os intelectuais franceses, ele se esforçou para asseverar que a separação entre loucos e sãos – tanto fisicamente quanto por questões de classificação – não era nem justificável no plano intelectual, nem um ato de benevolência. Tratava-se, antes, de um exemplo de exercício de poder por parte da burguesia em ascensão, que necessitava de uma força de trabalho disciplinada e submissa para abastecer seu sistema econômico e, portanto, mostrava-se cada vez mais intolerante aos desvios – e não apenas de conduta, mas também de pensamento. Desse modo, os burgueses passaram a trancafiar os dissidentes naquilo que Foucault chamou de "a grande internação" dos séculos XVII e XVIII, da qual os manicômios da era vitoriana foram uma manifestação tardia.

Na visão nietzschiana de Foucault, todas as instituições humanas, até mesmo – ou de modo especial – aquelas cujo propósito é supostamente benéfico, são expressões da vontade de poder, dado que tal vontade subjaz a toda atividade humana. Não é de todo surpreendente, portanto, que os manicômios tenham se tornado meras câmaras de horrores: com efeito, tanto a psiquiatria quanto todo o restante da medicina, ao qual Foucault logo destinou sua demolidora atenção, não eram iniciativas que visavam libertar a humanidade de alguns de seus apuros – iniciativas que inevitavelmente cometiam erros no caminho rumo ao saber e ao esclarecimento –, e sim expressões da vontade de poder da profissão médica. O fato de essa vontade se ocultar sob uma ideologia de benevolência oficial apenas a tornava mais perigosa e sinistra. Essa vontade precisava ser desmascarada para que a humanidade se libertasse e vivesse do modo dionisíaco e anárquico por que Foucault tinha predileção. (Homossexual sadomasoquista, o filósofo francês colocou suas fantasias em prática em São Francisco, e como resultado veio a morrer de aids.)

Foucault inspirou futuros críticos da psiquiatria, dotados de diferentes graus de erudição, racionalidade e clareza. Entre os melhores se encontrava o influente historiador Andrew Scull, cujo *Museums of Madness*, livro que relata a origem dos manicômios, dava a entender que a transferência da insanidade para o domínio dos médicos no século XVIII não resultara de nenhum vínculo natural entre os fenômenos da loucura e os esforços da medicina – quanto mais da aptidão prática dos médicos da época para curar a loucura (do que dá testemunho seu fracasso no caso de Jorge III) –, e sim da ânsia empreendedora da profissão médica por aumentar sua influência e sua renda. O fato de os loucos passarem enfim aos cuidados da medicina, portanto, foi um acidente histórico, resultado de uma astuta manobra dos médicos: outro grupo – os clérigos, por exemplo, ou então os alfaiates – poderia muito bem ter ocupado a mesma posição caso adotassem uma tática igualmente bem-sucedida. Alicerçada sobre uma base tão ilegítima, a psiquiatria era, por implicação, uma atividade completamente falsa.

Esse raciocínio, porém, negligencia alguns fatos óbvios. O que é dito da loucura poderia ser dito também da disenteria e da pneumonia, a saber: que os médicos da época não tinham condições de curá-las e que, por isso mesmo, elas não eram de sua alçada, podendo ser igualmente manejadas por latoeiros ou topógrafos. Se o modo de pensamento foucaultiano tivesse prevalecido antes, com sua incapacidade de compreender imaginativamente tanto aquilo que se faz necessário para passarmos do estado de ignorância completa ao estado de conhecimento parcial quanto o fato de muitas vezes ser necessário agir em estado de ignorância, ninguém jamais teria descoberto coisa alguma sobre a causa ou o tratamento das doenças.

Ao contrário do que Scull sugere, ademais, o vínculo entre loucura e medicina não é completamente arbitrário ou infundado (embora me pareça que o escopo da psiquiatria tenha desde então se ampliado ilegitimamente, em especial na grotesca superprescrição de medicamentos psicotrópicos). Nesse aspecto, os médicos do século XVIII tinham uma compreensão mais acertada da realidade do que o professor Scull, uma vez que as condições orgânicas que conduziam à loucura e à demência devem ter sido muito comuns na época. Por exemplo, alguns sugeriram, e de maneira plausível (ainda que nada tenha sido demonstrado com certeza), que Jorge III sofria de porfiria, a qual foi possivelmente agravada pelo saturnismo; e, no fim do século XIX, até um quarto da população dos manicômios sofria de paresia geral, estágio derradeiro da sífilis. Ousaria eu mencionar que, não fosse pela medicina moderna, eu mesmo já teria sido enviado para o manicômio, e seria uma daquelas criaturas apáticas que, no século XIX, os fisionomistas da loucura retratavam de maneira tão eloquente em seus desenhos? Afinal, eu sofro de hipotireoidismo, a mais comum de todas as doenças endócrinas, enfermidade que, sem tratamento, pode conduzir à loucura e, por fim, à demência.

Outro crítico retoricamente enérgico da psiquiatria, também influenciado por Foucault, foi R. D. Laing, psiquiatra. Foi Laing quem, nas décadas de 1960 e 1970, fez circular a ideia de que a loucura era uma forma alternativa, e em alguns aspectos superior, de estar no mundo: na medida em que o próprio mundo estava louco em seus planos político, social e doméstico, a loucura era na realidade a sanidade verdadeira e a sanidade, a verdadeira loucura. Segundo Laing, era o poder desigual no seio das famílias, tal como as comunicações distorcidas a que essa desigualdade dava origem, o que suscitava nos jovens aquele estado conhecido como esquizofrenia. Hospitalizá-los e tratá-los contra a sua vontade, portanto, era o mesmo que puni-los pelos pecados de seus pais e conservar uma ordem social injusta.

Essa visão se tornou muito popular numa época em que se criticavam de forma acrítica todas as instituições. Os bem-pensantes passaram a ver os psicóticos como vítimas de injustiças, e não como enfermos (atitude reforçada quando se descobriu que, na Grã-Bretanha, a ocorrência de esquizofrenia entre os jovens de origem jamaicana era seis, sete ou oito vezes maior que entre os jovens brancos). O que se fazia necessário não era tratamento, mas a restituição.

Essas ideias prepararam o caminho para a desinstitucionalização mal planejada e precipitada dos doentes mentais. Graças a tratamentos eficazes, o número daqueles que exigiam internação já estava decaindo; os políticos esperavam economizar por meio das altas e se encontravam assaz dispostos a acreditar que os doentes mentais poderiam ser controlados quase sem o auxílio de nenhuma instituição; por fim, as críticas de cunho foucaultiano – segundo as quais a sociedade não tinha direito de impor restrições aos loucos – passaram a permear a consciência comum.

Os loucos tinham o direito de passear pelas ruas, sendo dever dos outros cidadãos tolerá-los.

Os manicômios de minha cidade fecharam poucos anos depois. Os pacientes foram enviados para aquilo que os burocratas insistiam em chamar, em virtude das conotações de cordialidade e acolhida, de "comunidade". Esperava-se que eles, que recebiam graus distintos de auxílio e supervisão, vivessem de maneira independente; quisessem ou não, era-lhes dada autonomia. Muitos lidaram adequadamente com essa nova liberdade, mas outros não. Nesse ínterim, os recursos de que os hospitais dispunham para os doentes mentais foram reduzidos de tal maneira — tanto por razões orçamentárias quanto por razões ideológicas (a admissão hospitalar deveria ser evitada a todo custo, de modo quase fetichista, independentemente da lógica de cada caso) — que, sempre que se fazia necessário admitir um paciente psiquiátrico, todo o sistema entrava em crise. Loucos eram deixados por dias a fio em celas de prisão enquanto leitos hospitalares eram procurados; às vezes, leito nenhum era encontrado em áreas cuja população somava quatro ou cinco milhões de habitantes.

Em meu trabalho como médico carcerário, testemunhei dia após dia as consequências dessa falta de recursos. Ironicamente, a nova ala hospitalar da prisão, erguida com pouquíssima parcimônia, foi construída no terreno de um manicômio que acabara de fechar as portas; dentro do hospital, porém, estávamos recriando as condições do Bethlem do século XVIII. Muros modernos não fazem um hospital moderno. Gritos misteriosos rasgavam o ar; cheiros pútridos irritavam as narinas. Loucos arremessavam suas roupas pela janela, iniciavam incêndios em suas celas, rasgavam os próprios lençóis, enrolavam toalhas ao redor da cabeça, dirigiam-se colericamente a interlocutores alucinatórios enquanto permaneciam nus em suas camas, recusavam todos os alimentos por acreditarem-nos envenenados e cuspiam nos transeuntes. Tudo o que faltava eram os visitantes vindos de fora que pagavam para rir dos lunáticos; sugeri que retomássemos essa grande tradição a fim de aumentarmos as economias da prisão.

Os casos se desenrolavam desta forma: um louco cometia um delito — uma agressão completamente gratuita contra alguém na rua (isto é, gratuita do ponto de vista da vítima; o transgressor acreditava que a vítima o estivera ameaçando ou insultando). A polícia o prendia e conduzia à delegacia. Lá, sua loucura era identificada: sua fala era confusa e incoerente; ele dissertava sobre coisas que não existiam; seu comportamento mostrava-se completamente fora dos limites da razão. A polícia chamava um médico, que então dizia que sim, que aquele homem era louco, mas que não poderia ser tratado no hospital porque não havia leitos disponíveis.

A polícia, então, tinha diante de si um dilema. Poderia devolver aquele homem à comunidade, cujo sentimento de solidariedade social ele reforçara ao atacar gratuitamente alguém aleatório, ou poderia acusá-lo e levá-lo ao tribunal. Às vezes decidia-se por aquele, às vezes por este. Conheci lunáticos que tiveram claramente a intenção de matar suas vítimas na rua e não obstante foram libertados pela polícia (recebendo de volta as armas que iriam usar) porque o policial não queria denunciar quem visivelmente não era responsável pelos próprios atos.

Noutras ocasiões, dependendo sabe-se lá de que fatores, a polícia levaria o homem ao tribunal, onde um sistema de filtragem psiquiátrica já teria sido montado. Em teoria, o acusado que a enfermeira considerasse psiquiatricamente enfermo seria encaminhado do sistema de justiça criminal para o sistema psiquiátrico. Sabendo, porém, que nenhum leito hospitalar estaria disponível caso declarasse o acusado mentalmente doente, e sem desejar para si o hercúleo trabalho de encontrar para ele um leito, a enfermeira afirmaria que o louco (tão louco que para notá-lo não seria necessário nenhum conhecimento específico) era inteiramente são, que se fingia de doente ou estava sob influência da maconha, de modo que sua loucura era breve e se originava somente de uma alteração voluntária, crime para o qual não há desculpa legal. O louco, por conseguinte, permaneceria sob custódia, e assim a enfermeira acalmaria a própria consciência na esperança de que o médico da prisão identificasse a loucura daquele homem e procurasse para ele um leito.

Infelizmente as coisas não fluem tão bem na prisão. O médico não consegue encontrar um leito para o paciente louco; os psiquiatras que se encontram fora do presídio acreditam que ele vive agora em local seguro – a cadeia –, onde não lhe faltarão cuidados médicos; trata-se, portanto, de alguém para o qual um leito hospitalar é menos urgente do que para um lunático ainda à solta. Será então mantido no cárcere, muitas vezes por meses a fio.

Segundo a legislação atual da Grã-Bretanha, os médicos que trabalham nas prisões não podem oferecer tratamentos contra a vontade do paciente, exceto em casos de extrema necessidade; teme-se que abusem de seu poder e sedem forçosamente quem lhes aprouver, ferindo assim os direitos humanos do paciente. Como resultado, os pacientes psicóticos são hoje mantidos em prisão hospitalar durante meses, privados de tratamento e participando, assim, de um experimento interessante, se não de todo agradável, no campo da história natural da psicose – um tipo de experimento que não era conduzido havia muitos anos.

Recentemente, por exemplo, passei várias semanas observando um paciente psicótico que, pela janela da prisão, se dirigia ao mundo com palavras de confusa exaltação religiosa, que recusava toda e qualquer comida por achar que estava envenenada – e assim sua carne se dissolvia diante dos meus olhos –, que atacava todos os que se encontravam ao alcance de suas mãos e que pintava lemas religiosos na parede de sua cela com os próprios excrementos, disseminando um odor fétido e nauseabundo por todo o hospital.

Poderíamos alegar, é claro, que ele se comportava de modo tão perturbado por encontrar-se no cárcere, que sua conduta era (na opinião de R. D. Laing) uma resposta significativa e esclarecida à sua terrível condição social e que, de todos os quatrocentos prisioneiros no presídio, ele era o que estava agindo da maneira mais adequada às circunstâncias. Isso, porém, seria não apenas ignorar seu histórico médico, mas também o fato de que fora encarcerado por ter atacado de maneira perversa e gratuita, numa igreja, uma senhora de 79 anos, causando-lhe feridas enormes enquanto recitava versículos da Bíblia – o que sugere que seu estado mental alterado precedera sua detenção, e não o contrário.

Verifiquei a situação com os advogados. Embora aquele homem apresentasse um histórico plenamente documentado de psicose, assim como uma resposta inteiramente favorável ao tratamento – do que davam testemunho tanto os médicos quanto seus parentes (os quais declararam que, quando tratado, ele era alguém agradável e inteligente) –, era-me proibido, em nome dos direitos humanos, tratá-lo contra a sua vontade. Em nome dos direitos humanos, portanto, os funcionários e os outros presos tinham de suportar semanas de atmosfera nauseabunda e de noites maldormidas, nas quais o sono era impossível; enquanto isso, aquele homem vivia em condições que Hogarth poderia muito bem ter pintado com uma justificada fúria moral.

Os médicos para os quais propus encaminhar o paciente aceitavam as condições em que ele vivia com uma calma quase budista, uma calma que seria admirável caso o sofrimento fosse deles. Somente os funcionários do presídio, os quais estão entre os mais desprezados de todo o funcionalismo público, pareciam se comover com o escândalo que aquela situação representava. Os médicos, por sua vez, estavam tão habituados a situações assim que as tinham como normal, como algo que não despertava neles sentimento algum. A escassez de leitos e as dificuldades administrativas acarretadas corroeram inflexivelmente sua humanidade. Apenas quando ameacei levar o escândalo a público e fotografei a cela daquele homem, declarando que enviaria as fotografias ao ministro do governo responsável pelas prisões (procedimento que se opunha completamente às normas, mas que recebeu o apoio do diretor, que não queria seu presídio servindo como manicômio), é que ele encontrou lugar num hospital, onde pôde enfim ser tratado.

Foucault, é claro, talvez lesse de maneira completamente diferente o ultraje sofrido pelos funcionários da prisão e o desejo que os parentes daquele homem tinham de vê-lo tratado e devolvido à normalidade. Ele talvez interpretasse tudo isso como uma intolerante recusa em aceitar o modo de vida alternativo do paciente, como uma recusa de tentar interpretar o sentido das comunicações que ele codificava em seus próprios excrementos. Para Foucault, essa preocupação, revestida de humanidade, ocultava uma ânsia por poder e dominação, sendo utilizada para gerar conformidade aos padrões debilitantes e desumanizadores da burguesia. No entanto, essa interpretação decerto indicaria que a humanidade e a compaixão são qualidades cuja possibilidade ele negaria radicalmente: as únicas relações que poderiam existir entre os homens são as de poder, e tudo mais seria mera ilusão.

Estou ciente de que casos difíceis geram leis ruins, mas sou capaz de mencionar várias situações como esta que descrevi acima – situações, por exemplo, em que os médicos alteraram o diagnóstico correto para não ter de encontrar leitos hospitalares para seus pacientes e em que chegaram a cometer perjúrio no tribunal a fim de fugir dessa responsabilidade, em detrimento do paciente e da segurança da própria sociedade. Tudo isso é hoje prática cotidiana.

A escassez de leitos, suscitada pelo desejo de economizar no contexto de um ataque ideológico à noção de doença psiquiátrica, corrompeu os médicos e enfermeiros a passos lentos, mas inexoráveis.

Também estou ciente de que seria possível narrar inúmeras histórias assustadoras sobre médicos demasiadamente zelosos (para sermos amenos) em suas tentativas de curar os pacientes que lhes foram confiados ou de ampliar o campo de suas operações em vista de vantagens materiais e sociais. Não há uma fórmula simples para evitarmos, de um lado, a Cila do entusiasmo e, do outro, a Caríbdis do abandono da responsabilidade. A arte é longa, a vida é curta, a oportunidade é passageira e o julgamento é difícil. A dificuldade, porém, deve ser enfrentada.

Uma coisa é certa: Foucault e seus semelhantes não servem como guias de como tratar homens como aquele que descrevi (e como aqueles com os quais deparo todo dia). Porventura ele deveria ter sido libertado para dar continuidade a seus ataques dionisíacos contra senhoras indefesas, sob a alegação de serem edificantes? Isso não me parece mais do que mera preferência pela barbárie.

2005

História de uma assassina

É uma ficção – uma ficção socialmente necessária, mas não obstante uma ficção – que todos os assassinos são iguais. Isso não é verdade. Embora o assassinato seja o pior dos crimes, os assassinos não são necessariamente os piores criminosos. Com efeito, ter travado contato com muitos deles me ensinou que às vezes é possível abominar o crime sem abominar o criminoso.

Sendo o homem uma criatura decaída, lapsos momentâneos e atípicos ocorrem. Além disso, a doutrina jurídica segundo a qual a provocação ou a coação só excluem a culpabilidade se precederem imediatamente o crime é irreal do ponto de vista psicológico, ainda que talvez se trate de outra ficção socialmente necessária. Muitas gotas, afinal, fazem transbordar o copo, e às vezes, ao ouvir um assassino, pego-me conjecturando se não agiria de modo parecido em seu lugar.

De todos os criminosos, ademais, os assassinos são os mais propensos ao remorso genuíno e à autocensura. Os arrombadores raramente repreendem a si mesmos: vêm, antes, repletos de condenações, reprovando desde seus pais e a polícia até os médicos e os políticos. Por sua vez, até os assassinos cuja vida, se olharmos em retrospecto, em nada diferia de um preâmbulo ao homicídio experimentam uma transformação radical após o crime. O assassinato tem sobre eles o efeito de uma conversão religiosa (para a qual às vezes é de fato um prelúdio); e, embora haja assassinos que continuam, do ponto de vista psicopático, indiferentes a seus crimes, eles são relativamente poucos. Eu cheguei a conhecer tipos como Hannibal Lecter, mas não com frequência.

Todo assassinato suscita questões profundas e perturbadoras no âmbito filosófico, psicológico e sociológico, e nenhum o fez mais do que aquele em cujo julgamento fui, recentemente, testemunha. A acusada era uma menina de dezoito anos que esfaqueara a namorada lésbica, de dezesseis, até a morte. Não havia dúvida quanto ao responsável por desferir os golpes fatais: uma câmera de segurança colocada na entrada do prédio da acusada registrou-a seguindo a namorada até a saída do edifício, trazendo erguida em cada mão uma longa faca pronta para apunhalá-la, como se numa interpretação demasiadamente melodramática de Lady Macbeth.

De acordo com a legislação inglesa, apenas duas defesas lhe cabiam: insanidade ou redução de responsabilidade. Aquele, porém, não era um caso de insanidade. Ela não era, nem afirmava ser, louca. Seu advogado optou pela redução de responsabilidade, alegação que a tornaria culpada do crime, menos grave, de homicídio culposo. Enquanto o homicídio doloso obriga à prisão perpétua, o homicídio culposo concede ao juiz considerável liberdade com relação à sentença, podendo esta variar da liberdade incondicional à prisão perpétua. Vale a pena, portanto, debater o veredito.

Mas do que se trata a redução de responsabilidade? O Ato de Homicídio de 1957 a apresentou como uma defesa à acusação de assassinato, como uma concessão àqueles que desejavam abolir a pena de morte como um todo (o que acabou por acontecer nove anos depois). O ato declara que alguém é culpado de homicídio culposo, e não doloso, quando seu estado de espírito no momento do crime prejudica substancialmente sua responsabilidade mental pelos atos que comete. Quanto àquilo que caracteriza esse estado de espírito, um juiz definiu que se tratava de um estado tão distinto do normal que mesmo uma pessoa comum – isto é, um membro do júri – poderia reconhecê-lo assim. Todavia, embora caiba a um júri decidir a questão, na prática as evidências médicas desempenham papel crucial. No caso de que tratamos, eu estava do lado da acusação – embora, como logo explicarei, o coração me pesasse ao fazê-lo.

No dia em questão, a criminosa e sua vítima, após terem passado a noite juntas, acordaram mais ou menos à uma da tarde. Isso era perfeitamente normal para elas: nenhuma tinha emprego e haviam passado a noite anterior (como sempre faziam) bebendo em demasia e fumando maconha. Uma vez despertas, a vítima se dirigiu até a loja mais próxima para comprar mais bebida – na forma de cidra barata e forte, vendida para alcoólatras em garrafas de dois ou três litros. Ninguém mais bebe isso.

Elas passaram a tarde bebendo e fumando mais maconha. Então, como é comum acontecer quando álcool e droga se misturam, uma briga eclodiu entre as duas. Os partícipes descrevem tais conflitos como algo que existe independentemente dos envolvidos – assemelhando-se mais a um fenômeno meteorológico que a um fenômeno humano. Na opinião da acusada, a briga saiu de controle, embora ela não conseguisse recordar com exatidão, nem vagamente, de que se tratava. Ela foi até a cozinha pegar uma faca (duas, na verdade) e, então, voltou para perto da namorada. Sua intenção, recordou, era fazê-la deixar o apartamento, o que de fato ocorreu. Infelizmente, porém, a acusada a seguiu logo depois... e o resto é homicídio. A assassina chamou uma ambulância, e sua namorada adolescente simplesmente sangrou até a morte em seus braços. Suas últimas palavras foram "está doendo" e "estou cansada".

As relações entre a vítima e a criminosa, iniciadas três anos antes, quando aquela tinha treze anos e esta quinze, sempre foram difíceis; eram muitas as brigas fomentadas pelas drogas e pelo álcool, e muitas vezes terminavam com facas e outras armas sendo agitadas no ar. A mãe da vítima declarou sempre ter achado que aquilo terminaria em assassinato.

O problema, no tribunal, era saber se a assassina sofria daquilo que é conhecido hoje, neste mundo em que tudo é medicinal, como transtorno de personalidade, outrora conhecido apenas como mau-caratismo. A Organização Mundial da Saúde define os transtornos de personalidade como "desvios extremos ou significativos do modo como o indivíduo médio, em dada cultura, percebe, pensa, sente e, particularmente, se relaciona com os outros. Tais padrões de comportamento tendem a ser estáveis e a abranger múltiplos domínios de comportamento e funcionamento psicológico. Eles estão frequentemente, mas nem sempre, associados a graus variados de angústia subjetiva e a problemas no funcionamento e desempenho sociais". O diagnóstico, portanto, toma como base critérios vagos, de validade duvidosa; na prática, porém, eles têm certa lógica.

Caso a acusada sofresse desse transtorno e seus atos pudessem ser plausivelmente atribuídos a ele, a defesa poderia afirmar que ela de fato tinha responsabilidade reduzida por suas ações: com efeito, aceita-se hoje sem nenhuma oposição que o homem não tem a menor responsabilidade por sua personalidade ou seu caráter – o que em muito se distancia da visão enunciada por Marco Aurélio dois mil anos atrás, segundo a qual cultivar o caráter era possível e imperativo.

O uso do transtorno de personalidade em casos assim me parece não passar de um pretexto frágil, quiçá até frívolo, para a leniência, dado que, se fosse levado a sério, esse argumento deveria conduzir a uma pena *mais* severa. Se alguém mata em virtude de um lapso momentâneo mas compreensível, ocorrido em circunstâncias incomuns, ele é culpado de assassinato, mas dificilmente cometerá outro no futuro; se alguém mata porque seu caráter é deficiente, sendo esse, portanto, o tipo de coisa que costuma fazer, ele cometeu homicídio culposo, mas, *ex hypothesi*, provavelmente o fará de novo.

Há pouco tempo, fui testemunha de um caso em que o transtorno de personalidade serviu como pretexto ilógico para a leniência. Uma mulher alcoólatra que pouco antes entrara na casa dos quarenta anos casou com outro alcoólatra e teve uma filha. O marido então abandonou a bebida, separou-se da esposa, que continuou a beber, e chegou à conclusão de que ela não era uma mãe adequada para a criança. Ele estava prestes a pedir a guarda da filha.

Na ocasião, a menina tinha dois anos de idade. Certo dia, a mãe, provavelmente bêbada, dissolveu o conteúdo de seus antidepressivos em um remédio para tosse e, com uma seringa, injetou a solução na boca da filha, que morreu.

Contrapondo-se a meus argumentos, o júri aceitou que seu suposto transtorno de personalidade reduzira sua responsabilidade, e assim o juiz a sentenciou a três anos de condicional (ela já passara um ano na prisão antes de o caso chegar ali). Por incrível que pareça, ao defender que ela era culpada do crime de homicídio doloso, e não do crime, menos sério, de homicídio culposo, eu também estava defendendo que ela seria menos perigosa no futuro do que sua defesa dava a entender. Suspeito que, bêbada, ela dissera a si mesma algo como "se não posso ter minha filha, ninguém mais a terá", recorrendo então aos comprimidos com o mesmo tipo de premeditação que torna alguém culpado de homicídio doloso (afinal, a dissolução dos comprimidos e sua administração à filha dificilmente resultaram de um lapso passageiro). Como era improvável, porém, que tivesse outro filho, ela trazia pouco risco para a sociedade: as circunstâncias em que cometera o assassinato jamais se repetiriam. Havia ali, portanto, um paradoxo: o crime mais grave trazia o menor perigo e o crime menos grave, o maior. Todavia, o crime mais grave acarretava uma pena de rigor obrigatório, a qual parecia desproporcional ao júri, que só pôde evitá-la por meio da desonestidade intelectual.

Em minha opinião não havia transtorno de personalidade no caso da jovem assassina. Quando a visitei na prisão a fim de preparar meu relatório para o tribunal, descobri – para minha enorme surpresa, confesso – que, longe de ser mau-caráter, ela era boa pessoa. Ou melhor: ela o seria se alguém a tivesse orientado com um pouco de carinho. Pois, se houve um dia alguém que pudesse culpar a própria criação por seu crime, esse alguém era ela. O que impressionava – e até comovia – era sua inflexível recusa em fazê-lo. Ela culpava a si própria e a mais ninguém.

Mestiça, a jovem era a mais nova de três irmãos; seu pai havia abandonado a mãe logo após seu nascimento. Ao que parece, ele fora um perdulário violento, e, como muitas vezes acontece em casos assim, sua mãe logo se uniu a outro homem da mesma estirpe, mas muito pior: um criminoso que fumava *crack* e que entrava e saía da prisão com regularidade. Quando solto, ele não trabalhava nem sustentava nenhum dos filhos (sua mãe tivera ainda dois filhos com ele, totalizando cinco até então).

Ciumento e possessivo, aquele homem tratou a mãe da jovem com enorme violência, acusando-a de tê-lo traído com outros homens quando de sua permanência na prisão. Ele quebrou sua mandíbula, suas costelas e seu braço em diferentes ocasiões. Às vezes ela fugia, carregando os filhos para abrigos; no entanto, ou ele a encontrava e a forçava a voltar, ou ela sentia saudade de seus abraços e retornava por conta própria. Não surpreende que, naquelas circunstâncias, a educação da futura assassina tenha sido irregular. Graças às tentativas de sua mãe de fugir do namorado, acompanhadas como eram de reconciliações voluntárias e involuntárias, a menina frequentou tantas escolas quantos foram seus anos de educação formal.

Um dos fatores que caracterizam relações entre mãe e padrasto é a natureza desgastante do relacionamento, pelo menos no que diz respeito à mulher. Ela não consegue pensar em nada mais e não tem tempo para outra coisa: ela é a estrela, ainda que infeliz, de sua própria novela mental. Nesse caso, a mãe não percebeu nem a costumeira violência que o padrasto infligia aos filhos que tivera com seu antigo companheiro, nem que seu filho mais velho mantivera relações sexuais com sua filha quando ele tinha entre treze e dezessete anos, e ela entre oito e doze.

No fim das contas, sua filha, então com catorze anos, tomou coragem e revelou-lhe o que acontecera. A mãe disse não acreditar, teve um acesso de raiva e a colocou para fora de casa. A menina foi então para a casa de uma amiga e, em seguida, perguntou à mãe se poderia retornar. A mãe assentiu com a condição de que se desculpasse com o irmão e jurasse nunca mais repetir aquilo.

Sua mãe também não percebeu que, desde os doze anos, a filha começara a beber em demasia – ou então, caso tenha notado, não deu àquilo grande importância. Sua filha matava aula para beber; à noite, frequentemente se embriagava, e logo chegou ao estágio em que a primeira coisa que fazia de manhã era beber para controlar as mãos trêmulas; para piorar, passara também a fumar maconha. Ela declarou que bebia e fumava com o objetivo de esquecer a própria vida, uma vida terrível demais para ser vivida sem algum tipo de auxílio.

Aos quinze anos, ela se dirigiu por conta própria ao Departamento de Assistência Social e solicitou que fosse retirada de casa, a fim de escapar da atmosfera de violência e intimidação. O departamento a colocou num orfanato, onde a atmosfera de violência também prevalecia: o uso de drogas e a violação sexual davam o tom.

Foi ali que teve início seu relacionamento lésbico com uma menina de treze anos que morava na vizinhança. Nem os assistentes sociais que gerenciavam o orfanato nem os pais da menina mais jovem (cuja história era semelhante à de sua futura assassina) tinham controle suficiente da situação para impedir que aquele relacionamento se desenvolvesse.

Enquanto a menina se encontrava no orfanato, sua mãe enfim terminou o relacionamento com o padrasto violento, criminoso e viciado em *crack* e uniu-se logo em seguida a um homem quinze anos mais novo. Ela logo "ficou prenhe", como dizem por aqui, e teve o sexto filho; seu jovem namorado agiu como de costume em tais circunstâncias e a abandonou aos cuidados dos contribuintes. No Estado de bem-estar social, a experiência não ensina nada.

Segundo a assistência social, a futura assassina, que contava então dezesseis anos, era já capaz de andar com as próprias pernas, pelo menos no que dizia respeito à vida cotidiana; ofereceu-lhe, portanto, uma casa própria mobiliada. Ela não ia para a faculdade – algo impossível, dada sua formação parca – nem trabalhava, uma vez que os vários subsídios recebidos, como aluguel gratuito e isenção de impostos locais, tornavam o trabalho não apenas desnecessário mas também pouco lucrativo. Assim, ela permanecia ociosa sob o efeito da embriaguez e da maconha, vivendo intermitentemente com a namorada menor de idade. Ambas se tornaram as protagonistas das próprias novelas mentais. Suas brigas e reconciliações se converteram no foco da existência de cada uma, sendo a violência de seus episódios a prova (ao menos no que dizia respeito a elas) de sua importância e seu significado. E então um dos episódios terminou em assassinato.

Quando fui visitá-la na prisão, a jovem assassina estava tomada do mais profundo remorso. Vários meses se haviam passado desde o crime. Ela era obviamente inteligente, embora tivesse a mesma educação deficiente da maioria das pessoas que se encontram nessa condição, não obstante os gastos sem precedentes do Estado com a educação gratuita e compulsória. Ela chorou amargamente ao falar de seu crime, mas não por autocomiseração. Havia gravado o nome da namorada morta na própria carne, mas não em espírito exibicionista ou histriônico. Afirmou que, dali em diante, desejava ser boa e comportar-se bem por amor à falecida. Ela desejava fazer algo da vida para poder viajar, o que sempre fora a ambição da namorada. Jamais beberia ou fumaria maconha novamente.

Ela afirmou que a prisão lhe tinha feito muito bem; tratava-se do primeiro lugar em que se sentira verdadeiramente adaptada. Ela frequentava aulas a fim de melhorar seu inglês e sua matemática; estava sendo tratada com cordialidade e justiça, sentindo-se muito melhor tanto física quanto mentalmente. Consultei os funcionários: ela se notabilizava por sua cortesia e suas maneiras. Foi exatamente assim que eu a encontrei.

Embora tenha se angustiado quando, por solicitação minha, relatou-me sua vida, em momento algum ela tentou dar a entender que suas experiências foram responsáveis por seu crime ou o justificavam (com dezoito anos apenas, ela já vivenciara muito mais do que qualquer um chegará algum dia a vivenciar). Em suas palavras: "É uma pena que isso precisasse acontecer para eu levar minha vida a sério". Se um dia algo já foi dito com convicção, foi ali; suas palavras, ademais, não eram as palavras de alguém que padecia de um grave transtorno de personalidade, e sim de alguém dotado de um caráter surpreendentemente robusto e decente.

Quase no fim de nossa longuíssima entrevista, perguntei se havia algo que ela desejava me perguntar. Ela disse que sim.

– O que é? – indaguei.

– O senhor já esteve num julgamento antes? – disse ela.

– Já, muitas vezes.

– Sabe me dizer, então, se vão me maltratar?

Nesse momento, senti uma pontada profunda de tristeza: aquela era uma pergunta de criança. Apesar de toda a precocidade a que fora obrigada, apesar da arrogância que assumira em nome da sobrevivência no violento ambiente urbano em que se encontrava, apesar da pseudoindependência que lhe fora empurrada por uma mãe indiferente e pela Assistência Social, ela ainda era uma criança, e não um adulto.

Convicto de que, do ponto de vista puramente legal, ela era culpada de homicídio doloso, e não de homicídio culposo, perguntei-me, ao sair do presídio, por que para ela a prisão fora uma experiência tão boa – ou, ainda, tão libertadora. (A propósito, ela estava longe de ser única nesse aspecto.)

A resposta talvez esteja no fato de ela ter encontrado limites pela primeira vez em sua vida – limites que, embora impostos, eram intrinsecamente razoáveis, e assim não haviam sido estabelecidos de maneira arbitrária nem dependiam de um capricho. Respeitar e violar esses limites eram atos que geravam consequências inteiramente previsíveis, tanto boas quanto ruins. Pela primeira vez na vida, ela adentrara um mundo em que as coisas faziam sentido, em que o poder bruto não determinava tudo. Como ela mesma poderia ter dito, era uma pena que precisasse ser presa para ser tratada com decência consistente.

A prisão era muito distante de minha casa, e enquanto dirigia eu pensava no significado daquela terrível história. O que um progressista diria daquilo? Como explicaria o que havia acontecido? Como tentaria garantir que casos assim não se repetiriam?

Porventura ele diria que o Estado fora insuficientemente generoso nas remunerações oferecidas pela Previdência Social, fazendo com que a assassina sofresse de privações materiais que acabaram por levá-la a cometer o crime? Sua mãe, porém, havia trazido ao mundo seis filhos, todos eles de pais que não deram um centavo para seu sustento. A assassina jamais ficara sem comida, tinha porte notavelmente forte, boa estatura, nunca ficara doente e provavelmente jamais passara um dia sem água quente. Andava bem-vestida e, embora nunca houvesse trabalhado na vida, tinha em casa fogão, geladeira, videocassete, aparelho de som e, sem dúvida, uma série de outros aparelhos que teriam deixado Nero boquiaberto. O que mais o Estado deveria ter feito ou dado a ela no tocante a bens materiais?

Seria ela vítima de um código sexual restritivo que frustrava seus desejos e a fazia violenta? Sem dúvida, e até o mais progressista dos progressistas coraria ao afirmá-lo. Uma vez que sofrera estupros incestuosos dos oito aos doze anos e fora capaz de assumir um relacionamento lésbico com uma menina de treze sem a oposição do Estado nem de nenhum indivíduo, é difícil perceber como mais liberdade sexual poderia ter melhorado a situação.

Teria o sistema educacional asfixiado sua autoestima? Muito pelo contrário. Nossas escolas satisfizeram cada sonho dos educadores progressistas, abandonando o mérito educacional como objetivo e substituindo-o sistematicamente pela elevação da autoestima – ou ao menos da soberba –, deixando seus pupilos inconscientes de sua desastrosa ignorância, incapazes até de ler corretamente sem um contrapeso ao ambiente doméstico caótico em que vivem. Talvez a tragédia pudesse ser evitada caso a acusada, bem como todos os jovens ao seu redor, tivesse sido conduzida por uma mão ao mesmo tempo firme e benevolente quando mais nova.

Porventura o sistema de justiça criminal fora muito duro, sobretudo com seu padrasto? Segundo o que ela mesma declarou, ele foi acusado ou responsabilizado apenas por uma ínfima fração dos crimes que de fato cometeu. Além disso, embora fornecesse provas irrefutáveis de que não tinha intenção de mudar seu modo de vida, o padrasto foi libertado repetidas vezes da prisão. Fosse mantido lá o tempo que claramente merecia, existiria ao menos a possibilidade de sua "família" ter alcançado um mínimo de estabilidade.

Estaria o problema no fato de a assassina ser incapaz de comprar álcool e maconha com suficiente facilidade? Caso ela pudesse adquiri-los livremente desde os seis anos (por exemplo), a tragédia teria sido evitada?

Ou quem sabe ela fora dispensada muito nova do orfanato? Todavia, a exigência de que os adolescentes sejam tratados como adultos autônomos jamais foi uma exigência conservadora, uma vez que para os conservadores isso não parece estar de acordo com a experiência humana. Esta é, antes, uma exigência progressista.

Por mais manifestamente excepcionais que tenham sido algumas de suas características, esse assassinato se deu num universo social forjado pelos progressistas, um universo cujas realidades eles, por excesso de culpa ou covardia, são incapazes de reconhecer. Trata-se de um universo em que inexiste espaço para as crianças e para a infância. Não obstante a crença de que o homem é produto de seu meio, eles se empenharam em criar um ambiente do qual é verdadeiramente difícil fugir, fechando cada avenida e cada fenda ao máximo; eles destruíram a família e toda noção de progresso ou aprimoramento; criaram um mundo em que a única liberdade é a autocomplacência, um mundo do qual – o que é de tudo o mais terrível – a prisão às vezes pode ser uma libertação.

2005

Índice

A
11 de setembro, 184
1984 (Orwell), 58
África, 9, 93
Agente Secreto, O (Conrad), 195-196
Alemães, sofrimento dos, 88-89
Alemanha Oriental. *Ver* República Democrática Alemã (RDA)
Alemanha, 120
  ambiente urbano como terra estéril, 79
  identidade europeia na, 82
  impossibilidade moral do patriotismo na, 81
  ônus culposo do passado na, 80
  reunificação da, 79
  vergonha da história da, 80
  Ver também República Democrática Alemã (RDA)
Alès (França), 84
Angústia
  e liberdade, 9
Anselmo, Santo, 92
Arranha-céu (Ballard), 109
Assassinato, 237
  defesa à acusação de, 238, 241
Assassinos
  remorso dos, 237, 243
  transtorno de personalidade e mau-caratismo, 239-41, 244
Associação de Policiais Negros do Norte de Gales, 133
Ateísmo
  dez mandamentos do, 94
  efeito sobre o caráter humano, 96
  Ver também Neoateísmo, Neoateus
Auden, W. H., 121
Aurélio, Marco, 240
Austen, Jane, 123
Autobiografia (Darwin), 197
Ayer, Alfred, 56

B
Bach, 81
Bacon, Francis, 43
Ballard, J. G., 105-13
  como aquele que registra o "presente visionário", 107
  confinamento de, 104
Barot, Dhiren, 187
Beckett, Samuel, 91
Beethoven, 81
Behaviorismo, 151
Bell, George, 85
Belloc, Hilaire, 126-27

Bernstein, Basil, 24
Beveridge, William, 118, 127
bin Laden, Osama, 210
Birmingham (Inglaterra), 189
Blair, Cherie, 188
Blair, Tony, 187, 189
   aproveitando-se dos muçulmanos, 188
   caracterização de, 182, 186
   como autoritário, 188
   demissão de, 180
   e a redução das liberdades civis, 186
   e o Ato de Contingências Civis, 188
   e o culto da celebridade, 180-81
   e o sentenciamento indeterminado, 184
   escândalos de seu mandato, 182
   tratamento do crime, 184
   uso de consultores privados, 183
Blake, William, 113
Blunkett, David, 216-18
Boswell, James, 27-29, 40, 41-42
Bradlaugh, Charles, 91
Breaking the Spell (Dennett), 93
Bresnan, Joan, 20
Britanismo: como conceito, 218
Brown, Gordon, 165, 180, 184
Bryant, Naomi, 167-68
Bucareste, 84
Bukharin, Nikolai, 56
Burgess, Anthony, 143, 146-47, 154-55
   como forasteiro, 144
   e a cultura juvenil, 144, 148-49
   influência do pensamento católico sobre, 152
   sobre a bondade, 152
Burke, Edmund, 33
Burton, Richard, 92

C
Cadogan, Peter, 113
Caminho da Servidão, O (Hayek), 119
Canadá, 192
   politicamente correto no, 191
Cândido (Voltaire)
   como adolescente, 37
   em oposição a *Rasselas*, 34-36
Carlyle, Thomas, 27-28, 126
Carroll, Philip, 160-61
Casa de Bonecas (Ibsen), 64, 66-67, 71-72
Cazaques, 55
Ceauşescu, Nicolae, 84
Celebridade
   culto da, 180-81
Cesarani, David, 49-50, 52-54
Chalk, Frank, 133, 135-137, 140
Characters of Virtues and Vices (Hall), 99
Chaucer, Geoffrey, 218
Chegada e Partida (Koestler), 50
   estupro, reprodução do, 51-52
   extermínio dos judeus por gás, 52
Cheroqui, 21
Chesterfield, lorde, 31
Churchill, Winston, 86
Civilização
   como verniz, 105
   e religião, 96
   fragilidade da, 113
Classe operária
   desarticulação oral da, 17, 25
   e identidade nacional comum, 219-20
   fala, 19, 24
Coletivismo
   e benefícios governamentais, 127
   e egoísmo, 123
   efeitos do, 122, 126, 128
Comissão para a Igualdade Racial, 221
Comunistas, 84
   ímpeto censório de *O Zero e o Infinito*, 58-59
Conan Doyle, Arthur, 53
Congresso pela Liberdade Cultural, 59
Connolly, Cyril, 56
Conrad, Joseph, 195-96, 201
Conservadorismo, 64

Contemplations Upon the Principal Passages of the Holy Story (Hall), 98
Copperfield, David, 133-35, 140
Cotán, Juan Sánchez, 97
Craig, David, 138-39
Crash (Ballard), 109
Crime de pensamento, 163
Criminalidade
  entre os jovens, 155
Cronemberg, David, 109
Cruden, Alexander, 29
Cultura juvenil, 144, 147-48
  antissocial, 155
  autodestruição da, 149
  violência da, 157
Cultura moderna
  angústia na, 9
  desencorajamento do autoexame, 32
  fragilidade do ego, 207
Cultura popular
  denegrimento do autocontrole na, 161
Cultura
  e identidade, 209

D

Dagerman, Stig, 88
Darwin, Charles, 197
Dawkins, Richard, 92, 94-95
De Vere, Edward, 43
Décima Terceira Tribo, A (Koestler), 55
Delírio, 45
Demóstenes, 28
Dennett, Daniel, 92-94, 100
Depressão, 9
Destruction of Dresden, The (Irving), 86
Deus
  existência de, 91, 93
Deus Não É Grande (Hitchens), 96
Deus que Fracassou, O (Koestler), 59
Deus, um Delírio (Dawkins), 94
Diálogo com a Morte (Koestler), 59-60, 62

Diana, princesa, 180
Dicionário (Johnson), 28-29, 41
Dickens, Charles, 123
Dostoiévski, Fiódor, 96, 195
Dresden, 82, 89
  bombardeio de, 84-88
Durkheim, Émile, 110

E

Ecclestone, Bernie, 182
Eliot, T. S., 48
Engels, 65
Era do Desejo, A (Koestler), 61-62
Escócia, sistema educacional na, 136. *Ver também* Grã-Bretanha
Escrita Invisível, A (Koestler), 62
Espaço potencial, 206, 208
Espanha, 97
Espectros (Ibsen), 64, 66, 68-78
  como obra controversa, 65
Esquizofrenia, 230
Estado Servil (Belloc), 126
Estados Unidos, 11, 58, 119, 180, 189
  descrição da classe baixa dos, 199
Europa Oriental, 9, 52

F

Felicidade
  apelo à moderação, 100
  e angústia, 9
  e consumo, 103
Filosofia liberal
  consequências da, 246
Foucault, Michel, 227-28, 230, 234-35
França, 166, 209
  impacto de *O Zero e o Infinito* na, 58
  muçulmanos da, 204
Franco, 55, 59
Frankfurt (Alemanha), 80
Fraser, David, 169-77
Frederico, o Grande, 84

Fundamentalistas muçulmanos
   modernidade dos, 211

G
Gardner, Howard, 24
Gibbon, Edward, 209
Gíria
   e criminalidade, 145
Gogol, Nikolai, 132, 138
Golding, William, 144
Gollancz, Victor, 89
Grã-Bretanha, 58, 131
   burocracia na, 139-40, 169-70, 174
   cinismo na, 10
   classe baixa na, 140, 150
   coletivismo na, 119-22, 125-26, 129
   comportamento das classes médias na, 112
   corrupção na, 132, 136, 174-75, 183, 186
   corrupção no sistema de justiça criminal da, 175
   crescimento econômico na, 180
   criminalidade na, 133-34, 167, 170
   cultura juvenil na, 147-48, 154-55, 157, 159, 163
   decadência da, 157, 166
   declínio da civilização na, 103-04
   decoro comum na, 218
   degeneração do caráter nacional da, 132
   desemprego na, 121-22, 185-86
   dívida da, 141
   durante a Segunda Guerra Mundial, 117
   e Dresden, 85
   e identidade comum, 219-20
   Estado de bem-estar social na, 118, 127
   exemplos de totalitarismo na, 165
   força policial na, 132-35, 163-64, 170-71
   fracasso das penas na, 161, 168, 172-73

   fumo nas prisões, 164-65
   governo e abandono do dever, 165
   imigração para a, 218, 221, 223
   imigrantes na, 216, 224
   incompetência do governo, 138-40
   infelicidade na, 101
   intervenção do governo na, 129, 165
   islamismo na, 208
   judeus na, 188
   Laranja Mecânica (filme) na, 143
   leniência do sistema de justiça criminal na, 167-68, 171-173
   liberdade condicional na, 172-74
   mal da, 9, 10
   médicos prisionais e pacientes psicóticos, 232-34
   muçulmanos na, 188, 204-07, 212-13
   mudança de atitude na, 222
   mudança de caráter na, 122-24, 126, 128, 132
   nacionalização na, 126
   obsessão pelo racismo na, 133
   orgulho na, 221
   passaportes na, 187
   patologia social na, 11
   politicamente correto na, 162-63
   prisioneiros na, 168
   privatização da moralidade na, 103
   revolta na, 216
   saúde na, 185
   sistema educacional na, 136-37
   solapamento da infância na, 10-11
   solapamento do contato humano na, 10
   taxa de crimes na, 163, 170
   terroristas na, 203
   tomada de crimes, 10
   traços do caráter da, 122-23, 218
   tradição de integração na, 221
   treinamento sobre a diversidade na, 133
   uniformidade na, 124

Ver também Inglaterra, Norte de Gales, Escócia, sistema educacional na
vida urbana desagradável, 103
vigilância na, 186-87
Grande Depressão, 121
Grayling, A. C., 92
Grimm, Baron, 37
Guerra Civil Espanhola, 55
Guerra do Iraque, 188
Guerra dos Sete Anos, 36

H
Hall, John, 44, 46-48
Hall, Joseph, 98-99, 100-01
Harris, Arthur, 85
Harris, Sam, 92, 95, 101
Hayek, Friedrich A. von, 119-123, 125-26
Hayward, Daniel, 158
Hedda Gabler (Ibsen), 64, 67, 70
Henrique V (Shakespeare), 44
Hindus, 212
História da Loucura (Foucault), 228
Hitchens, Christopher, 92, 96
Hitler, Adolf, 52, 55, 61, 79, 81-82, 87, 199
Holanda, 97
Homens-bomba de Londres ocidentalizados, 209-10
Homens-bomba, 203, 211
e ódio, 211
Homero, 28
Honecker, Erich, 82
Hume, David, 62, 92

I
Ibsen, Henrik, 63, 70-71, 73
ataque ao casamento, 64, 66-67
caráter de, 77
como hostilidade à família convencional, 65
e direito das mulheres, 68, 72
e transformação social, 65
enaltecimento por parte das feministas, 66
impacto de seus princípios sobre a sociedade, 78
influência de, 65
modernidade de, 64, 77
preceitos morais em sua obra, 64
Identidade
e aparência, 209
Ilha de Concreto (Ballard), 108
Iluminismo, 33, 92
Imperfectibilidade
noção de, 63
Império do Sol, O (Ballard), 104-05
In Darkest Germany (Gollancz), 89
Inglaterra, 81, 106, 111
sentenciamento indeterminado na, 184
sistema educacional na, 136
Ver também Grã-Bretanha
Inglês vernáculo dos negros
como dialeto verbal, 21
Instinto da Linguagem, O (Pinker), 18
Intelectuais
e crime de pensamento, 163
importância dos, 120
Ver também Intelligentsia
Intellectual Life of the British Working Classes, The (Rose), 219
Intelligentsia, 224
apoio ao multiculturalismo, 215
e mudança de atitude, 222
Ver também Intelectuais
Irã, 223-24
Iraque, 179
Irving, David, 86-87
Islã, 200, 204, 209, 223
Islamismo, 200
e Ocidente, 200, 208
espaço potencial do, 208

na Grã-Bretanha, 208
preguiça mental do, 196
Israel, 79
It's Your Time You're Wasting (Chalk), 135
Ivanhoé (Scott), 27

J

Jihad
    como guerra santa, 204
    como luta interior, 204
    e ataque suicida, 211
Johnson, Samuel, 28, 38, 63
    caráter de, 28-31, 42
    como alguém admirável, 29
    como antirromântico, 33
    conservadorismo de, 33
    fama de, 29
    grandeza de, 27, 34, 41
    individualidade de, 33
    integridade de, 31
    intelecto de, 41
    introspecção de, 39
    retrato de, 29
    sabedoria de, 37
    sobre a felicidade, 34, 36
Jones, Ernest, 44
Jorge III, 229
Jornal dinamarquês
    cartuns de Maomé no, 163, 189
Joseph Rowntree Trust, 25
Judeus, 55, 86, 88
Julgamentos de Moscou, 57-58
Justiça social
    e amargura, 208
    e discriminação 208

K

Kafka, Franz, 132, 138
Khosrokhavar, Farhad, 207
Kivunjo, 21
Klemperer, Victor, 86-87

Koestler, Arthur, 50, 56-57, 62
    datado, 53
    declínio da reputação de, 53-54
    detenção de, 56
    durante a Guerra Civil Espanhola, 55
    e comunismo, 55-56, 59
    fluência de, 56
    história de, 54-56
    interesse pela parapsicologia, 53
    interesse pelo bem-estar dos prisioneiros, 59
    obsessões bizarras de, 53
    oposição à pena de morte, 59
    prisão de, 56, 59
    relações com as mulheres, 49, 52
    suicídio de, 54
    voltando-se para o misticismo, 59, 62
Kristallnacht, 86, 88
Kuba-Kuba, Michael, 160-61
Kubrick, Stanley, 143-44, 151, 153-54

L

Laing, R. D., 230, 233
Land Fit for Criminals, A (Fraser), 169, 176
    recusa pelos editores, 175
Laranja Mecânica (Burgess), 143-44, 150, 154-55
    bem e mal em, 150
    cultura juvenil, em, 155
    dois finais de, 144, 153-54
    gíria em, 145-46
Lindsay, Jermaine, 209
Linguagem, 26
    aprendizado pelas crianças, 20-21
    aptidão para, 18
    aquisição da, 22
    como adaptação biológica, 19
    como característica biológica, 18
    como faculdade da natureza humana, 18
    correta e incorreta, 19
    e "correção" gramatical, 18

e complexo de inferioridade, 20
e controle social, 18
e jargão das prisões, 16
e inglês padrão, 19, 21
e o inglês vernáculo dos negros, 21
prestígio equivalente da, 18
rudeza e sutileza, 21
Lisboa (Portugal)
Terremoto de, 34-35, 37
Literatura inglesa
e promoção da identidade comum, 220
Livros neoateus, 96
popularidade dos, 92
Ver também Ateísmo
Londres (Inglaterra)
atentados em, 204
Loucura
como alternativa, 230
e desinstitucionalização, 230
e medicina, 229
Ver também Manicômios
Luís XV, 141

M
Macaulay, Thomas Babington, 28-29
Mandelson, Peter, 182-83
Manicômios
ataques contra os, 227-28
como instituição de custódia, 227
comunidade nos, 225
condições físicas nos, 226
efeitos do fechamento sobre a comunidade, 231-32
fechamento dos, 231
funcionários dos, 226
Ver também Loucura
Mao, 199
Marlowe, Christopher, 43
Marx, Karl, 65, 71, 98
Matadouro 5 (Vonnegut), 87
McVeigh, Timothy, 191

Merthyr Tydfil (Gales), 185
Mittal, Lakshmi, 182
Morte da Fé, A (Harris), 95
Morte
medo da, 91
Muçulmanos
ataques aos, 212
dependentes do Ocidente, 210
domínio masculino dos, 205-06
e discriminação, 208
e islã residual, 206
ego frágil dos, 207
estilo de vida dos, 205
pobres, 207
problema de identidade dos, 204, 206
tratamento das mulheres pelos, 205-06
Multiculturalismo, 207, 216, 224
como algo perigoso, 218
e a *intelligentsia*, 215
e idioma nacional, 217
e imigração em massa, 223
premissa equivocada do, 215
Mundo Submerso, O (Ballard), 107
Museums of Madness (Scull), 228
Mutschmann, Martin, 86

N
Nastase, Adrian, 182
Nazismo, 79, 81, 86-87
Nazistas, 80
indistinção da responsabilidade individual e coletiva, 87
Neoateísmo
debilidade do, 96
Ver também Ateísmo
Neoateus, 97. Ver também Ateísmo
Noites de Cocaína (Ballard), 110
Norte de Gales, 133. Ver também Grã--Bretanha
"Nova Grã-Bretanha", 188
Nyerere, Julius, 139

O

Occasional Meditations (Hall), 100
Ocidente
  como inimigo formidável, 209
  crítica do, 198, 200
  e islamismo, 208
  muçulmanos no, 204
Oklahoma, cidade de, 191
Onfray, Michel, 92, 94
Onze de Setembro, 195, 215, 221. *Ver também* 11 de setembro
Organização Mundial da Saúde
  definição de transtorno de personalidade, 239-40
  e Classificação Internacional de Doenças, 45
Oriente Médio, 9
Orwell, George, 49, 56, 118, 120, 123, 132, 138, 145, 218
  sobre o racionamento, 121
Ottawa (Ontário), 191
Oxford (Inglaterra), 162

P

Paquistão, 216
Para Além da Liberdade e da Dignidade (Skinner), 151
Parekh, Bikhu, 222-23
Perón, Juan Domingo, 189
Phillips, Trevor, 218-21
Pinker, Steven, 18-21, 24
  latitudinarismo gramatical de, 22-23
Plundering the Public Sector (Craig), 138
Pol Pot, 199
Politicamente correto, 162
Pope, Alexander, 34
Prêmios Koestler, 59
Prescott, John, 136
Prisão
  jargão expressivo da prisão, 16
Pritt, D. N., 57
Propósito
  e gratidão, 96-97
  e sofrimento, 98-99
  e unidade em tempos de guerra, 117, 120
Prosperidade
  separada dos benefícios, 9
Protocolos dos Sábios de Sião, 73
Psiquiatria, 228-29
Psychobabble, 179

Q

Quintessence of Ibsenism (Shaw), 64

R

Rambler (Johnson), 39
Rap, 209
Rasselas (Johnson), 40, 41, 63
  e *Cândido*, 34-35
Razão, 92
Reflexões sobre o Enforcamento (Koestler), 59
Reino do Amanhã, O (Ballard), 111
Relativismo moral
  e latitudinarismo gramatical, 23
Relatório Beveridge, 118, 121-122, 124
Religião
  e civilização, 96
  e livros neoateus, 96
República Democrática Alemã (RDA), 84. *Ver também* Alemanhae
Stasi, 83
Revolução dos Bichos, A, 58
Reynolds, Joshua, 29
Rhine, J. B., 53
Rice, Anthony, 167-68
Romênia, 182
Rose, Jonathan, 219
Ruskin, John, 119
Russell, Bertrand, 56, 91
Rússia, 79, 120. *Ver também* União Soviética

S

Salafismo, 209
Sapir, Edward, 19
Savage, Richard, 28, 32, 39
Scott, Walter, 27
Scull, Andrew, 228-29
Sebald, W. G., 88
Segunda Guerra Mundial, 117
Selected Observations on English Bodies of Eminent Persons in Desperate Diseases (Hall), 46
Senhor das Moscas, O (Golding), 144
Serviço Nacional de Saúde, 138, 183
Seta no Azul (Koestler), 62
Shakespeare, William, 21, 28, 43, 155, 219
   conhecimento médico de, 44
   e teoria dos humores, 47-48
Shaw, George Bernard, 64-65, 119
Siques, 212
Skinner, B. F., 151-52
Smith, Adam, 150
Socialismo, 118-20, 126
Somália, 192
Stálin, Josef, 52, 92, 165, 199, 212
Stasi, 83
Suicide Bombers: Allah's New Martyrs (Khosrokhavar), 207
Swift, Jonathan, 33, 109

T

Tanzânia, 138
Tchekov, Anton, 58
Teoria dos humores de Galeno, 48
   e bile amarela, 47
   e bile negra, 47
   e fleuma, 47
   e sangue, 47
Terrorismo, 194-95
   e homens-bomba, 203
   fontes do, 196-98
Terrorista (Updike), 192, 196
   crítica de, 193-94
   descrição da classe baixa americana em, 198
Terroristas do Milênio (Ballard), 111-12
Terroristas islâmicos
   afinidade com, 213
   e o papel da sexualidade para os, 200
Testamento Espanhol (Koestler), 59
Thomas, Dylan, 56
Toronto (Ontário), 191-92
Tratado de Ateologia (Onfray), 94

U

Ulbricht, Walter, 82
Ullstein Trust, 55
União Europeia, 182
União Soviética, 119-20, 226. *Ver também* Rússia
Unto this Last (Ruskin), 119
Updike, John, 192, 194, 196-98, 200
   e resposta dos críticos, 199

V

Vida
   sentido da, 92, 97
Vida de Johnson (Boswell), 27
Vida de Savage (Johnson), 33
Voltaire, 34-35
   como alguém superficial, 35
Vonnegut, Kurt, 87

W

Wareing, Peter, 157-60
Wasting Police Time (Copperfield), 133
Wilde, Oscar, 119
Wolfendale, Clive, 133

Z

Zero e o Infinito, O (Koestler), 56, 58
   censura pelos comunistas, 58-59
   como obra influente, 58
Zweig, Lotte, 54
Zweig, Stefan, 54

Do mesmo autor, leia também:

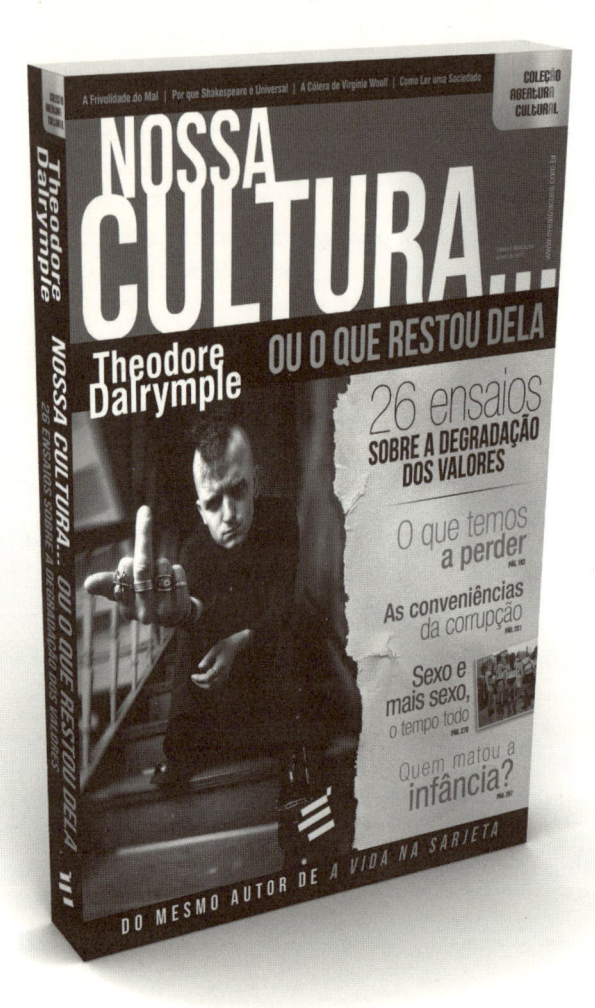

Quem são os formadores de opinião de hoje? Qual a relação entre a cultura pop e o estilo de vida dos jovens da periferia? Como a academia, o cinema, o jornalismo e a televisão têm influenciado os rumos de nossa sociedade? Theodore Dalrymple, com a lucidez que marca sua escrita, mostra como os "formadores de opinião" nem sempre estão certos do destino a que conduzem as massas.

facebook.com/erealizacoeseditora
twitter.com/erealizacoes
instagram.com/erealizacoes
youtube.com/editorae
issuu.com/editora_e
erealizacoes.com.br
atendimento@erealizacoes.com.br